国家自然科学基金项目（项目批准号：71974076）成果

张　萃◎著

开放式创新：
网络化模式与效应

Open Innovation:
Network Mode and Effects

中国财经出版传媒集团

经济科学出版社
Economic Science Press

图书在版编目（CIP）数据

开放式创新：网络化模式与效应／张萃著 . -- 北京：经济科学出版社，2023.8

ISBN 978 - 7 - 5218 - 5112 - 0

Ⅰ.①开… Ⅱ.①张… Ⅲ.①互联网络 - 应用 - 企业管理 - 研究 - 中国 Ⅳ.①F279.23 - 39

中国国家版本馆 CIP 数据核字（2023）第 172342 号

责任编辑：杜　鹏　武献杰　常家凤
责任校对：王肖楠
责任印制：邱　天

开放式创新：网络化模式与效应

张　萃◎著

经济科学出版社出版、发行　新华书店经销

社址：北京市海淀区阜成路甲 28 号　邮编：100142

编辑部电话：010 - 88191441　发行部电话：010 - 88191522

网址：www. esp. com. cn

电子邮箱：esp_bj@ 163. com

天猫网店：经济科学出版社旗舰店

网址：http://jjkxcbs. tmall. com

固安华明印业有限公司印装

710 × 1000　16 开　18.25 印张　290000 字

2023 年 8 月第 1 版　2023 年 8 月第 1 次印刷

ISBN 978 - 7 - 5218 - 5112 - 0　定价：99.00 元

（图书出现印装问题，本社负责调换。电话：010 - 88191545）

（版权所有　侵权必究　打击盗版　举报热线：010 - 88191661

QQ：2242791300　营销中心电话：010 - 88191537

电子邮箱：dbts@ esp. com. cn）

前　言

　　自熊彼特（Schumpeter）于1912年提出创新理论以来，创新一直是学术界研究的热门话题之一。值得注意的是，现有关于创新这个论题的研究大多是以孤立的创新主体为研究视角，忽略了主体之间的创新联系和整体网络关联性。事实上，创新模式在近年发生了根本性的改变。其中一个重要特征就是社会网络在知识创造过程中日益重要。社会网络促使知识和信息在不同创新主体之间越来越多地流动和交换。各个主体的创新不再是封闭孤立的"岛屿"，主体之间的创新互动合作越来越频繁，由此构成了一个彼此依存、相互影响的网络。网络式开放创新成为创新发展的新模式。

　　有鉴于上述认识，本书将社会网络理论引入到创新研究中，从网络拓扑角度对创新的网络化模式与效应问题进行研究。进而在我国大力发展创新经济背景下，为推动各主体间的创新联动与协调发展、打造协同科技创新共同体的政策设计与实施提供新见解。围绕上述问题，整本书分为四篇，共12章。各篇的主要内容如下。

　　第一篇是国际篇，包括第1～第3章。本篇主要基于跨国科研论文数据构建国家间科研合作网络。在此基础上，运用一系列社会网络指标对国家间科研合作网络结构特征与演变以及各国在网络中所处的位置进行多维度评价与考察。与此同时，通过构建模型，对这一网络生成的影响因素以及网络溢出效应展开实证研究。

第二篇是区域篇，包括第 4～第 7 章。本篇以全国地级及以上城市单元为空间尺度，利用科研论文和专利数据，分别从中国整体、城市群、粤港澳大湾区和长三角多个层面，对不同维度的城市间科技创新合作网络的模式特征、网络生成、创新绩效以及联动与溢出效应等问题进行系统研究。

第三篇是产业篇，包括第 8～第 10 章。本篇主要考察我国半导体产业创新主体之间的技术溢出效应、高技术服务业与工业企业合作创新的模式特征与动态演进以及高技术服务业与工业企业内部研发之间的关系三大问题。作为我国重要的新兴产业，提升这两大产业创新主体的创新能力对于增强我国产业竞争力具有重要意义。

第四篇是企业篇，包括第 11～第 12 章。第 11 章以数字经济代表性公司京东方集团为例，采用案例和实证分析相结合的方法，对"什么样的合作更能促进数字经济企业技术创新"的问题进行理论和实证研究。第 12 章从一个较新的社会交流网络视角切入，对城市人力资本与企业创新问题进行考察。

整本书的内容基于大量的现实数据和实证研究。在每一章的后面，都基于研究发现提出相关的政策启示和建议。因此，作为开放式创新研究的基础工作，本书不仅供国内外学术同行研究参考，也供国内各级政府和企业决策参考。

张　萃

2023 年 3 月于广州

目　录

Ⅰ　国际篇

II 区域篇

Ⅲ　产业篇

Ⅳ　企业篇

I 国际篇

| 第1章 |

中国国际科研合作的特征与影响因素

当前，新一轮科技革命和产业革命蓬勃兴起，各学科领域间深度交叉融合，呈现多点突破、群发性突破态势。科学研究的每一次突破，都引起了技术上的变革，从而带动整个社会的发展。科学研究是建设创新强国的基石，是科技创新的源头，是科学发现和创新进程的基础。尤其在"十四五"时期，经济社会发展的一个主要目标就是显著提升我国创新能力。而科学研究无疑是科学技术创新的一个重要源头，其水平决定了一个国家科技创新的底蕴和后劲。

值得注意的是，在全球大科学时代，创新愈来愈复杂，技术发展越来越迅猛，专业化分工越来越明显，科研所需的研究资源与研发经费投入也更高，而科技研发过程又具有较高的难度和挑战，这使得独立研究难以承担与开展。创新与科学研究是各层次各环节协调联动的过程，一国的开放性直接影响着国家创新、科技研究能力与要素配置效率。因此，合作成为世界各国科技研发的必然选择。与此同时，世界经济全球化、科技全球化与创新资源全球化也进一步促进和激发了国家或地区间的科技合作需求。世界各国相继在全球范围内将最具优势的生产要素、技术成果与本国优势进行重组，来快速提升自身科技水平。

作为我国科技创新体系的重要组成部分，我国政府也高度重视国际科研合作，相继出台了一系列重大决策，包括《国家创新驱动发展战略纲要》《国家中长期科学和技术发展规划纲要（2021—2035 年）》以及国家科技创新规划等来大力促进国际科研合作，为建设创新型国家提供政策支持。这些政策规划提出我国要以全球视野谋划推动创新，扩大对外开放深度与广度，扩大国际和地区间科技合作与交流，主动融入布局全球创新网络，在全球范围内优化配置创新资源，把科技创新与国家外交战略相结合，推动建立广泛的创新共同体，在更高水平上开展科技创新合作，最大限度地用好全球创新资源，以期全面提升我国在全球创新格局中的位势，力争成为若干重要领域的引领者和重要规则制定的参与者，提高在全球创新治理中的话语权。因此，国际科研合作已成为国家科技创新的重要组成部分，对于当前我国凝聚创新思想、共享科技资源、培养新时期高级科技人才、国家重要学科领域快速发展和社会经济全面进步都具有非常重要的意义。作为后发型经济，国际科研合作也是实现我国融入全球创新网络、优化配置创新资源、提升创新实力的重要路径。

1.1　中国国际科研合作的现状与特征

关于国际科研合作的界定，不同的学者提出不同的看法。其中，弗雷姆和卡彭特（Frame and Carpenter，1979）根据来自两个或者两个以上国家或者地区的不同机构地址的合作者共同在合著论文上署名的行为，认为这种合作活动具有国际科研合作的性质。卡茨和马丁（Katz and Martin，1997）认为研究合作是研究者们是为了共同探索科学知识而进行的合作研究活动。国内学者陈健雄和徐翔（2009）从科技发展的角度定义国际科研合作，是指来自不同国家或地区的技术工作者或科研机构进行技术联合研发合作，以期共享科研成果。

根据合作的一般概念，科学研究合作是一种由两个及两个以上科技工作者或者组织机构一起创造新的科学知识或者为实现各自的科研目标而进行的协同创新的科学活动。由此，国际科研合作是指来自两个及两个以上国家或者地区的科研人员或者组织机构为了共同的科研目的，共同参与协助创造新的科学知识的科研活动（谢彩霞，2008）。有鉴于此，与现有研究一致，我们将来自两个或者两个以上国家或者地区的不同机构（如国家科研机构、大学研究所、企业实验室等）地址的科研合作者一起在合著论文上署名的这种行为称为国际科研合作。

科学计量学之父普赖斯（Price，1963）认为，用论文合著来衡量国际科研合作具有明显的优势性。首先，合著论文数据是客观的，同时合著者们的关系也很固定，由此，基于合著论文的数据研究也便于不同学者间的对比。其次，基于论文合作的客观数据统计出来的结论相较于其他研究方式如案例研究或者问卷访问等的结论更客观、样本量大，因而更具说服性和更有意义。因此，本章将采用中国与"一带一路"沿线国家之间的科研合作论文数量来反映两国科研合作的强度。具体来说，它是指两国科研人员在 Web of Science 数据库中以联合作者身份（Co-author）发表的合作文章数量。为了使学科分类更加清晰明了，本章采用 Web of Science 中全球机构概况大全项目（global institutional profile project，GIPP）体系下的学科分类，包括六大学科，涵盖学术研究的所有领域，分别为自然科学（Physical Sciences）、生命科学（Life Sciences）、工程学科（Engineering and Technology）、临床医学（Clinical，Pre-Clinical and Health）、社会科学（Social Sciences）以及人文与艺术学科（Arts and Humanities）。

中国与其他国家之间的科研合作论文数据来源于国际上通用的 Web of Science 数据库。Web of Science 包括著名的三大引文索引——Science Citation Index Expanded（SCIE，1900 年至今）、Social Sciences Citation Index（SSCI，1956 年至今）、Arts & Humanities Citation Index（A&HCI，1975 年至今）及两大化学信息数据库——Current Chemical Reactions（CCR，1986 年至今）和 Index Chemicus（IC，1993 年至今），精选了 9000 多种核心学术期刊，涵盖自然科学、工程技术、生物医学、社会科学、艺术与人文等领域，已经成为全世界影响最大的学术论文数据库。

由于在 2008 年 10 月 20 日，Web of Science 数据库整合了原来的 ISI Proceedings（国际会议录，其中自然科学版即三大检索之一的 ISTP），使其覆盖面进一步扩大，并且新平台又增加了更智能的信息检索功能，增加了科研人员的机构地址，从而使得作者姓名与作者机构地址能够联系在一起，方便检索。因此，我们选取 2008～2015 年作为本章的样本区间。

1.1.1　学科分布状况

为了横向研究中国各学科国际科研合作产出情况，本章采用 Web of Science 中 GIPP 体系下的学科分类，一共有六大学科，分别为自然科学、生命科学、工程学科、临床医学、社会科学以及人文与艺术学科。表 1 - 1 展示了中国六大学科的国际科研合作论文数占六大学科全部国际科研合作论文数的比例情况。从数据上可以看出，各大学科国际科研合作论文数的历年占比保持相对稳定，与以往研究一致，自然科学的科研合作成果表现突出，占六大学科国际科研合作论文总数的 38.72%，其他依次为生命科学（24.56%），工程学科（21.49%），临床医学（12.02%），社会科学（3.08%）和人文与艺术学科（0.14%）。

表 1 - 1　　　　2008～2015 年中国各学科国际科研合作论文数量占比　　　单位：%

学科	2008 年	2009 年	2010 年	2011 年	2012 年	2013 年	2014 年	2015 年	平均
自然科学	39.05	37.87	37.13	39.48	41.98	39.31	37.56	37.36	38.72
生命科学	25.41	25.33	25.00	24.94	23.39	24.16	24.18	24.03	24.56
工程学科	20.23	21.17	22.49	20.51	19.98	21.36	22.80	23.37	21.49
临床医学	12.50	12.52	12.42	11.85	11.37	11.66	11.99	11.88	12.02
社会科学	2.69	2.90	2.85	3.00	3.16	3.40	3.36	3.24	3.08
人文与艺术学科	0.13	0.22	0.11	0.22	0.11	0.10	0.12	0.12	0.14
合计	100	100	100	100	100	100	100	100	100

资料来源：Web of Science 数据库。

从表 1 - 1 中可以看出，自然科学、生命科学和人文与艺术学科这三大学科的国际科研合作论文数量占六大学科国际科研合作论文总数的比例在八年间保持相对稳定，而工程学科和社会科学的国际科研合作论文所占比例随着时间推移而有所增长。然而从总体比例上来讲，社会科学及人文与艺术学科的国际科研合作论文占比仍然偏低，占总体合作论文比例不足 3.3%，表明我国在人文社科方面的国际科研合作强度仍处于较低水平。

　　表 1 - 2 给出了纵向的中国各学科国际科研合作论文数占中国在该学科的全部科研论文数的比例，主要考察各个学科的国际科研合作参与度。从表 1 - 2 中可以看出，学科总体的平均国际化科研参与度为 57.41%，且国际科研合作论文占比随时间推移呈增长趋势，中国融入国际科研合作网络的程度在逐步加深。分学科数据显示，自然科学、临床医学、生命科学的国际科研合作论文所占比例随时间推移同样呈增长趋势，其国际科研合作论文平均占比依次为 61.35%、59.45% 和 57.54%，说明这三大学科的国际科研参与度也在逐步增加。其中，自然科学是中国国际科研合作参与程度最高的学科领域。

表 1 - 2　　　　2008～2015 年中国各学科占该学科科研论文总数的比例　　　单位:%

学科	2008 年	2009 年	2010 年	2011 年	2012 年	2013 年	2014 年	2015 年	平均
自然科学	57.91	57.73	59.30	62.18	65.07	63.48	62.45	62.71	61.35
生命科学	56.44	56.29	57.38	57.70	57.32	57.65	58.56	58.95	57.54
工程学科	54.25	54.41	56.68	54.75	54.82	54.93	55.25	55.37	55.06
临床医学	58.77	57.99	59.55	59.37	59.16	59.12	60.76	60.86	59.45
社会科学	60.55	58.84	58.86	58.51	59.07	59.86	59.55	58.73	59.25
人文与艺术	57.83	69.29	56.60	64.38	55.36	55.62	56.67	54.70	57.41
总体	57.63	59.09	58.06	59.48	58.47	58.44	49.52	58.55	57.41

资料来源：Web of Science 数据库。

1.1.2　合作伙伴现状

　　表 1 - 3 显示了 2008～2015 年期间与中国开展国际科研合作的前三十位国家和地区。就国际科研合作论文所占份额而言，与近年来其他学者研究的结果一致，美国是中国最大的国际科研合作伙伴。中美两国 2008～2015 年间累计合作论文达 152821 篇，占比为 31%，其次是英国（32113 篇，占比为 6.51%）和日本（30424 篇，占比为 6.17%），说明中国有将近 1/3 的科研合作论文是与美国的科研人员共同完成的，远远高出排在第二位的英国。经计算发现，前三十大合作伙伴与中国的国际科研合作论文数占中国所有国

际科研合作论文数的比例已经超过90%，前三十大合作伙伴中，欧洲国家有18个，亚洲国家（地区）有8个，美洲国家有2个，大洋洲国家有2个，且几乎都是发达国家（地区）。这说明我国与欧洲以及亚洲发达国家（地区）的科研合作强度较高，美国、英国、日本是中国的主要科研合作伙伴，而与发展中国家的科研合作活动相对薄弱。

表1-3　　　　中国与前三十大国际科研伙伴的合作论文数量及比例

（2008～2015年）

排名	国家/地区	论文数（篇）	比例（%）	排名	国家/地区	论文数（篇）	比例（%）
1	美国	152821	31.00	16	瑞士	6057	1.23
2	英国	32113	6.51	17	俄罗斯	5777	1.17
3	日本	30424	6.17	18	印度	5037	1.02
4	澳大利亚	27556	5.59	19	丹麦	4520	0.92
5	加拿大	24850	5.04	20	比利时	4290	0.87
6	德国	24724	5.01	21	巴西	3699	0.75
7	法国	15555	3.16	22	沙特阿拉伯	3655	0.74
8	新加坡	14473	2.94	23	波兰	3624	0.74
9	韩国	14104	2.86	24	奥地利	3391	0.69
10	中国台湾	11107	2.25	25	巴基斯坦	3306	0.67
11	中国香港	9887	2.01	26	挪威	3152	0.64
12	荷兰	8131	1.65	27	芬兰	3057	0.62
13	瑞典	7890	1.60	28	捷克	2747	0.56
14	意大利	7759	1.57	29	新西兰	2694	0.55
15	西班牙	6224	1.26	30	葡萄牙	2339	0.47

资料来源：Web of Science 数据库。

1.1.3　科研机构分布状况

据2011年《泰晤士报》报道，国际科研合作论文百分比（% of International Collaborations）日益成为全球大学排名的重要参考指标，用于衡量高校的科研国际化程度，并能体现科研机构或科研工作者吸引国际合作的能力。

表 1 - 4 给出了 2008～2015 年国际科研合作论文百分比排名前三十位的国内科研机构（国际科研合作论文百分比 = 该科研机构发表的国际科研合作论文数/该机构发表的全部科研论文数），该数据来源于 Web of Science 的 InCites 数据库。表 1 - 4 中数据显示，北京大学的国际科研合作论文占其全部科研论文的比例最高，占比为 34.62%，其次是北京师范大学（34.07%）、中国科学技术大学（29.85%）和复旦大学（29.46%）。这说明，中国综合排名靠前的名校，如北京大学、北京师范大学、复旦大学和清华大学，国际化程度较高，吸引国际合作的能力较强，因而国际科研合作成果产出的比例也较大。与此同时，在这三十大科研院校中，大多数属于研究型大学，多专注于自然科学、工程技术及数学等领域的基础性研究。

表 1 - 4　　　国际科研合作论文百分比排名前三十位的国内科研院校

排名	院校名称	国际科研合作论文百分比(%)	排名	院校名称	国际科研合作论文百分比(%)	排名	院校名称	国际科研合作论文百分比(%)
1	北京大学	34.62	11	中山大学	25.4	21	苏州大学	21.72
2	北京师范大学	34.07	12	中国医学科学院	25.17	22	南开大学	21.62
3	中国科学技术大学	29.85	13	西安交通大学	24.98	23	中南大学	20.99
4	复旦大学	29.46	14	南京大学	24.97	24	华南理工大学	20.66
5	厦门大学	28.48	15	东南大学	23.4	25	兰州大学	20.47
6	清华大学	28.17	16	武汉大学	23.39	26	吉林大学	19.71
7	中国科学院	26.9	17	山东大学	23.04	27	华东理工大学	19.11
8	上海交通大学	25.94	18	华中科技大学	23	28	天津大学	18.82
9	同济大学	25.63	19	大连理工大学	22.18	29	中国科学院大学	17.22
10	浙江大学	25.53	20	哈尔滨工业大学	21.78	30	四川大学	16.84

资料来源：Web of Science 数据库。

表 1 - 5 给出了 2008～2015 年与我国国际科研合作产出最高的前三十位

科研院校，该数据同样来源于 Web of Science 的 InCites 数据库。根据表 1-5，新加坡国立大学与我国的合作论文产出最多，八年间累计科研合作论文 6490 篇，其次是南洋理工大学（6331 篇）、哈佛大学（5905 篇）、密歇根大学（3960 篇）、巴黎萨克雷大学（3832 篇）。不难发现，与我国国际科研合作论文数排名前三十位的科研机构几乎全部来自我国国际科研合作论文数排名前十位的国家和地区，其中，有 18 个科研院校来自第一大合作伙伴美国，3 个来自第二大合作伙伴英国，2 个来自第三大合作伙伴日本。同时，这前三十大科研院校基本都属于世界排名靠前的研究型大学，这说明我国更倾向于跟国际知名的科研院校开展国际科研论文合作。

表 1-5   与我国国际科研合作论文数排名前三十位的科研院校

排名	机构名称	论文数（篇）	国家	排名	机构名称	论文数（篇）	国家
1	新加坡国立大学	6490	新加坡	16	威斯康辛大学	2867	美国
2	南洋理工大学	6331	新加坡	17	华盛顿大学	2848	美国
3	哈佛大学	5905	美国	18	斯坦福大学	2835	美国
4	密歇根大学	3960	美国	19	东北大学	2833	日本
5	巴黎萨克雷大学	3832	法国	20	约翰斯·霍普斯大学	2826	美国
6	加利福尼亚大学伯克利分校	3772	美国	21	牛津大学	2807	英国
7	东京大学	3614	日本	22	普渡大学	2750	美国
8	加州大学洛杉矶分校	3534	美国	23	佛罗里达大学	2736	美国
9	芝加哥大学	3464	美国	24	香港中文大学	2710	中国
10	俄亥俄州立大学	3150	美国	25	伊利诺伊大学香槟分校	2664	美国
11	多伦多大学	3150	加拿大	26	香港大学	2629	中国
12	悉尼大学	3148	澳大利亚	27	帝国理工学院	2625	英国
13	麻省理工学院	3055	美国	28	耶鲁大学	2621	英国
14	宾夕法尼亚州立大学	2988	美国	29	哥伦比亚大学	2620	美国
15	马里兰大学帕克分校	2950	美国	30	得克萨斯 A&M 大学	2597	美国

资料来源：Web of Science 数据库。

1.2　中国国际科研合作的影响因素

1.2.1　研究设计

近年来，引力模型已经广泛运用与拓展到了双边贸易、交通流量、货币流量、电话甚至婚姻等人类经济社会行为现象的统计分析中。廷伯根（Tinbergen，1962）最早将引力模型用于研究国际贸易流量，得出的结论是两国双边贸易规模与它们的经济规模成正比，与两国之间的地理距离成反比。在研究合作行为领域，庞兹等（Ponds et al.，2007）；梁和朱（Liang and Zhu，2002）；胡克曼等（Hoekman et al.，2009）等基于引力模型分别研究了荷兰、中国、欧盟等地区的合作研究行为的强度；胡克曼（Hoekman et al.，2010）运用引力模型研究了欧盟地区地理距离对研究合作行为的影响，结果表明两国科研合作规模与它们的自身科研实力规模成正比，与两国之间的地理距离成反比。然而目前却鲜有文献将引力模型引入国际科研合作的研究中来。因此，我们将在引力模型基础上构建出用于研究国际科研合作的实证模型。

具体来讲，引力模型的数学公式表示为：

$$C_{ij} = A_i B_j F(d_{ij})$$

其中，C_{ij} 表示任意两个物体 i 和 j 之间的相互作用，A_i 和 B_j 分别为原物体和目标物体的质量，$F(d_{ij})$ 代表影响两物体相互作用的其他因素。

参照胡克曼（Hoekman et al.，2010）的做法，为更好地开展关于中国国际科研合作影响因素的研究，实证模型设定如下：

$$C_{ijt} = \alpha_0 + P_{it}^{\alpha_1} P_{jt}^{\alpha_2} \exp\left[\sum_{k=1}^{K} \beta_k d_{ij}^{(k)}\right] + \varepsilon_{ijt}$$

其中，i 为与中国开展国际科研合作的合作国（地区），j 指中国。C_{ijt} 表示中国与合作国家（地区）间的国际科研合作论文数量，P_{it} 表示合作伙伴的科研论文数量，P_{jt} 表示中国的科研论文数量，a_1、a_2 为影响权重，即系数且预期为正。$d_{ij}(k)$ 包括了地理距离 Distance、技术相似度 Similarity 和语言 Language，β_k 为第 k 重影响权重，即系数，ε_{ijt} 为误差项，假设为独立同分布。

因此，取自然对数拓展后的引力模型为：

$$C_{ijt} = \alpha_0 + \alpha_1 \ln P_{it} + \alpha_2 \ln P_{jt} + \alpha_3 \ln D_{ij} + \alpha_4 \ln Similarity_{ijt} + \alpha_5 Language_{ij} + \varepsilon_{ijt}$$

其中，$\ln P_{it}$ 表示合作国家（地区）的科研论文数量的自然对数。学界通常使用科研论文数量来衡量一国（地区）的科研实力强弱，因此本章采用合作国（地区）科研论文数量 $Paper_{it}$ 来衡量合作国（地区）的科研实力强弱。$Paper_{it}$ 数值越大，代表该国（地区）自身的科研实力越强，则两国（地区）的科研合作产出 C_{ijt} 就越多。

$\ln P_{jt}$ 是中国的科研论文数量的自然对数。根据 2017 年国家发布的《中国国际科研合作现状报告》，中国的科研综合实力越强，其相应的国际科研成果产出规模就越大，两者之间存在正向相关关系。因此本章采用中国科研论文数量 $Paper_{jt}$ 来衡量中国的科研实力强弱。$Paper_{jt}$ 数值越大，则代表中国自身的科研实力越强，两国的科研合作产出 C_{ijt} 就越多。

$\ln D_{ij}$ 表示中国北京与科研合作国家（地区）的首府之间的直线地理距离的自然对数。现有研究发现，地理距离往往是阻碍两国（地区）开展国际科研论文合作的重要因素之一。该数据来源于谷歌地图，单位为千米，在实证中采用对数形式以消除异方差。地理距离数值越大，则意味着两国（地区）科研合作活动的沟通成本越高，两国（地区）的科研合作产出 C_{ijt} 就越少。

$\ln Similarity_{ijt}$ 表示两国（地区）之间的技术相似度的自然对数。技术相似度指标代表的是两国（地区）的技术差异程度，随着学科交叉程度和科研课题综合程度的提高，通常认为两个国家（地区）间的技术互补程度越高，越有利于科研合作成果的产出，相应的两国（地区）合作论文就越多。本章借鉴了佩里（Peri，2005）所使用的用于计算各国家（地区）间技术相似度的公式：

$$Similarity_{ijt} = (sh'_i sh_j) \Big/ \left[\sum_k (sh_{ikt})^2 \sum_k (sh_{jkt})^2 \right]^{1/2}$$

其中，i 为科研论文合作国家（地区），j 是中国；Similarity$_{ijt}$ 为 t 时期中国与合作国（地区）的技术相似度，sh$_{ikt}$ 表示 t 时期科研论文合作国家（地区）的科研论文数量 P$_{it}$，sh$_{jkt}$ 表示 t 时期中国的科研合作论文数量 P$_{jt}$；k 代表 GIPP 体系下的分学科，共有六大学科，即自然科学、生命科学、工程学科、临床医学、社会科学和人文与艺术学科。技术相似度指标 Similarity 取值范围为 0~1，越接近 1 说明中国与合作国（地区）的技术专业化相似程越高，则预计两国（地区）科研合作产出 C$_{ijt}$ 就越少。在实证中为消除异方差的影响，同样对该变量采取了对数形式处理。

Language$_{ij}$ 则表示中国与科研合作国（地区）是否同属于汉语语系。该变量为虚拟变量，代表中国与合作国家（地区）间是否存在共同语言。汉语国家（地区）设为 1，反之为 0。多位学者的研究发现，拥有海外留学经历的中国科研工作者以及中国移民科学家在中国与其他国家（地区）开展国际科研论文合作时起着关键作用。有鉴于此，本章采用虚拟变量 Language$_{ijt}$ 来衡量中国与合作国（地区）的语言沟通便利程度，若合作国家属于汉语国家（地区），将有助于两者开展科研合作，相应的两国（地区）的科研合作产出就越多。

关于解释变量的含义、预期符号及理论说明如表 1-6 所示。

表 1-6　　　　　　　解释变量的含义、预期符号及理论说明

解释变量	含义	理论说明	预期符号
Paper$_{it}$	合作国（地区）的科研论文数量	代表该国（地区）的科研实力，发表的科研论文数量越多，该国（地区）科研实力越强，则两国（地区）的合作论文就越多	+
Paper$_{jt}$	中国的科研论文数量	代表中国的科研实力，发表的科研论文数量越多，我国科研实力越强，则两国（地区）的合作论文就越多	+
Distance$_{ijt}$	中国与合作国（地区）两者首都之间的直线距离	代表两国（地区）进行科研论文合作活动的沟通成本，距离越远，两国（地区）科研沟通成本越高，则两国（地区）的合作论文就越少	-

解释变量	含义	理论说明	预期符号
$Similarity_{ijt}$	中国与合作国家（地区）的技术相似度	代表两国（地区）的技术差异性，该指标的数值越高，代表两国（地区）的技术相似程度就越高，则两国（地区）的合作论文就越少	−
$Language_{ijt}$	虚拟变量，中国与合作国家（地区）间是否存在共同语言，汉语国家（地区）设为1，反之为0	代表两国（地区）的语言沟通的便利程度，若合作国家（地区）属于汉语国家（地区），将有助于双方开展科研合作，两国（地区）的合作论文就越多	+

从表 1 - 7 的统计描述可以看出，2008～2015 年，我国与科研合作伙伴的合作论文最大值为 31882 篇，最小值为 0，平均为 419.233 篇，标准差为 1826.798，表明我国与各个科研合作伙伴的科研合作强度差异较大。$LnPaper_{it}$ 的最大值、最小值和平均值分别为 12.898、0.693、6.805，即科研合作国（地区）自身的科研论文数量最大值、最小值与平均值分别为 399761 篇、2 篇以及 902 篇，说明与中国开展科研论文合作的合作国（地区）之间的科研实力差距较大。$LnPaper_{jt}$ 的最大值、最小值与平均值分别为 11.099、9.999、10.569，即我国自身科研论文数量最大值、最小值与平均值分别为 66119 篇、22014 篇与 38905 篇，可以看出我国自身的科研实力较为雄厚。LnDistance 的最大值、最小值与平均值分别为 9.866、6.696、8.971，即与我国开展科研论文合作的国家（地区）最远、最近以及平均距离分别为 19261 千米、809 千米、8974 千米，数据表明我国科研合作伙伴国（地区）地理分布范围较广，相隔距离也较远。在技术相似度方面，LnSimilarity 最大值、最小值、平均值分别为 − 0.578、− 1.490 和 − 0.794，表明技术相似度的最大值、最小值、平均值分别为 0.536、0.225 和 0.386，整体来看与中国的技术相似程度相对较低。最后，关于共同语言 Language 虚拟变量，其平均值为 0.041，说明参与中国科研合作论文的合作伙伴中，汉语国家和地区较少。

表 1 - 7　　　　　　　　　　我国国际科研合作影响因素的统计描述

变量	观测数	最大值	最小值	平均值	标准差
Co-publication	1176	31882	0	419.233	1826.798
LnPaperit	1176	12.898	0.693	6.805	2.432
LnPaperjt	1176	11.099	9.999	10.569	0.361
LnDistance	1176	9.866	6.696	8.971	0.572
lnSimilarity	1176	-0.578	-1.490	-0.794	0.185
Language	1176	1.000	0.000	0.041	0.198

资料来源：Web of Science 数据库。

1.2.2　实证结果分析

由于被解释变量国际合著论文数量是一个非负整数的计量数，无法服从 OLS 所需的正态分布，因此需采用面板数据的负二项回归（negative binomial regression FE）。同时，考虑到解释变量与被解释变量之间可能存在内生性问题，参照现有文献的做法（赵伟、张萃，2007；柯善咨、赵曜，2014；Zhang，2016），本章将所有的解释变量都予以滞后一期处理。

表 1 - 8 显示了整体学科我国国际科研合作影响因素模型的负二项回归实证结果。回归结果表明，LnPaper$_{it}$ 和 LnPaper$_{jt}$ 变量在 1% 水平下始终表现正显著，这说明中国与合作伙伴的自身科研实力越强，发表的科研论文数量越多，两者的国际科研合作产出就越多。此外，技术相似度指标在 1% 水平下负显著，说明两国（地区）之间的技术相似度越高，两国（地区）的国际科研合作产出就越少。两国（地区）之间的技术专业化差别越大，则有利于科研论文成果的产出。这一现象表明中国的国际科研合作是建立在学科的互补性之上的。同时，我们发现地理距离的系数为正，但在统计上并不显著，表明随着信息通信技术的发展和交通工具的发达，物理距离对两国（地区）开展科研论文合作的障碍作用大大减弱。语言系数在 1% 的水平下显著，这表明共同语言对中国的国际科研合作产生了积极影

响，中国的科研工作者更倾向于和会使用汉语的境外科研人员开展科研论文合作。

表1-8　　　　整体学科我国国际科研合作影响因素模型的实证结果

变量	（1）	（2）	（3）	（4）	（5）
LnPaper$_{it}$	0. 3653 *** （0. 0261）	0. 5756 *** （0. 0324）	0. 5796 *** （0. 0330）	0. 6065 *** （0. 0348）	0. 5985 *** （0. 0349）
LnPaper$_{jt}$		0. 9749 *** （0. 0282）	0. 9766 *** （0. 0281）	0. 9547 *** （0. 0291）	0. 9537 *** （0. 0287）
LnDistance			0. 0803 （0. 1071）	0. 0571 （0. 1074）	0. 0997 （0. 1108）
LnSimilarity				- 0. 9295 ** （0. 3794）	- 1. 0498 *** （0. 3791）
Language					0. 9989 *** （0. 3342）
Constant	- 1. 5006 *** （0. 2027）	11. 9249 *** （0. 2443）	12. 6808 *** （1. 0346）	13. 1256 *** （1. 0493）	13. 5527 *** （1. 0759）

　　注：括号内为稳健性标准误，＊＊＊表示符合1%的显著性水平，＊＊表示符合5%的显著性水平，＊表示符合10%的显著性水平。

　　为了直观地观察解释变量对被解释变量的影响系数如何随着时间的推移而变化，本章将面板数据样本截为2008～2011年和2012～2015年两个时间段，表1-9列出了实证结果。从表1-9中可以看出，LnPaper$_{it}$和LnPaper$_{jt}$始终都在1%水平下正显著，且LnPaper$_{it}$变量的系数随时间推移逐渐增长，说明合作国（地区）自身的科研实力增长对两国（地区）开展国际科研论文合作的正向效应趋于增强。另外，两国（地区）之间的技术相似度在2008～2011年期间在5%水平下负显著，而在2012～2015年期间的系数仍为负，但不再显著，这表明学科互补性对两国（地区）科研合作论文产出的影响随着时间的推移而逐渐下降。地理距离变量对两国（地区）科研合作论文产出的影响系数为负，但仍不显著，表明两国（地区）之间的地理距离对其开展科研论文合作的负影响趋于减弱。

表 1 - 9 　　　　　2008 ~ 2015 年我国国际科研合作影响因素模型
总体学科的历年实证结果

变量	2008 ~ 2011 年 （1）	2012 ~ 2015 年 （2）	总体学科 （3）
LnPaper_{it}	0.5685 *** （0.0777）	0.6998 *** （0.0647）	0.5985 *** （0.0349）
LnPaper_{jt}	1.4357 *** （0.1393）	0.6890 *** （0.0369）	0.9537 *** （0.0287）
LnDistance	- 0.1703 （0.2440）	- 0.0281 （0.2742）	0.0997 （0.1108）
LnSimilarity	- 2.1093 ** （0.9405）	- 0.4946 （0.5387）	- 1.0498 *** （0.3791）
Language	0.9057 （0.6254）	- 0.2899 （0.7432）	0.9989 *** （0.3342）
Constant	- 16.2959 *** （2.6137）	- 8.3849 *** （2.5332）	- 13.5527 *** （1.0759）

注：括号内为稳健性标准误，*** 表示符合 1% 的显著性水平，** 表示符合 5% 的显著性水平，* 表示符合 10% 的显著性水平。

　　鉴于中国国际科研合作的影响因素可能因不同的学科属性而有所差别，因此本章采用 Web of Science 数据库中 GIPP 体系下的学科分类，并对分支下的六大学科分别开展了实证分析，结果如表 1 - 10 所示。从影响系数的数值上可以看出，首先，LnPaper_{it} 和 LnPaper_{jt} 变量始终在 1% 水平下正显著，与表 1 - 8 与表 1 - 9 中的实证结果一致，说明无论是总体学科还是分学科，两国（地区）自身科研实力的增长对两国（地区）科研合作成果的产出都有显著的促进作用。其次，无论是总体学科还是分学科，地理距离的系数在统计上都不显著。再次，技术相似度在自然科学和工程学科领域显示负显著，说明中国在这两大领域的国际科研合作更多是基于学科互补性的。此外，在生命科学、临床医学和工程学科领域存在显著的共同语言正效应。最后，通过比较这些领域之间 LnPaper_{it} 的系数，我们发现社会科学和工程学科的影响系数远大于自然科学、生命科学和临床医学，说明中国在工程学科和社会科学领域的国际科研合作产出更依赖于合作伙伴的科研实力。而自然科学的 LnPaper_{jt} 系数则远远大于其他学科，这表明相对于其他学科，我国在自然科学方面的国际科研合作产出更多地依赖于自身科研实力的进步。

表 1 - 10　　　　　分学科我国国际科研合作影响因素模型实证结果

变量	自然科学 （1）	生命科学 （2）	临床医学 （3）	工程学科 （4）	社会科学 （5）	总体学科 （6）
$LnPaper_{it}$	0. 5708 *** （0. 0423）	0. 5348 *** （0. 0482）	0. 5918 *** （0. 0493）	0. 6215 *** （0. 0386）	0. 7667 *** （0. 0690）	0. 5985 *** （0. 0349）
$LnPaper_{jt}$	1. 1014 *** （0. 0477）	0. 9523 *** （0. 0331）	0. 9241 *** （0. 0361）	0. 7719 *** （0. 0311）	0. 6660 *** （0. 0356）	0. 9537 *** （0. 0287）
LnDistance	0. 0045 （0. 1245）	0. 2569 （0. 1577）	0. 2076 （0. 1815）	- 0. 1108 （0. 1487）	- 0. 2622 （0. 2806）	0. 0997 （0. 1108）
LnSimilarity	- 2. 6215 *** （0. 6016）	- 0. 1010 （0. 4953）	0. 0123 （0. 5907）	- 1. 4678 ** （0. 7345）	- 0. 6969 （0. 9950）	- 1. 0498 *** （0. 3791）
Language	0. 2027 （0. 2928）	0. 9933 ** （0. 4235）	1. 0765 ** （0. 4755）	1. 5432 *** （0. 5995）	0. 8832 （0. 5987）	0. 9989 *** （0. 3342）
Constant	- 14. 3613 *** （1. 2405）	- 11. 8152 *** （1. 4393）	- 10. 7789 *** （1. 6993）	- 9. 0988 *** （1. 4646）	- 5. 3411 ** （2. 4893）	13. 5527 *** （1. 0759）

　　注：*** 表示符合1%的显著性水平，** 表示符合5%的显著性水平，* 表示符合10%的显著性水平。括号内为稳健性标准误差。由于 Web of Science 数据库中人文与艺术学科样本中零值太多，因此实证分析中略去了该学科。

　　此外，为了更直观地观察中国在不同领域的国际科研产出影响因素，我们还将这六类学科分成了两大领域：自然科学领域和人文社科领域。其中自然科学领域包括生命科学、自然科学、工程学科以及临床医学，人文社科领域包括社会科学和人文与艺术学科。表 1 - 11 展示了这两大领域的实证回归结果。不难看出，所有的解释变量都取得了与表 1 - 10 中一致的符号。另外，从 $LnPaper_{it}$ 和 $LnPaper_{jt}$ 的影响系数上可以看出，自然科学领域的国际科研合作产出更多地依赖于中国自身科研实力的增长，而人文社科领域的国际科研合作产出更多地依赖于合作伙伴的科研实力增长。这也与中国在不同学科的国际科研合作现状相符，目前中国在自然科学领域尤其是自然科学方面的科研实力较为雄厚，而在人文社科方面的科研成果较少，需要更多地依赖于其他国家。

表 1 - 11　　　　两大类学科我国国际科研合作影响因素模型实证结果

变量	人文社科 （1）	自然科学 （2）	总体学科 （3）
LnPaperit	0. 7645 *** （0. 0632）	0. 6343 *** （0. 0329）	0. 5985 *** （0. 0349）
LnPaperjt	0. 6407 *** （0. 0350）	0. 9346 *** （0. 0266）	0. 9537 *** （0. 0287）
LnDistance	- 0. 2274 （0. 2516）	0. 1269 （0. 1088）	0. 0997 （0. 1108）
LnSimilarity	- 0. 8835 （0. 9697）	- 0. 8695 ** （0. 3776）	- 1. 0498 *** （0. 3791）
Language	1. 1179 ** （0. 5636）	0. 9738 *** （0. 3077）	0. 9989 *** （0. 3342）
Constant	- 5. 9644 *** （2. 2203）	- 14. 0638 *** （1. 0698）	- 13. 5527 *** （1. 0759）

注：*** 表示符合1% 的显著性水平，** 表示符合5% 的显著性水平，* 表示符合10% 的显著性水平。括号内为稳健性标准误。

1. 2. 3　小结

基于上述对我国国际科研合作现状及影响因素的研究，对我国进一步开展国际科研合作提出如下建议。

首先，我国应构建面向全球的科研创新合作体系，加大在国际科研合作方面的财政资金投入力度，积极引资引智，培养科技创新人才，增强自身的科研综合实力。

（1）深化大国间的"创新对话"机制，与相关国家（地区）建立"创新论坛"，通过增强与世界科研强国的项目合作以及人员交流，增信释疑，优势互补，充分实现资源共享与互利共赢，形成全方位、深层次、多领域的国际科研创新合作体系。

（2）充分发挥政府在科研创新中的"伞"式作用，根据具体应用场景建立具有特色的海外研发中心和国际联合实验室，打造我国国际科研合作创新试验区，建立一批符合国际科研合作需求、具有专业特色的国际产学研联盟，积极引进海外优秀科研人才，为其提供优良的科研环境和创新孵化空间，增强科研人员的创新能力与科研协作能力。

（3）紧密围绕国家《"十三五"国际科技创新合作专项规划》《国家创新驱动发展战略纲要》《"十四五"国家科技创新规划》的要求，加大对全球前沿科技创新项目、大科学工程、国际科研合作基地的资金投入。鼓励并引导研究所、高等院校以及社会企业等加大对科研创新方面的投入，促进企业全球竞争力提升，形成多元化科研投入格局。

其次，我国应加强与发展中国家（地区）的科研创新合作的联系，立足我国实际情况，制定与广大发展中国家和新兴经济体间的特色科研合作计划，加强我国在国际科研创新合作中的主导地位。

（1）面向不同的发展中国家，开展差异化的国际科研战略合作，强化人类命运共同体理念。依托来华留学激励措施、国际青少年科普活动、杰出青年学者访华计划等机制，创造深度学习交流机会，与发展中国家共同培养多层次的科研创新人才。

（2）设立"科研合作伙伴"计划，共建跨国联合实验室、科技创新园区、技术示范中心，带动发展中国家（地区）整体科研实力进步，增加与其科研机构和科研人员的科研合作力度，带领发展中国家提高国际科研创新成果产出，提升我国的国际科研影响力。

（3）依托地缘优势，充分发掘周边发展中国家的特色创新资源，深化扩大我国的"科研朋友圈"，增强在学科互补方面的科研合作交流，与东南亚国家在农业、能源、生态环境保护等领域积极开展科研合作，构建深度融合、互利共赢、共商共建的区域科研创新共同体。

最后，我国应保持在国际科研合作领域的优势学科地位，稳步推进以我国为主导地位的国际大科学工程，并加大在人文社科领域的科研经费投入，促进各学科领域共同发展。

（1）在我国的优势科研合作领域，如自然科学、生命科学，应当积极围绕全球性重大科研难题，力争组织发起新的国际大科学工程，探索建立符合科技创新规律和中国国情的科研基础设施及科研大数据等资源的共享共建机制，提高我国的国际科研地位和科技影响力。

（2）积极统筹引资引智工作，依托创新人才引进政策，吸引我国科研弱势学科方面的海外高端人才，鼓励其与该领域的科研强国开展学术合作，通过知识外溢效应，增强我国弱势学科的科研实力，培育我国国际科研合作的竞争新优势，实现各学科领域的共同发展。

第 2 章

中国与"一带一路"沿线国家科研合作的特征与影响因素

　　"一带一路"是"丝绸之路经济带"和"21世纪海上丝绸之路"的简称。2013年9月和10月，国家主席习近平在出访中亚和东南亚国家期间，先后提出共建"丝绸之路经济带"和"21世纪海上丝绸之路"的重大倡议，得到了国际社会的高度关注与积极响应。"一带一路"包含60多个沿线国家，覆盖了44亿人口，经济规模约占全球GDP的1/3，地理上贯穿亚欧非大陆，连接东亚经济圈和欧洲经济圈，战略位置突出，发展潜力巨大。①"一带一路"倡议的提出与建设，不仅促进了中国与沿线国家之间的投资、贸易、交通设施的发展，也加强了彼此间人员与思想的交流和科学研究合作，而后者对于提升我国科研实力、建设创新型国家起着至关重要的作用。

　　然而值得注意的是，尽管"一带一路"倡议对我国的影响开始引起国内外学者的关注，但研究内容主要集中在经济增长、贸易和投资效应方面，迄今尚未有关于"一带一路"倡议下中国国际科研合作的专题研究。前面已提及，作为后发型经济，国际科研合作是实现我国融入全球创新网络、优化配置创新资源、提升创新实力的重要路径，因此，"一带一路"倡议之国际科研合作效应无疑是当前研究中最值得关注的问题。本章的宗旨，就在于对这一问题进行研究。具体来讲，我们以"一带一路"沿线国家作为研究对象，

---

　　① 郭宪纲，"一带一路"倡议的背景和意义 [EB/OL]. [2014 - 12 - 11]. https：//www.ciis. org.cn/ydylyjzx/zfsj/202009/t20200923_7496.html.

通过构建国际科研合作的引力模型，来对影响国际科研合作的因素展开实证分析。并在此基础上，对促进我国国际科研合作提出相应的建议。

2.1　中国与"一带一路"沿线国家科研合作的现状与特征

参照中国商务部和社科院的做法，本章确定"一带一路"沿线国家为 65个，由于伊拉克、叙利亚等 12 个国家数据严重缺失，所以最终选取了沿线 53个国家作为研究样本。[①] 中国与这 53 个沿线国家之间的科研合作论文数据依然来源于国际上通用的 Web of Science 数据库，样本区间为 2008～2015 年。

表 2 - 1 给出了中国与"一带一路"沿线国家间的科研合作论文数量统计。不难看出，中国与"一带一路"沿线国家在 2008～2015 年 8 年间累计科研合作论文 82172 篇，2008 年为 3841 篇，而 2015 年则迅猛增加至 18565 篇，整整将近翻了 5 倍。其中，物理科学方面表现较为突出，累计科研合作论文 42662篇，2008 年为 1859 篇，同样在 2015 年迅速增加到 9163 篇，也足足将近翻了 5倍。工程学科和生命科学领域依次累计科研合作论文为 16418 篇和 14601 篇，增速同样强劲。然而，临床医学的科研合作成果较少，累计才 6734 篇，增速也相对较慢。人文与艺术学科在 2008 年只有 3 篇科研合作论文，即使到了 2015 年也才有 11 篇，表明该学科的国际科研合作相对其他学科较为落后。

表 2 - 1　　　　2008～2015 年我国总体与分学科国际科研合作论文数量　　　　单位：篇

学科	合计	2008 年	2009 年	2010 年	2011 年	2012 年	2013 年	2014 年	2015 年
物理科学	42662	1859	2070	2941	4697	6875	7123	7934	9163
工程学科	16418	802	930	1686	1461	1780	2407	3309	4043
生命科学	14601	708	888	1239	1545	1736	2196	2821	3468
临床医学	6734	382	422	646	686	804	1013	1318	1463
社会科学	1691	87	113	136	131	188	272	347	417

① 黄群慧，韵江，李芳芳. 工业化蓝皮书："一带一路"沿线国家工业化进程报告［M］. 北京：社会科学文献出版社，2015.

学科	合计	2008 年	2009 年	2010 年	2011 年	2012 年	2013 年	2014 年	2015 年
人文与艺术	66	3	22	4	5	6	4	11	11
合计	82172	3841	4445	6652	8525	11389	13015	15740	18565

表 2 - 2 给出了与中国国际科研合作论文总数排名前十位的国家。排名前五的国家为新加坡、俄罗斯、印度、沙特阿拉伯与波兰。从表 2 - 2 中我们可以看出，2008～2015 年我国与十大科研合作伙伴国的国际科研合作论文数稳步提升，增长良好，总数从 2008 年的 2361 篇迅速增加至 2015 年的 10051 篇，8 年间累计科研合作论文为 45407 篇，占中国与沿线 53 个国家国际科研合作论文总数的 65.4%。同时从表 2 - 2 中还可以看出，与新加坡、俄罗斯与沙特阿拉伯的国际科研合作论文数分别从 2008 年的 970 篇、378 篇和 34 篇迅速增加到 2015 年的 2947 篇、1164 篇和 1282 篇，增长较快，与三国的累计国际科研合作论文为 23905 篇，占比达 34.4%。在发展中国家，与印度、巴基斯坦、爱沙尼亚的国际科研合作论文数分别从 2008 年的 330 篇、107 篇和 58 篇增加到 2015 年的 1014 篇、863 篇和 456 篇，增长同样较快，但与三国的累计国际科研合作论文为 10534 篇，占比才为 15.2%。因此，通过对以十大伙伴国为代表的我国国际科研合作活动进行分析，我们可以得知，我国与新加坡、俄罗斯、沙特阿拉伯等的科研合作活动较多，增速较快，而与发展中国家如巴基斯坦、爱沙尼亚等的科研合作活动则相对较弱。

表 2 - 2　　　　2008～2015 年与我国进行国际科研合作排名前十位的国家　　　　单位：篇

国家	总计	2008 年	2009 年	2010 年	2011 年	2012 年	2013 年	2014 年	2015 年
新加坡	14473	970	1131	1443	1544	1795	2168	2475	2947
俄罗斯	5777	378	367	523	635	872	857	981	1164
印度	5037	330	343	466	556	634	783	911	1014
沙特阿拉伯	3655	34	41	126	272	395	519	986	1282
波兰	3624	165	186	275	341	556	630	697	774
巴基斯坦	3306	107	137	196	317	391	568	727	863
捷克	2747	124	145	218	330	467	459	478	526
土耳其	2336	54	83	159	247	390	407	469	527
以色列	2261	141	142	173	259	337	330	381	498

续表

国家	总计	2008 年	2009 年	2010 年	2011 年	2012 年	2013 年	2014 年	2015 年
爱沙尼亚	2191	58	93	184	271	396	344	389	456
合计	45407	2361	2668	3763	4772	6233	7065	8494	10051

　　表 2-3 给出了我国国际科研合作论文数排名前十位的科研机构。排名前五位的科研机构为中国科学院、北京大学、中国科技大学、浙江大学与清华大学。从表 2-3 中我们可以看出，2008～2015 年 8 年间这十家科研机构的国际科研合作稳步提升，增长较快，国际科研合作论文总数从 2008 年的 1239 篇迅速增加至 2015 年的 5167 篇，增长 4 倍之多，累计科研合作了 23168 篇。同时从表 2-3 中还可以看出，上海交通大学、中山大学与山东大学国际科研合作论文数分别从 2008 年的 72 篇、54 篇和 37 篇增加到 2015 年的 456 篇、349 篇和 246 篇，国际合作论文数增长迅速。

表 2-3　　2008～2015 年我国进行国际科研合作排名前十位的科研机构　　单位：篇

院校	总计	2008 年	2009 年	2010 年	2011 年	2012 年	2013 年	2014 年	2015 年
中国科学院	8475	488	516	674	898	1182	1315	1557	1845
北京大学	2376	104	129	207	260	324	367	462	523
中国科技大学	2095	164	148	193	230	325	282	338	415
浙江大学	1956	119	117	192	202	253	304	373	396
清华大学	1797	84	96	128	144	229	299	367	450
上海交通大学	1548	72	83	101	108	139	245	344	456
中山大学	1451	54	64	83	163	252	234	252	349
南京大学	1346	47	52	107	168	247	204	231	290
山东大学	1161	37	51	96	126	202	200	203	246
复旦大学	963	70	64	67	110	132	148	175	197
合计	23168	1239	1320	1848	2409	3285	3598	4302	5167

　　表 2-4 给出的为与"一带一路"沿线国家进行科研合作的论文数排名前十位的我国科研研究所。排名前五位的科研机构为中国医学院—北京协和医学院、中国农业科学院、上海生命科学研究院、中国原子能科学研究院与中国疾病预防与控制中心。从表 2-4 中我们可以看出，2008～2015 年 8 年间这十家科研研究所的国际科研合作稳步提升，增长较快，国际科研合作论文总数从 2008 年的 96 篇迅速增加 2015 年的 362 篇，增长 3 倍之多，8 年间

累计科研合作论文为 1872 篇。同时从表 2-3 中还可以看出，在农业、林业、生态及水产等冷门学科中，国际科研合作论文数的增速依然较快，中国农业科学院、中国生态环境研究中心与中国水产科学研究院国际科研合作论文数分别从 2008 年的 13 篇、13 篇和 1 篇增加到 2015 年的 77 篇、17 篇和 16 篇，中国林业科学研究院国际科研合作论文数从 2008 年的 14 篇增长到 2014 年的 24 篇，增长亦比较迅速，由此也可以看出，我国国际全面合作势头不减。

表 2-4　2008~2015 年与"一带一路"沿线国家开展国际科研合作排名前十的我国科研研究所　单位：篇

国内科研研究所	总计	2008 年	2009 年	2010 年	2011 年	2012 年	2013 年	2014 年	2015 年
中国医学院—北京协和医学院	407	20	28	33	36	58	63	84	77
中国农业科学院	335	13	15	22	40	33	42	54	77
上海生命科学研究院	246	12	19	21	29	45	46	31	39
中国原子能科学研究院	245	14	10	37	36	35	28	41	41
中国疾病预防与控制中心	130	8	10	12	13	11	16	26	33
中国林业科学研究院	117	14	10	14	11	17	13	24	9
中国高等科学技术中心	113	0	0	5	12	18	26	18	34
中国生态环境研究中心	100	13	7	5	18	17	10	10	17
中国水产科学研究院	100	1	2	18	19	8	9	16	16
中国地质科研究院	79	1	6	7	12	8	10	13	19
合计	1872	96	107	174	226	250	263	317	362

表 2-5 给出的为我国与"一带一路"沿线国家进行国际科研合作的省、市合作论文数分布情况。排名前五位的地区为北京市、江苏省、上海市、广东省与浙江省，北京地区由于先天优势，知名高校及科研院所林立，作为全国的政治、文化、旅游、科技与国际交流中心，在科研合作论文数方面稳居全国第一，8 年间累积科研合作论文 21054 篇，占比超过三成，担当起我国对外科研合作领头羊角色。上海市作为我国第一大国际经济、金融中心，在对外科研合作的交流中优势突出，科研实力强大，国际科研合作论文数与第二名的江苏省相差无几，累积论文数在 5100 篇左右。上海市作为全球知名的经济金融与科技创新中心，不仅聚集了复旦大学、上海交通大学及各种研

究院所的强大科研力量，还具有如浦东新区、张江科技园等优势产业创新区，在吸引科研合作、对外交流与促进产业创新方面都走在全国前列。从表2－5 中我们可以看出，传统教育实力较强的前十大地区都排名靠前地入列了我国国际科研合作的核心地区，如北京市、江苏省、上海市、广东省、浙江省、湖北省、安徽省、山东省、陕西省、四川省，其中华东地区经济、产业、科技、教育及区位优势明显，国际科研合作方面远远领先于华南、华中等地区，如江苏省 8 年间累计合作论文 5196 篇，从 2008 年的 204 篇迅速激增至 2015 年的 1417 篇，增长达 6.95 倍。

表 2－5　　　　　　　2008~2015 年我国国际科研合作的分布情况

序号	省份	总计（篇）	2008 年	2009 年	2010 年	2011 年	2012 年	2013 年	2014 年	2015 年	增长倍数
1	北京市	21054	1162	1297	1726	2180	2655	3250	4006	4778	4.11
2	江苏省	5196	204	260	354	471	632	788	1070	1417	6.95
3	上海市	5108	255	319	396	475	634	809	997	1223	4.80
4	广东省	3632	155	196	252	364	473	570	719	903	5.83
5	浙江省	3353	174	168	299	309	415	530	698	760	4.37
6	湖北省	3107	136	174	212	264	372	453	622	874	6.43
7	安徽省	2564	178	167	222	258	381	372	429	557	3.13
8	山东省	2310	124	142	200	241	339	367	407	490	3.95
9	陕西省	1736	81	85	132	137	193	238	360	510	6.30
10	四川省	1628	71	103	132	201	195	235	318	373	5.25
11	天津市	1398	71	99	135	148	187	207	220	331	4.66
12	黑龙江省	1235	74	110	106	119	119	167	236	304	4.11
13	湖南省	1217	59	56	73	117	170	219	225	298	5.05
14	辽宁省	1144	66	91	106	110	124	191	196	260	3.94
15	重庆市	982	40	35	52	107	116	179	184	269	6.73
16	福建省	860	36	54	68	84	109	125	163	221	6.14
17	吉林省	802	51	67	92	89	112	131	124	136	2.67
18	河南省	775	19	28	57	69	111	150	131	210	11.05
19	云南省	584	39	44	49	50	71	88	114	129	3.31
20	甘肃省	457	24	19	48	46	52	75	91	102	4.25
21	广西壮族自治区	452	26	21	20	44	66	87	75	113	4.35

序号	省份	总计（篇）	2008 年	2009 年	2010 年	2011 年	2012 年	2013 年	2014 年	2015 年	增长倍数
22	河北省	372	24	28	31	46	34	47	62	100	4.17
23	山西省	340	14	9	17	37	40	65	71	87	6.21
24	江西省	274	14	24	13	26	28	42	54	73	5.21
25	贵州省	173	3	7	4	9	21	38	43	48	16.00
26	内蒙古自治区	132	5	7	15	10	15	14	34	32	6.40
27	新疆维吾尔自治区	118	1	5	7	10	17	16	22	40	40.00
28	宁夏回族自治区	44	0	1	0	4	6	4	14	15	15.00
29	青海省	28	0	1	0	2	2	5	8	10	10.00
30	海南省	25	0	3	3	2	5	3	2	7	2.00
31	西藏自治区	21	0	1	4	2	2	2	4	6	6.00
	合计	61121	3106	3621	4825	6031	7696	9467	11699	14676	4.73

不过从表2-5中我们还可以看出，湖北省、陕西省与四川省较发达地区经济更弱的崛起地区正在加速追赶全国发达地区的科研合作水平，国际科研合作论文数分别从2008年的136篇、81篇、71篇追赶至2015年的874篇、510篇、373篇，三省增速分别为6.43倍、6.30倍和5.25倍，大幅快与全国均速（4.73倍）。三大中西部地区省份作为全国传统教育重镇，厚积薄发追赶效应明显。同时从表2-5中看出，值得高度重视的是西部及部分中部经济及教育都欠发达地区的国际科研交流与合作水平较低，如山西省、江西省、贵州省、内蒙古自治区、新疆维吾尔自治区、宁夏回族自治区、青海省、海南省、西藏自治区等，其中尤其以传统经济欠发达的贫穷地区新疆维吾尔自治区、贵州省、宁夏回族自治区、青海省、西藏自治区为甚，对外开放的丰硕红利似乎至今依然并未惠及这些相对封闭的贫瘠地区。

表2-6给出的为我国十大教育重镇与"一带一路"沿线国家国际科研合作论文情况。如表2-6所示，排名前二的为北京市和上海市，其次为南

京市、武汉市、广州市、杭州市、合肥市、成都市、西安市与济南市。从表
2-6 中我们可以看出，各教育重镇的国际科研合作都在稳步提升，但作为国
家省会城市，不少城市都占据了全省的绝大部分国际科研合作份额，极大程
度享受了国际交流与科研合作的发展机遇。中部地区武汉市 2008~2015 年 8
年间累计科研合作论文为 3044 篇，占湖北省 3107 篇论文总数的 97.97%。
华东地区的合肥市 2008~2015 年 8 年间累计科研合作论文为 2520 篇，占安
徽省 2564 篇论文总数的 98.28%。西部地区的成都市 2008~2015 年 8 年间
累计科研合作论文为 1579 篇，占四川省 1628 篇论文总数的 96.99%。从表
2-6 中我们还可以看出，西北地区的西安市、华东地区的杭州市与华南地区
的广州市也都分别占陕西省、浙江省和广东省论文总数的 88.36%、85.27%
与 79.13%，各大省会城市垄断全省科研合作资源现象严重。

表 2-6　　　　2008~2015 年我国十大教育重镇的国际科研合作情况

序号	城市	城市总计（篇）	2008 年	2009 年	2010 年	2011 年	2012 年	2013 年	2014 年	2015 年	省/市总计/篇	占比
1	北京市	21054	1162	1297	1726	2180	2655	3250	4006	4778	21054	100.00%
2	上海市	5108	255	319	396	475	634	809	997	1223	5108	100.00%
3	南京市	3829	142	190	252	366	514	555	796	1014	5196	73.69%
4	武汉市	3044	136	172	212	257	365	442	610	850	3107	97.97%
5	广州市	2874	134	185	223	338	431	437	506	620	3632	79.13%
6	杭州市	2859	152	146	256	269	368	446	574	648	3353	85.27%
7	合肥市	2520	175	162	221	255	375	361	419	552	2564	98.28%
8	成都市	1579	69	102	132	192	190	230	308	356	1628	96.99%
9	西安市	1534	73	84	119	121	166	207	316	448	1736	88.36%
10	济南市	1439	47	74	114	143	239	240	259	323	2310	62.29%

不过从表 2-6 中我们也得知，江苏省与山东省这些经济发展相对均衡
的地区，教育及其他资源分配相对均衡，省内相继都有匹敌省会城市的大城
市，如苏州、青岛等，省会城市占据全省国际科研合作成果现象相对并不严
重，论文数占比分别为 73.69% 和 62.29%，由此地区间的科研合作均衡会
进一步促进地区间的健康持续发展。

2.2 中国与"一带一路"沿线国家科研合作的影响因素

2.2.1 研究设计

为了对中国与"一带一路"沿线国家科研合作的影响因素进行实证研究，这里依然基于引力模型构建如下的计量模型：

$$\text{Collaboration}_{ijt} = \alpha_0 + \alpha_1 \ln\text{Papers}_{it} + \alpha_2 \ln\text{Papers}_{jt} + \alpha_3 \ln\text{Geography}_{ij}$$
$$+ \alpha_4 \text{Technology}_{ijt} + \alpha_5 \text{Relation}_{ijt} + \alpha_6 \text{Language}_{ij} + \varepsilon_{ijt}$$

其中，合著论文数量（$\text{Collaboration}_{ijt}$）含义与前面一致，本章将采用中国与"一带一路"沿线各个国家之间的两国科研合作的合著论文数量指标来反映两国科研合作力度的强弱。

东道国科研论文数量（$\ln\text{Papers}_{it}$）作为"一带一路"沿线某个国家自身科研实力强弱和科研积累的代理变量，数据同样来源于 Web of Science，反映该国的科学研究实力，发表的论文数量越多，该国科研实力越强，则两国合作研究就越多。

我国科研论文数量（$\ln\text{Papers}_{jt}$）作为我国科研实力强弱和科研积累的代理变量，数据同样来源于 Web of Science，反映我国的科学研究实力，发表的论文数量越多，我国科研实力越强，则两国合作研究活动就越强。

本章中地理距离（$\ln\text{Geography}_{ij}$）指中国北京与"一带一路"沿线各东道国首都之间的直线距离，反映两国进行科研合作活动的交流成本，距离越远，则两国往来交流成本越高，科研合作就越少。采用的数据来源于谷歌地图地理距离测量器测得，以千米为单位，并取对数处理，消除异方差的影响。

技术相似度指标（Technology_{ijt}）数据同样来源于 Web of Science，该指标反映了两国的技术差异。本章借鉴佩里（2005）提出的各个国家地区间的技术专业化相似度公式：

$$\text{Technology}_{ijt} = \frac{\sum_{k=1}^{6} (X_{ikt} \times X_{jkt})}{\sqrt{\sum_{k=1}^{6} (X_{ikt})^2 \times \sum_{k=1}^{6} (X_{jkt})^2}}$$

其中，i 为"一带一路"沿线各个伙伴关系国家，j 指中国；Technology_{ijt} 为 t 时期 i 和 j 两国的技术相似度，技术相似度指标 Technology 取值 0 到 1 的范围，越接近 1 表示两国技术专业化相似度越高；X_{ikt} 表示 t 时期"一带一路"沿线某个国家 i 的科研论文数量，X_{jkt} 表示 t 时期中国的科研论文数量；k 表示分学科，共有六大学科，即自然科学、工程学科、生命科学、临床医学、社会科学和人文科学。

双边伙伴关系亲密程度（Relation_{ijt}）分为三个层次，一般的伙伴关系取值为 0，战略合作伙伴关系取值为 1，全面战略合作伙伴关系取值为 2，本章用该变量的取值分别代表合作程度深浅。资料来源于我国外交部网站，合作程度越深，双方的国际科研合作活动越多。具体说明如表 2 - 7 所示。

表 2 - 7　　　　　　　　　　双边关系虚拟变量的含义及具体说明

虚拟变量取值	含义	具体说明
0	伙伴（合作）关系	指双边合作主要在部分经济领域，并不全面涵盖，伙伴关系层次较低，体现在伙伴的称谓不一定是以外交文件的形式确认，而只是领导人的发言中提及
	全面（合作）伙伴关系	如新加坡、孟加拉国、罗马尼亚等，名称中没有"战略"二字，暗示这些国家对中国来说并非政治、安全或特殊战略资源的关键国家，意味着伙伴关系的侧重点从政治移到了经济领域的全面合作
1	战略（合作）伙伴关系	如乌克兰、卡塔尔、斯里兰卡等，主要是指战略合作的部分领域，是"有重点领域如政治、安全或特殊战略资源油气等"的战略伙伴关系。总体来说，战略合作伙伴关系也是相当高的定位，不仅涵盖经济领域，还重点包括关键领域

虚拟变量取值	含义	具体说明
2	全面战略（合作）伙伴关系	如泰国、缅甸、柬埔寨、巴基斯坦等，既在政治、外交、安全等高端领域，又在经济等非核心领域进行全面合作，故而称"全面战略合作"
	全面战略协作伙伴关系	如俄罗斯（2011），全面战略协作指的是不仅两国之间有普通合作，还涉及军事等核心领域的全面合作，而且还在国际事务上协调立场，共进退。这是中国对外所有伙伴关系中的最高层级

共同语言（$Language_{ij}$）是指中国与沿线国家间是否属于同一语言，是个虚拟变量，沿线国家属于汉语国家的取值为 1，反之为 0。能说汉语将有助于双方科研合作人员的交流活动，相应的科研合作就越多。

中国与"一带一路"沿线国家国际合作影响因素模型中具体解释变量的含义及理论说明如表 2 - 8 所示。

表 2 - 8　　　　　　　　解释变量的含义、预期符号及理论说明

解释变量	含义	预期符号	理论说明
$\ln Papers_{it}$	"一带一路"沿线某个国家的科研论文数量	+	反映该的科学研究实力，发表的论文数量越多，该国科研实力越强，则两国合作研究就越多
$\ln Papers_{jt}$	中国的科研论文数量	+	反映我国的科研实力，发表的论文数量越多，我国科研实力越强，则两国合作研究就越强
$\ln Geography_{ij}$	中国与"一带一路"沿线国家两国首都间直线地理距离	−	反映两国进行科研合作活动的交流成本，距离越远，则两国往来成本越高，科研合作研究就越少
$Technology_{ijt}$	中国与"一带一路"沿线国家两国技术相似度	−	反映两国的技术差异，技术相似度越高，则两国的技术差异就越小，双方进行科研合作研究的活动就越弱
$Relation_{ijt}$	虚拟变量，中国与"一带一路"沿线国家关系亲密度，伙伴关系取值为 0，战略伙伴关系取值 1，全面战略伙伴关系取值 2	+	反映两国伙伴关系的亲密程度，两国关系越亲密，两国间无论官方还是民间的合作交流活动就越多，所以双方的科研合作研究也越多

解释变量	含义	预期符号	理论说明
$Language_{ij}$	虚拟变量,中国与沿线国家间是否属于同一语言,沿线国家属于汉语国家区域的取值为1,反之为0	+	反映两国的语言交流便利性,若"一带一路"沿线国家属于汉语国家,能说汉语将有助于双方科研合作人员的交流活动,相应的科研合作就越多

从表 2 - 9 的统计性描述中可以看出,历年中我国与"一带一路"沿线国家间的科研合作论文数最大值为 2947 篇,最少则为 0,平均为 164 篇,表明我国与各个合作伙伴的科研合作强度差异较大。$\ln Papers_{it}$ 的最大值、最小值与平均值分别为 10.978、1.386、7.123,即"一带一路"沿线东道国自身科研活动的最大、最小与平均强度为 58598 篇、4 篇与 1240 篇,说明众多沿线国家较有多样性,其自身科研实力强弱也相差较大。$\ln Papers_{jt}$ 的最大值、最小值与平均值分别为 11.099、9.999、10.569,即我国自身科研活动取得的成果最多、最少与平均数量为 66119 篇、22014 篇与 38905 篇,说明我国自身科研实力较为强劲。$\ln Geography_{ij}$ 的最大值、最小值与平均值分别为 8.950、7.061、8.561,即我国与合作伙伴距离最远、最近与平均距离分别为 7711 千米、1166 千米与 5223 千米,表明从地域方面看,我国合作伙伴国中沿线分布较为广泛,距离也较远。在技术相似度和双边关系方面,最大值、最小值分别为 0.561、0.313 和 2、0,表明技术相似度在"一带一路"沿线合作伙伴国家中差异较大,同时我国与"一带一路"沿线国家的双边关系亲密程度也不一样。最后,关于共同语言变量,最大值、最小值和平均值分别为 1、0 和 0.075。

表 2 - 9   我国与"一带一路"沿线国家国际科研合作影响因素统计性描述

变量	观测数	最大值	最小值	平均值	标准差
$Collaboration_{ijt}$	424	2947.000	0.000	163.823	315.194
$\ln Papers_{it}$	424	10.978	1.386	7.123	1.844
$\ln Papers_{jt}$	424	11.099	9.999	10.569	0.362
$\ln Geography_{ij}$	424	8.950	7.061	8.561	0.388
$Technology_{ijt}$	424	0.561	0.313	0.503	0.050

变量	观测数	最大值	最小值	平均值	标准差
Relation$_{ijt}$	424	2.000	0.000	0.519	0.718
Language$_{ij}$	424	1.000	0.000	0.075	0.264

2.2.2 实证结果分析

由于被解释变量国际合著论文数量是一个非负整数的计量数，无法服从 OLS 所需的正态分布，因此依然采用面板数据的负二项回归。表 2 - 10 给出了实证结果。其中，第（1）列是只回归 ln Papers$_{it}$和 ln Papers$_{jt}$变量及常数项的结果，第（2）、第（3）、第（4）、第（5）列是在第（1）列的基础上依次分别加入其他变量后的回归结果。从表 2 - 10 中可以看出，ln Papers$_{it}$和 ln Papers$_{jt}$变量始终都是在 1% 水平下正项显著且比较稳定，表明无论是东道国科研实力的提高还是我国自身科研水平的提升都有助于两国科研合作活动的发展。地理距离变量在 1% 水平下始终都是负项显著且比较稳定，表明地理距离越远，双边国际科研合作也越弱，地理距离对国际科研合作活动具有阻碍作用。同时我们可以看出，双边伙伴关系变量 Relation 系数为正，在 1% 水平下显著且比较稳定，表明两国双边伙伴关系的深入发展推动了两国科研合作水平的提高。

表 2 - 10　　　　我国与"一带一路"沿线国家国际科研合作影响
因素模型整体实证结果

变量	（1）	（2）	（3）	（4）	（5）
ln Papers$_{it}$	0.5141 *** (0.0531)	0.5882 *** (0.0555)	0.5763 *** (0.0578)	0.5955 *** (0.0591)	0.6192 *** (0.0637)
ln Papers$_{jt}$	1.3243 *** (0.0543)	1.2191 *** (0.0586)	1.2217 *** (0.0587)	1.1471 *** (0.0636)	1.1344 *** (0.0652)
ln Geography$_{ij}$		- 1.4147 *** (0.3245)	- 1.4790 *** (0.3386)	- 1.4124 *** (0.3542)	- 1.5526 *** (0.3985)
Technology$_{ijt}$			1.1174 (1.4286)	1.2337 (1.4410)	1.4465 (1.4628)

续表

变量	(1)	(2)	(3)	(4)	(5)
Relation$_{ijt}$				0.1316*** (0.0465)	0.1411*** (0.0475)
Language$_{ij}$					−0.3949 (0.3874)
Constant	−15.605*** (0.4530)	−2.8510 (2.9664)	−2.8021 (3.0013)	−2.8268 (3.1037)	−1.7374 (3.4378)

注：*** 表示符合1%的显著性水平，** 表示符合5%的显著性水平，* 表示符合10%的显著性水平。括号内为稳健性标准误。

　　为了从动态角度进一步分析中国与"一带一路"沿线国家国际科研合作的影响因素，我们又单独对每一年影响因素模型展开实证研究。表2-11给出了实证结果。从中我们可以看出，ln Papers$_{it}$变量始终都是在1%水平下正项显著，与表2-10总体回归相类似，2008年系数为0.9938，2011年为1.0608，到2015年则为0.9228，历年系数始终都稳定在0.9~1.1，具有较好的稳定性，表明东道国科研实力的提高促进了两国科研合作活动的发展。地理距离变量由2008~2010年的负显著转变为之后的不显著，表明互联网等现代通信技术的发展和交通运输基础设施的便利，使得两国之间的物理距离对国际科研合作的影响逐渐下降。

表2-11　　2008~2015年我国与"一带一路"沿线国家国际科研合作影响
因素模型总体学科的历年实证结果

变量	2008年	2009年	2010年	2011年	2012年	2013年	2014年	2015年
ln Papers$_{it}$	0.9938*** (0.0893)	1.0176*** (0.1004)	0.9332*** (0.0865)	1.0608*** (0.1169)	1.1454*** (0.1377)	1.0766*** (0.1326)	0.9792*** (0.0900)	0.9228*** (0.0916)
ln Geography$_{ij}$	−1.2214*** (0.3302)	−1.2120*** (0.2665)	−0.6499** (0.2613)	−0.4366 (0.3638)	−0.5642 (0.4479)	−0.2502 (0.3881)	−0.4464 (0.3380)	−0.3969 (0.3589)
Technology$_{ijt}$	2.1520 (2.4411)	−0.0446 (2.0336)	−1.5345 (2.4855)	−6.0918** (3.5311)	−7.8970** (3.5218)	−5.9739 (4.2966)	−3.1147 (3.2375)	−0.7089 (2.8296)
Relation$_{ijt}$	−0.2786 (0.1995)	−0.2280 (0.1732)	−0.0656 (0.1840)	−0.2707 (0.2014)	−0.4135* (0.2211)	−0.1512 (0.2032)	−0.0923 (0.1708)	−0.1372 (0.1867)

续表

变量	2008 年	2009 年	2010 年	2011 年	2012 年	2013 年	2014 年	2015 年
$Language_{ij}$	0.9271 * (0.4833)	0.7763 (0.5899)	−0.6298 (0.6218)	−0.2933 (0.5541)	−0.0738 (0.5383)	0.2372 (0.5428)	0.2423 (0.5434)	0.2825 (0.5272)
Constant	5.2975 ** (2.5071)	6.1926 *** (1.8395)	3.3398 (2.2014)	3.12748 (3.1503)	5.0371 (3.9412)	1.7594 (3.5990)	2.8582 (2.7985)	1.7989 (2.8906)

注：*** 表示符合 1% 的显著性水平，** 表示符合 5% 的显著性水平，* 表示符合 10% 的显著性水平。括号内为稳健性标准误。由于我国自身科研实力变量的数据在样本时间区间内未发生变化，故未报告该变量的系数。

考虑不同的学科有不同的科研合作属性，接下来的部分，我们将按照学科对总体样本做进一步的划分，并分别进行回归，回归结果如表 2 - 12 所示。

表 2 - 12   分学科我国与"一带一路"沿线国家国际科研
合作影响因素模型实证结果

学科	物理科学	工程学科	生命科学	临床医学	社会科学	总体学科
$\ln Papers_{it}$	0.5145 *** (0.0676)	0.6294 *** (0.0868)	0.6501 *** (0.0929)	0.6523 *** (0.1198)	1.0897 *** (0.2651)	0.6192 *** (0.0637)
$\ln Papers_{jt}$	1.3161 *** (0.0862)	1.1909 *** (0.0822)	1.0838 *** (0.0725)	1.0592 *** (0.0901)	0.9972 *** (0.1513)	1.1344 *** (0.0652)
$\ln Geography_{ij}$	−0.8851 *** (0.3332)	−1.4797 *** (0.6265)	−0.6259 (0.5237)	−0.5094 (0.6241)	−0.6438 (0.7359)	−1.5526 *** (0.3985)
$Technology_{ijt}$	1.9140 (2.0630)	8.8659 *** (2.7005)	2.5716 (1.7529)	−0.4025 (2.1318)	−3.2755 (4.1989)	1.4465 (1.4628)
$Relation_{ijt}$	0.1215 * (0.0712)	0.1481 * (0.0762)	0.0852 * (0.0504)	−0.0802 (0.0668)	0.0298 (0.1363)	0.1411 *** (0.0475)
$Language_{ij}$	−0.6193 * (0.3390)	0.3702 (0.5674)	−0.5636 (0.4708)	0.0063 (0.6843)	1.0106 (1.1728)	−0.3949 (0.3874)
Constant	−9.6509 *** (3.0221)	−7.7085 (5.0751)	−9.2091 ** (4.5653)	−8.7207 (5.4861)	−10.7490 * (5.8652)	−1.7374 (3.4378)

注：*** 表示符合 1% 的显著性水平，** 表示符合 5% 的显著性水平，* 表示符合 10% 的显著性水平。括号内为稳健性标准误。由于 Web of Science 数据库中人文与艺术学科样本中零值太多使得该学科样本量太小，已致无法报告结果。

先看物理科学，两国自身科研实力与地理距离的系数分别为 0.5145、1.3161 与 -0.8851，且都在 1% 水平下显著，表明两国自身科研实力的增强促进了两国物理科研合作活动的发展，同时，两国的地理距离对物理学科科研合作活动有着阻碍作用。双边关系亲密度 Relation 在 10% 水平下正显著，系数为 0.1215，表明双边关系越亲密越有助于两国物理科学的科研合作。

在工程学科方面，两国自身科研实力与地理距离的系数分别为 0.6294、1.1909 与 -1.4797，且都在 1% 水平下显著，同样表明了两国自身科研实力对工程学科科研合作活动的促进作用和两国的地理距离对工程学科科研合作活动的阻碍效应。双边关系变量系数为 0.1481 且在 10% 水平下正显著，同样表明了双边关系对两国工程学科科研合作也有促进作用。此外，其他分学科，如生命科学和临床医学等也与物理科学、工程学科有着较为类似的变量实证结果及其影响。

通过对各个分学科的分析，我们发现不管是针对某一学科还是总体学科，两国自身科研实力对两国科研合作活动都有促进作用，两国的地理距离因素对两国科研合作活动具有阻碍效应，而两国双边关系的加强则有助于两国科研合作活动的发展。

2.3 小 结

本章利用 2008 ~ 2015 年 Web of Science 数据库的国际科研合作论文数据，分析"一带一路"沿线国家与我国的国际科研合作影响因素，得出的结论为：无论是东道国自身科研实力还是我国自身科研实力的提高都有助于两国国际科研合作的发展，同时，两国的地理距离远近对两国国际科研合作有着一定的阻碍作用，但随着通信、互联网等技术的迅速发展和国际间交流成本的降低，地理距离的阻碍作用正在逐渐减弱。与此同时，我国的对外伙伴关系战略对两国国际科研合作有着较好的促进作用，即两国伙伴关系越亲密，两国合作领域的深度与广度更大。

在上述研究结果的基础上，我们从以下几个方面提出促进我国国际科研合作的建议：

首先，积极开发和利用全球国家的优势创新资源和先进科学技术，共同合作，实现优势资源与技术的互补和强化，以提升双方高科技创新能力与效率。

（1）鼓励并支持借助国际科技合作平台与资源，取得更多具有全球影响力的科研成果。中国在各个学科高影响力期刊上发表的论文有40%是国际合作的成果，在《细胞》《科学》《自然》等世界顶级期刊上发表的学术论文中有80%需借助国际合作的力量。大力支持国内科学家或科学机构充分利用国际科技合作的机会，加强与世界一流机构及一流人才的合作，加强一流技术与一流知识的交流合作，造就一批世界一流的科技成果。

（2）支持本土科学家与有国际科技合作经验的科学家开展国内合作，并扩大知识的溢出效应。将具有丰富国际科技合作经验的科学家作为知识中介者的角色，通过国内合作将国际科技合作中学到的先进知识、技术以及创新的理念、方法和思想，传承给国内其他科学家。

（3）加强对国外的科技创新先进理念、方法和思想的宣传与软科学研究工作。比通过国际科技合作而取得创新成果更重要的是通过系列国际科技合作从而带动创新意识、创新氛围及改进创新环境，并学习国外在科技创新上的先进理念、方法和思想。

（4）以评促优，积极推进国际科技合作评估制度化建设。由于中国国际科技合作层次较多，故需加强各类国际科技合作项目或计划的全过程评估理念，同时协调各部门使国际科技合作绩效评估工作向更加制度化、规范化和规律化的方向转变。

其次，通过加大自主创新力度，积累自身科研优势，实现国家基础科研实力的夯实与提高。同时，加强与其他国家围绕政策制定、科学合作和技术交流平台、重大国际研发任务等内容开展的对话合作，促进创新资源与技术双向流动和开发。

（1）加强对企业研发国际化战略、管理、模式、影响等领域的研究，积极吸纳国外先进的研究经验和成果，并根据中国企业自身实际加强对其研发国际化路径的研究。

（2）加大力度资助一批推进高新技术产业化和促进关键技术突破的重大国际合作项目，并推进国际产学研合作，将企业积极纳入国家公共研发投资体系，继而逐步形成以企业研发投入为重点、政府科技投入为引导及其他部门出资相配套的国际科技合作投入体系。

（3）鼓励中国高新技术企业争取国外科技合作资金的投入，并利用自己的技术、人才、市场或设备优势，参与国际组织以及其他国家地区设立的国际科技合作项目或计划研究，充分利用全球的研发资源。

（4）利用海外科技园的政策咨询、信息服务和投融资等，鼓励和支持国内高新技术企业开展多元化模式的研发国际化，比如在海外设立研发机构、国际并购、国际技术联盟、研发外包、通过引进设备开展技术合作等，以此带动生产经营的国际化。

（5）引导企业开展研发和知识产权国际化，并对科技型中小企业进行维持费用的资金支持和专利申请，解决初创公司申请国际专利经费面临的困难，充分发挥知识产权中介机构的作用，进一步为企业研发国际化提供更加专业化的咨询服务，并加大科技型中小企业创新性基金的投入力度。

再次，着眼于全球地理范围，深化政府间科技合作，分类制定国别战略，丰富新型大国关系的科技内涵，推进与科技发达国家建立创新战略伙伴关系，与周边国家打造互利合作的创新共同体，拓展对发展中国家科技伙伴计划框架，以合作促发展，进一步扩大我国科技对外开放与合作的深度与广度，通过国际科研合作巩固和提高我国的科研水平。

例如，美国、欧盟、英国、德国、法国、以色列、日本、韩国等主要国家非常重视国际科技合作战略，有的国家专门出台了科技国际化战略，有的在其科技发展战略过程中高度重视科技全球化战略。其中，英国早在 2006 年就提出《英国研发国际合作战略》；欧盟在 2008 年发布了《国际科技合作的欧盟战略框架》；德国在 2008 年公布了有关科技国际化的战略目标；而日本在 2010 年通过了《科技外交战略工作报告》并发布了科技国际化战略。

纵观这些国家的科技发展国际化战略，各国明确了科技发展的国际化战略目标，政府制定了清晰的国际科技合作领域政策和国别政策，明确了优先合作领域和重点合作国家，并保障了国际化战略有序，实施方式多样，且取得了显著成效。建议中国借鉴主要国家的成功经验，并且重点结合中国实际，加快中国科技发展的国际化战略制定，并提出明确的国际化战略目标及制定多样的保障措施，大力吸引全球优秀科技人才，充分利用全球优势科技资源，进一步增强中国的自主创新能力，扩大中国的全球影响力。

最后，完善国家科技计划的对外开放实施细则，实现适度扩大国家科技计划对外开放。

（1）完善国家科技计划的对外开放实施细则，应该尽快出台国家科技计划的对外开放指导意见，并明确开放程度、开放范围、外方准入条件、知识产权归属、研究成果使用、经费使用规定等内容，防止知识产权流失和科研泄密，注重保护研究成果优先在本国应用并实现产业化等。

（2）扩大基础研究领域对外开放的程度。扩大国家科技计划的对外开放时，首先应该考虑扩大基础研究的科技计划，如国家自然科学基金和"973计划"，大力吸引外籍优秀学术团队和科学家来华工作，并加强国内外人才的交流与合作，进一步提高中国基础研究的水平。

（3）扩大研究全球热点问题的对外开放。如在环保、能源等领域，应及时建立国际科学研究计划，大力吸引国外优秀人才和外资机构参与到全球热点问题的解决中来，鼓励国内相关项目承担单位负责人学习国际的先进模式，逐步提升中国的自主创新能力。

| 第 3 章 |

"一带一路"沿线国家科研合作网络与溢出效应

本章运用新近发展起来的社会网络分析法（social network analysis，SNA），从网络拓扑的角度对"一带一路"沿线国家科研合作之间的网络结构特征以及各国在网络中的地位进行分析。相较于前面两章所采用的只关注两两交互关系的传统研究方法而言，社会网络分析法能够反映出多个国家之间科研合作关系的整体网络关联性，具有全局性分析的特点。与此同时，本章在 VAR（vector autoregression models）模型框架下基于方差分解构建科研溢出指数，定量测度"一带一路"沿线国家间科学研究联动和溢出效应的方向、强度与规模。并在此基础上，采用滚动估计法分析"一带一路"沿线国家间科学研究联动与溢出的动态演变。

与现有研究相比，本章的研究不仅能够体现地理空间与社会空间双重网络拓扑结构，而且还能够识别"一带一路"沿线各个国家科学研究之间的联动模式、传导路径和溢出中心，进而有助于对沿线国家科研行为做出科学的判断与预测，为"一带一路"创新研究领域注入崭新的思想；也能在我国大力推进"一带一路"沿线国家科技合作的背景下，为推动各节点国家间科学研究联动与协调发展、打造协同科技创新共同体的政策设计与实施提供新见解。

3.1 "一带一路"沿线国家科研合作特征与动态演变

与第二章一样，本章的"一带一路"沿线国家依然为商务部和社科院列出的 65 个国家，并且以论文发表数量来衡量一国的科研产出。表 3-1 给出了 2005 年、2012 年、2019 年科研论文产出前十位的国家。可以发现，中国稳居"一带一路"沿线国家科研产出之首。从 2005 年的 67494 篇增长至 2012 年的 185570 篇，再到 2019 年的 483408 篇，增长了 7 倍之多，远超"一带一路"沿线其他国家。印度和俄罗斯交替居于第二位和第三位。伊朗 2005 年并未进入前十位，但是 2012 上升至第五位，2019 年上升至第四位，论文数量增长了约 11 倍，可见伊朗论文产出增长较快。土耳其由 2005 年的第四位下降至 2019 年的第五位，波兰由 2005 年第五位下降至 2019 年的第六位，以色列由 2005 年的第六位下降至 2019 年的第十位，但还是位居前十位。新加坡、捷克、乌克兰和匈牙利随着时间的推移，跌出前十位。马来西亚于 2012 年挤进前十位，沙特阿拉伯、巴基斯坦和埃及于 2019 年挤进前十位。总之，"一带一路"沿线国家科研论文产出数排名前十的国家论文总数由 2005 年的 185047 篇增长至 2019 年的 866571 篇，增长了约 5 倍，且占"一带一路"沿线国家科研合作论文总数的 80% 左右。

表 3-1　　2005 年、2012 年和 2019 年"一带一路"沿线国家科研论文
总产出排名前十位的国家

2005 年		2012 年		2019 年	
国家	产出数（篇）	国家	产出数（篇）	国家	产出数（篇）
中国	67494	中国	185570	中国	483408
俄罗斯	26247	印度	59418	印度	102080
印度	25870	俄罗斯	36100	俄罗斯	62183
土耳其	16278	土耳其	29856	伊朗	53732
波兰	14831	伊朗	27923	土耳其	44914
以色列	10947	波兰	25991	波兰	37438
新加坡	6657	以色列	13930	沙特阿拉伯	23074

续表

2005 年		2012 年		2019 年	
国家	产出数（篇）	国家	产出数（篇）	国家	产出数（篇）
捷克	6208	新加坡	11634	巴基斯坦	21709
乌克兰	5444	捷克	11359	埃及	20100
匈牙利	5071	马来西亚	10944	以色列	17933
合计	185047	合计	412725	合计	866571

资料来源：Web of Science 数据库。

接下来分析"一带一路"沿线国家科研合作的特征与演变。表 3 - 2 给出了科研合作论文数量排名前十的国家。从表 3 - 2 可以看出，中国稳居"一带一路"沿线国家科研合作产出之首，论文数从 2005 年的 13714 篇增长至 2012 年的 43287 篇，再到 2019 年的 125238 篇，增长了 9 倍之多，与其他国家的差距随着时间增长在增大。俄罗斯由 2005 年的第二位下降至 2019 年的第三位，印度由 2005 年的第四位上升至 2019 年的第二位，波兰由 2005 年的第三位下降至 2019 年的第六位。以色列、捷克、匈牙利和乌克兰随着时间发展跌出前十位。新加坡虽然由 2005 年第七位增至 2012 年第五位，但是 2019 年又下降至第七位。土耳其由 2005 年第九位下降至 2019 年的第十位。沙特阿拉伯、伊朗、巴基斯坦和埃及随着时间发展进入前十位。特别是沙特阿拉伯和伊朗在 2005 年并未进入前十位，但是随着时间发展，2019 年沙特阿拉伯和伊朗上升至第四位和第五位。总之，"一带一路"沿线国家科研合作论文数排名前十位国家的科研合著论文数由 2005 年的 50081 篇增长至 2019 年的 258716 篇，增长了 5 倍之多，且这十个国家科研合著论文总数占"一带一路"沿线国家国际科研合作论文总数的 70% 左右。

表 3 - 2　2005 年、2012 年和 2019 年"一带一路"沿线国家科研合作论文数量排名前十位的国家

2005 年		2012 年		2019 年	
国家	产出数（篇）	国家	产出数（篇）	国家	产出数（篇）
中国	13714	中国	43287	中国	125238
俄罗斯	9182	印度	11779	印度	25094

续表

2005 年		2012 年		2019 年	
国家	产出数（篇）	国家	产出数（篇）	国家	产出数（篇）
波兰	5486	俄罗斯	9702	俄罗斯	18496
印度	4929	波兰	7719	沙特阿拉伯	16937
以色列	4381	新加坡	6567	伊朗	14551
捷克	2849	以色列	6133	波兰	13900
新加坡	2632	沙特阿拉伯	5932	新加坡	11967
匈牙利	2561	伊朗	5435	巴基斯坦	11546
土耳其	2349	土耳其	5350	埃及	10787
乌克兰	1998	捷克	5221	土耳其	10200
合计	50081	合计	107125	合计	258716

资料来源：Web of Science 数据库。

在此基础上，进一步将全部论文分成自主研究论文和国际科研合作论文，国际科研合作论文又分为"一带一路"沿线国家内部合作论文和非"一带一路"沿线国家合作论文。结合论文发表数量及地理区域选择"一带一路"沿线代表性国家研究其论文合作模式。代表性国家分别是：伊朗、印度、波兰、俄罗斯、马来西亚、土耳其、中国、巴基斯坦、新加坡、哈萨克斯坦。

根据表 3－3 所示，从各国自主研究论文数占比来看，2005～2019 年自主研究论文仍然是大多数国家论文产出的主要模式。2019 年，马来西亚、新加坡、巴基斯坦、哈萨克斯坦四国外，其他国家的自主研究论文数占比均在 50% 以上。但是代表性国家的自主研究论文数占比整体呈现下降趋势，除俄罗斯外，其他各国的自主研究论文数占比均有所下降。新加坡的自主研究论文数占比下降较为明显，从 2005 年的 60.50% 下降到 2012 年的 43.60%，再到 2019 年的 27.40%。自主研究论文数占比的整体下降意味着国际科研合作论文数占比的上升，国际科研合作是提升科研能力的重要途径，因此这一转变符合预期。

表 3-3　　2005 年、2012 年和 2019 年"一带一路"沿线代表性国家自主

研究比例论文数和国际合作论文数比例　　　　单位:%

论文类型	国家	2005 年	2012 年	2019 年
自主研究论文数占比	中国	79.7	76.7	74.1
	伊朗	77.1	80.5	72.9
	土耳其	85.6	82.1	77.3
	波兰	63.0	70.3	62.9
	马来西亚	58.3	56.2	46.0
	新加坡	60.5	43.6	27.4
	印度	80.9	80.2	75.4
	巴基斯坦	70.1	60.5	46.8
	俄罗斯	65.0	73.1	70.3
	哈萨克斯坦	42.9	59.0	35.4
"一带一路"沿线国家内部合作论文数与总论文数之比	中国	2.6	3.0	4.9
	伊朗	3.1	6.0	9.6
	土耳其	2.6	6.7	11.5
	波兰	10.6	11.2	18.1
	马来西亚	21.9	26.4	37.0
	新加坡	13.8	24.9	43.1
	印度	3.5	5.7	10.2
	巴基斯坦	10.6	20.9	38.5
	俄罗斯	8.7	9.9	14.6
	哈萨克斯坦	33.6	26.5	49.6
非"一带一路"沿线国家合作论文数与总论文数之比	中国	17.8	20.3	21.0
	伊朗	19.9	13.5	17.4
	土耳其	11.9	11.2	11.2
	波兰	26.4	18.5	19.0
	马来西亚	19.9	17.4	17.0
	新加坡	25.7	31.5	29.5
	印度	15.6	14.1	14.3
	巴基斯坦	19.3	18.5	14.7
	俄罗斯	26.3	17.0	15.1
	哈萨克斯坦	23.5	14.5	15.0

资料来源:Web of Science 数据库。

从各国与"一带一路"沿线国家合作论文数占该国论文总产出的比例来看，2005~2019年10个代表性国家与"一带一路"沿线国家科研合作论文数占比均有所提高。2019年与"一带一路"沿线国家科研合作论文数占比较高的国家有：哈萨克斯坦、新加坡、巴基斯坦、马来西亚。其中，哈萨克斯坦与"一带一路"沿线国家科研合作论文数占比最高，该比例从2005年的33.60%到2012年的26.50%，而后上升至2019年的49.60%，其次是新加坡、巴基斯坦、马来西亚，2005年该比例分别为13.80%、10.60%、21.90%，2012年分别上升至24.90%、20.90%、26.40%，2019年分别达到43.10%、38.50%、37.00%。波兰、俄罗斯、土耳其、印度、伊朗的内部合作论文数占比也有明显提升，2005年以上国家与"一带一路"沿线国家科研合作论文数占比分别为10.60%、8.70%、2.60%、3.50%、3.10%，2012年分别上升至11.20%、9.90%、6.70%、5.70%、6.00%，2019年分别达到18.10%、14.60%、11.50%、10.20%、9.60%。中国与"一带一路"沿线国家科研合作论文数占比相对较低，但也有所提升，从2005年的2.60%增长到2012年的3.00%，再到2019年的4.90%。

从非"一带一路"沿线国家科研合作论文数占该国论文总产出的比例来看，除中国和新加坡之外，2005~2019年其他代表性国家这一比例呈现下降趋势，其中俄罗斯这一比例下降较为明显，从2005年的26.30%下降至2012年的17.00%，再到2019年的15.10%。自主研究论文数占比和非"一带一路"沿线国家科研合作论文数占比的下降说明"一带一路"沿线国家合作论文数占比不断增加，内部科研合作迅速加深。

3.2 "一带一路"沿线国家科研合作网络基本格局与演变

社会网络（social network）是由作为节点的社会主体及其之间的联系（ties，links）构成的集合，这些联系所具有的特征能够用来解释所涉及主体的社会行为。节点可以是个人、企业、国家或其他组织。节点和联系是社会网络的两个基本要素。不同于传统的分析方法，社会网络分析法强调因果关系并非存在于个体之间，而是存在于社会结构中。社会网络分析不仅研究节点之间的关系，还研究这种关系的结构和影响。

社会网络可以用图和矩阵来表示，网络图主要由点和线构成，点代表行动者，线代表行动者之间的关系。在矩阵中，如果行和列代表集合中的行动者，矩阵中的各元素则代表行动者之间的"关系"（刘军，2004）。网络中所包含的全部行动者数目则为整体网的规模，在本章中，研究的是"一带一路"沿线国家之间的科研合作关系，则网络的规模为 65。

本章的数据依然来自 Web of Science 数据库，统计了 2005～2019 年"一带一路"沿线 65 个国家之间的论文合作数据。把每个国家看成一个"点"，"线"表示二者的论文合作关系，从而形成一个网络。这里用合作矩阵 T 表示各个国家间的论文合作数量，i 和 j 代表网络中的两个国家，矩阵 T 中的元素 t_{ij} 是第 i 国和第 j 国的论文合作数量，由于论文合作关系是相互的，故 $t_{ij} = t_{ji}$，该矩阵对角线为 0。

接下来，我们采用社会网络分析统计指标，从整体网络拓扑结构（密度、集聚和小世界）的角度，测度考察沿线国家间科研合作网络中的空间拓扑结构与效率。

3.2.1 网络密度分析

网络密度（density）表示网络中各节点之间联系的紧密程度，密度越大则节点间的联系越紧密。密度的计算方法是"实际存在的关系总数"除以"理论上最多可能存在的关系总数"（刘军，2014）。设网络中的国家数量为 N，则无向网络中理论最多可能存在的关系总数为 $\dfrac{N \times (N-1)}{2}$。如果网络中实际存在的关系数为 L，则网络密度可表示为：

$$D_n = 2L / [N \times (N-1)]$$

论文合作网络密度反映国家之间论文合作关系的疏密程度，网络中论文合作关系数越多，网络的密度越大。对于多值图的密度，线数根据其多重度来加权，这样就可以得到一个实际线数的加权总数。对于分母，我们用网络中实际存在的最高多重度作为权重。这样就可以得到多值图的密度。同时将论文合作关系按照以下两种标准划分：标准一，若两国有合作论文，则存在着显著的合作关系；标准二，若两国合作论文量大于 30 篇（在这里选用 2005～2019 年的中间年份即 2012 年各国合作论文数的平均值作为标准值，2012 年两两国家合作论文数的平均值约为 30），则存在着显著的合作关系。用 UCINET 软件把 2005～2019 年的合作论文数据分别按照两种标准进行二值化，若两国间的合作论文数达到划分标准则记为 1，否则为 0。然后，分别计算各年份的科研合作网络密度以及多值网密度，结果如表 3-4 所示。

表 3-4　　　　2005～2019 年 "一带一路" 沿线国家科研合作网络密度

年份	标准一	标准二	多值网密度
2005	0.387	0.034	0.008
2006	0.442	0.043	0.008
2007	0.393	0.054	0.009
2008	0.444	0.062	0.009
2009	0.475	0.072	0.010
2010	0.513	0.131	0.010
2011	0.538	0.159	0.015
2012	0.625	0.171	0.018
2013	0.585	0.190	0.015
2014	0.687	0.227	0.016
2015	0.738	0.246	0.016
2016	0.758	0.270	0.018
2017	0.814	0.300	0.018
2018	0.801	0.339	0.019
2019	0.862	0.365	0.018

资料来源：Web of Science 数据库和根据相关计算公式自行整理计算得到。

表 3-4 的计算结果显示，无论是二值网还是多值网，2005～2019 年科研合作网络密度均呈现上升趋势。以标准一划分的二值网中，2005 年的科研合作网络的密度为 0.387，而 2019 年网络密度为 0.862，可见 2019 年 "一带

一路"沿线国家之间科研合作关系占比达到了 86.2%。以标准二划分的二值网中，2005 年的科研合作网络的密度为 0.034，而 2019 年网络密度为 0.365，这说明 2019 年"一带一路"沿线国家之间合作论文超过 30 篇的占比达到了 36.5%。从多值网来看，2010 年之后多值网的密度有了明显增长，2005 年的科研合作网络的密度为 0.008，而 2019 年网络密度为 0.018。由此可见，"一带一路"沿线国家科研合作关系不断加深，且合作论文数量增长明显。

3.2.2 网络中心性分析

中心性是权力的量化研究，个人或组织在其社会网络中居于怎样的地位，是网络分析的研究重点之一。中心度描述的是个体在社会网络中拥有怎样的权利，中心势测量的是一个图在多大程度上围绕着某个或者某些点集中的趋势（刘军，2014）。本章主要研究各节点在网络中拥有怎样的影响力，所以从中心度的角度来分析科研合作网络。常用的几类中心度主要包括度数中心度、接近中心度、中介中心度。

（1）度数中心度分析。度数中心度（degree centrality，C_D）指与该节点直接相连的其他节点的个数，简称度数。在科研论文合作中，A 国与 B 国的合作数量与 B 国和 A 国的合作数量是相同的，因此科研论文网络是无向的，一个国家的度数中心度表示的是与该国产生论文合作关系的国家数量，公式为：

$$C_D(i) = \sum_{j=1}^{N} a_{ij} \qquad (3-1)$$

其中，a_{ij} 表示国家科研合作邻接矩阵。

根据式（3-1），把各年份的二值网络进行度数中心度分析，而对于多值网络而言，节点 i 的强度为：

$$WC_D(i) = \sum_{j=1}^{N} w_{ij} a_{ij} \qquad (3-2)$$

其中，w_{ij} 为节点 i 和 j 之间的连接边权重，在科研合作网络中，连接边权重为合作论文数量。

根据上述公式，计算度数中心度，结果如表 3 - 5 所示。

表 3 - 5　　　　2005 年、2012 年和 2019 年"一带一路"沿线国家科研

合作网络度数中心度

排序	国家	标准一			标准二			多值网加权度		
		2005 年	2012 年	2019 年	2005 年	2012 年	2019 年	2005 年	2012 年	2019 年
1	中国	52	60	61	10	33	52	2270	10573	37152
2	土耳其	50	57	62	3	28	50	512	6329	14631
3	俄罗斯	52	55	62	20	31	48	3158	8710	20739
4	印度	48	58	63	11	33	48	1419	6546	20921
5	马来西亚	39	57	63	5	21	44	537	3744	13242
6	巴基斯坦	29	58	61	0	24	44	191	3600	15998
7	沙特阿拉伯	30	52	60	1	19	44	270	4691	19615
8	波兰	49	55	62	14	29	44	2226	8133	18328
9	埃及	39	55	61	2	26	43	388	4374	13057
10	伊朗	39	58	61	1	24	42	201	3746	10812
61	东帝汶	0	0	13	0	0	0	0	0	30
62	阿富汗	2	9	47	0	0	0	3	18	208
63	马尔代夫	6	13	8	0	0	0	10	15	16
64	不丹	2	11	33	0	0	0	5	25	155
65	土库曼斯坦	3	12	14	0	0	0	5	35	25

注：国家顺序是由 2019 年的标准二网络度数中心度降序得出。因篇幅原因本章只展示前 10 位和后 5 位国家。

资料来源：Web of Science 数据库和根据度数中心度计算公式计算得到。

从整体网络角度来看，以标准一划分的二值网络中，65 个国家 2005 年、2012 年、2019 年科研合作网络的平均度数中心度分别为 24.80、39.97、55.14。2005 年度数中心度大于等于 50 的国家仅有俄罗斯、中国、土耳其 3 国；而到了 2019 年，度数中心度大于等于 50 的国家有 56 个，其中大于等于 60 的国家有 31 个。以标准二划分的二值网络中，65 个国家 2005 年、2012 年、2019 年合作网络的平均度数中心度分别为 2.18、10.95、23.35。在多

值网络中，2005 年、2012 年、2019 年合作网络的平均度数中心度分别为353.48、2108.71、5921.17。由此可见，三种度数中心度测算下，"一带一路"沿线各国的度数中心度增长都比较明显，"一带一路"沿线国家科研合作日益密切。

下面进一步分析合作网络中单个国家的度数中心度。2019 年以标准二划分的二值网络中度数中心度排名靠前的国家有中国、土耳其、俄罗斯、印度、马来西亚等国。从科研合作网络图来看，这些国家也处于网络的中心位置。2005 年中国与"一带一路"沿线 52 个国家有科研合作关系，其中与 10 个国家的合作论文数量超过 30 篇；2019 年，与中国有科研合作关系的国家达到了 61 个，其中合作论文量超过 30 篇的国家有 52 个。可见，2005 年中国便与"一带一路"沿线国家有着广泛科研合作关系，但合作论文数量较少，随着时间的推移，中国与沿线各国的科研合作关系不断加深，合作论文数量增加明显。土耳其、俄罗斯、印度、马来西亚等国在度数中心度方面与中国的情形相似，合作论文数量上增长较快。2005～2019 年期间，以标准一划分的二值网络度数中心度变化较大的国家为巴勒斯坦、尼泊尔、黑山、文莱、蒙古等国，2005 年这些国家的度数中心度均不超过 10，而到了 2019 年这 5 国的度数中心度均超过 50。2005～2019 年这些国家与"一带一路"沿线国家的科研合作关系发生了显著变化，合作关系不断深化与扩大。以标准二划分的二值网络中度数中心度变化较大的国家为土耳其、巴基斯坦、沙特阿拉伯、伊朗、埃及等国，2005 年这些国家与"一带一路"沿线其他国家开展了广泛的合作，但是合作论文数量相对较少，而到了 2019 年，合作论文数量明显上升，这些国家与超过 40 个国家的合作论文数量在 30 篇以上。多值网络的度数中心度变化较大的是巴勒斯坦、塞尔维亚、伊拉克、卡塔尔、文莱等国，这些国家的合作论文量增长较为显著。而东帝汶、阿富汗、马尔代夫、不丹、土库曼斯坦等国的度数中心度一直以来都处于较低的水平，与其他节点的联系较少，属于边缘节点。

（2）接近中心度分析。接近中心度（closeness centrality，C_C）表示节点到其他所有节点最短路径之和的倒数乘以其他节点个数。它描述的是节点不受他人控制的测度，一个节点的邻近度越大，表明节点越居于网络的核心

（刘承良等，2017）。在科研合作网络中，节点邻近度表示该国与其他国家之间的科研合作的欧式距离：

$$C_C(i) = \frac{N-1}{\sum\limits_{j=1;\,j\neq i}^{N} d_{ij}} \qquad (3-3)$$

其中，d_{ij} 表示节点 i 和 j 之间的最短路径数；N 表示节点个数。

根据上述公式，可得到如表 3-6 所示的结果。

表 3-6　　　2005 年、2012 年和 2019 年"一带一路"沿线国家科研
合作网络接近中心度

排序	国家	标准一			标准二		
		2005 年	2012 年	2019 年	2005 年	2012 年	2019 年
1	中国	0.821	0.914	0.955	0.240	0.489	0.744
2	土耳其	0.800	0.877	0.970	0.229	0.471	0.727
3	俄罗斯	0.821	0.853	0.970	0.249	0.478	0.711
4	印度	0.780	0.889	0.985	0.241	0.489	0.711
5	马来西亚	0.703	0.877	0.985	0.223	0.430	0.681
6	巴基斯坦	0.634	0.889	0.955	0.167	0.457	0.681
7	沙特阿拉伯	0.640	0.821	0.941	0.171	0.430	0.681
8	波兰	0.790	0.853	0.970	0.242	0.474	0.681
9	埃及	0.703	0.853	0.955	0.171	0.457	0.674
10	伊朗	0.703	0.889	0.955	0.219	0.457	0.667
61	东帝汶	0.250	0.250	0.557	0.167	0.200	0.250
62	阿富汗	0.408	0.529	0.790	0.167	0.200	0.250
63	马尔代夫	0.481	0.547	0.529	0.167	0.200	0.250
64	不丹	0.471	0.533	0.674	0.167	0.200	0.250
65	土库曼斯坦	0.471	0.542	0.557	0.167	0.200	0.250

注：国家顺序由 2019 年以标准二划分的二值网络的接近中心度降序得出。因篇幅原因本章只展示前 10 位和后 5 位国家。

资料来源：Web of Science 数据库和根据接近中心度计算公式计算得到。

由表 3-6 可知，从整体网络角度来看，以标准一划分的二值网络，

2005 年、2012 年、2019 年 65 个国家合作网络的平均接近中心度分别为 0.607、0.725、0.894。以标准二划分的二值网络,2005 年、2012 年、2019 年 65 个国家合作网络的平均接近中心度分别为 0.194、0.363、0.547。接近中心度是指不受他人控制的测度,接近中心度的增长表示合作网络中的国家不受其他国家控制的能力变强,即合作能力的增强。

从单个国家的角度进一步分析合作网络的接近中心度。2019 年以标准二划分的二值网络的接近中心度排名靠前的国家有中国、土耳其、俄罗斯、印度、马来西亚等国,这个排名与度数中心度排名基本一致。以标准一划分的网络中,2019 年排名前五的国家的接近中心度均大于 0.955,表明这些国家在论文合作中具有较强的自主能力,不易受他国控制。2005~2019 年期间,以标准一划分的二值网络中接近中心度增长比较快的国家为巴勒斯坦、尼泊尔、黑山、文莱等国,2005 年这些国家的接近中心度均在 0.5 左右,而到了 2019 年以上国家的接近中心度均超过 0.875。以标准二划分的二值网络中接近中心度增长较快的国家为巴基斯坦、沙特阿拉伯、中国、埃及、土耳其等国,可见这些国家合作论文数量不断增加,合作能力持续增强。而不丹、马尔代夫、土库曼斯坦、东帝汶等国的以两种标准划分的接近中心度一直以来都处于较低的水平,这些国家在科研合作中易受他国控制,合作能力较弱。

(3) 中介中心度分析。中介中心度 (betweenness centrality, C_B) 是测量网络中所有最短路径中经过该点的数量比例。中介中心度较大的节点,可以通过控制信息的传递来影响群体,因此中介中心度描述的是一个节点作为"中介"的能力,节点 i 的中介中心度计算公式如下:

$$C_B(i) = \frac{2\sum_{j}^{N}\sum_{k}^{N} g_{jk}(i)/g_{jk}}{N^2 - 3N + 2}, j \neq k \neq i \qquad (3-4)$$

其中,g_{jk} 表示节点 j 和 k 之间的最短路径条数;$g_{jk}(i)$ 表示节点 j 和 k 之间的最短路径经过节点 i 的条数。

根据上述公式,对各国的二值网络进行中介中心度分析,结果如表 3 - 7 所示。

表 3 – 7　　　　2005 年、2012 年和 2019 年"一带一路"沿线国家科研
合作网络中介中心度

排序	国家	标准一			标准二		
		2005 年	2012 年	2019 年	2005 年	2012 年	2019 年
1	中国	0.070	0.023	0.002	0.021	0.056	0.087
2	俄罗斯	0.075	0.011	0.004	0.094	0.094	0.073
3	土耳其	0.037	0.016	0.005	0.013	0.024	0.057
4	印度	0.049	0.021	0.007	0.034	0.081	0.039
5	泰国	0.021	0.012	0.007	0.000	0.053	0.032
6	马来西亚	0.016	0.017	0.007	0.013	0.049	0.029
7	巴基斯坦	0.023	0.017	0.002	0.000	0.019	0.023
8	沙特阿拉伯	0.005	0.009	0.004	0.000	0.047	0.021
9	埃及	0.011	0.015	0.002	0.000	0.074	0.019
10	罗马尼亚	0.013	0.008	0.005	0.000	0.031	0.017
61	阿富汗	0.000	0.000	0.001	0.000	0.000	0.000
62	不丹	0.000	0.000	0.001	0.000	0.000	0.000
63	东帝汶	0.000	0.000	0.000	0.000	0.000	0.000
64	马尔代夫	0.000	0.000	0.000	0.000	0.000	0.000
65	土库曼斯坦	0.000	0.000	0.000	0.000	0.000	0.000

　　注：国家顺序由 2019 年以标准二划分的二值网络的中介中心度降序得出。因篇幅原因本章只展示前 10 位和后 5 位国家。
　　资料来源：Web of Science 数据库和根据中介中心度计算公式计算得到。

　　中介中心度刻画的是行动者对资源控制的程度，表现的是行动者的"中介"作用。从整体网络的角度来看，以标准一划分的网络中，2005 年、2012 年、2019 年 65 个国家合作网络的平均中介中心度分别为 0.010、0.005、0.002，各节点的中介中心度整体呈现下降趋势。节点度数中心度的增长可以解释这一现象，随着"一带一路"沿线国家合作关系的不断加深，各国互相开展广泛的科研合作，在这种情况下"中介"的作用是被削弱的，因为大多数国家不通过中间国家也可以跟目标国家开展相关合作。以标准二划分的网络中，2005 年、2012 年、2019 年 65 个国家合作网络的平均中介中心度分别为 0.003、0.010、0.008，平均中介中心度呈现出先上升后下降的趋势，可见在此标准划分下各国在科研合作网络中对其他国家的控制能力也是先增强后减弱。

从单个国家的角度进一步分析科研合作网络的中介中心度，2019年以标准二划分的二值网络的中介中心度排名前五的国家为中国、俄罗斯、土耳其、印度、泰国，这些国家在合作网络中对科研资源控制能力比较强。泰国的中介中心度显然比度数中心度和接近中心度排名靠前，说明泰国处于多对行动者之间，起到了重要的"中介"作用，在网络中对其他国家的控制能力较强。东帝汶、马尔代夫、土库曼斯坦的中介中心度为0，说明这些国家在网络中对其他国家没有控制能力。

3.2.3 网络块模型分析

块模型（block models）分析是由怀特（White et al.，1976）提出的一种研究网络位置模型的方法。根据块模型理论，运用CONCOR方法，可以将"一带一路"沿线国家分成若干个板块，并根据板块内部和板块外部之间的合作关系，揭示各板块及其成员国家在国际科研合作中的角色和作用。根据板块内部关系和外部关系的多少，可以划分为4种板块类型，划分标准如表3-8所示。一个网络中不一定同时具备4种板块，每种板块类型也不一定只出现一次，这主要由网络的特性决定（李敬，2017）。

表3-8　　　　　　　　　　　　　四种板块类型

关系类型	内部关系多	内部关系少或无
外部关系多	兼顾型	外部型
外部关系少或无	内部型	孤立型

为了使块模型分析实现更加清楚的分类，本章选择以标准一划分的二值网络进行块模型分析。因篇幅原因无法展示所有合作网络的全部分析过程，所以本章以2019年"一带一路"沿线国家科研合作网络块模型为例来展示分析过程，并给出2005年和2012年的块模型分析结果。

（1）块模型分析过程。根据块模型理论，运用CONCOR方法，对2019年"一带一路"沿线国家科研合作二值网络进行计算，选择最大分割深度为2，收敛为0.2，块模型将每个网络分割成4个板块。板块的内外部关系用密度矩阵（Density Matrix）来反映。密度矩阵中的密度等于该板块的实际显著关系与理论关系数之比。通过计算，密度矩阵如表 3 – 9 所示。

表 3 – 9　　　　2019 年"一带一路"沿线国家科研合作网络密度矩阵

	第一板块	第二板块	第三板块	第四板块
第一板块	0.997	0.942	0.610	1.000
第二板块	0.942	0.913	0.365	0.932
第三板块	0.610	0.365	0.571	0.953
第四板块	1.000	0.932	0.953	1.000

各板块分组情况如表 3 – 10 所示。

表 3 – 10　　　　　　　　2019 年各板块分组情况

板块	国家
第一板块	中国、阿尔巴尼亚、俄罗斯、也门、文莱、巴勒斯坦、越南、新加坡、阿曼、斯洛伐克、塞尔维亚、匈牙利、埃及、立陶宛、斯洛文尼亚、巴基斯坦、克罗地亚、伊朗、波兰、马其顿、约旦、阿拉伯联合酋长国、伊拉克、以色列、爱沙尼亚
第二板块	叙利亚、保加利亚、黑山、波黑、黎巴嫩、土耳其、科威特、捷克、吉尔吉斯斯坦、巴林、乌克兰、拉脱维亚、格鲁吉亚、沙特阿拉伯、罗马尼亚、土库曼斯坦、卡塔尔、塔吉克斯坦、乌兹别克斯坦、白俄罗斯、亚美尼亚、阿塞拜疆、摩尔多瓦、哈萨克斯坦
第三板块	蒙古国、不丹、缅甸、马尔代夫、东帝汶、阿富汗、老挝、柬埔寨
第四板块	斯里兰卡、菲律宾、印度尼西亚、泰国、马来西亚、印度、尼泊尔、孟加拉国

从板块分组情况来看，第一板块有 25 个国家，第三板块有 8 个国家。

整个网络的密度经过计算为 0.862，将密度矩阵中大于 0.862 的值改为 1，小于 0.862 的值改为 0，得到的像矩阵如表 3 – 11 所示。2019 年科研合作网络分为四个板块，第一板块向第二、第四板块和自身进行合作，故内部及外部关系都比较多；第二板块向第一、第四板块和自身进行合作，故内部及外部关系都比较多，与第一板块情况类似；第三板块仅和第四板块有合作交流；第四板块是合作网络的主要参与者，与第一、第二、第三板块以及自身都有合作，内部和外部关系都比较多。根据块模型位置分析可知，第一、第二、第四板块属于兼顾型板块，第三板块属于孤立型板块。

表3-11   2019年"一带一路"沿线国家科研合作网络像矩阵

	第一板块	第二板块	第三板块	第四板块
第一板块	1	1	0	1
第二板块	1	1	0	1
第三板块	0	0	0	1
第四板块	1	1	1	1

资料来源：Web of Science 数据库和根据块模型理论和运用CONCOR（convergent correlations）方法计算得到。

（2）块模型分析结果。根据2005年"一带一路"沿线国家科研合作关系网络计算密度矩阵，结果如表3-12所示。

表3-12   2005年"一带一路"沿线国家科研合作网络密度矩阵

	第一板块	第二板块	第三板块	第四板块
第一板块	0.730	0.387	0.062	0.363
第二板块	0.387	0.633	0.014	0.375
第三板块	0.062	0.014	0.139	0.259
第四板块	0.363	0.375	0.259	0.705

2005年整个网络的密度经过计算为0.387。将密度矩阵中大于0.387的值改为1，小于0.387的值改为0，得到的像矩阵如表3-13所示。结果表明第一板块的内部关系较多，与第二板块存在合作关系，该板块属于兼顾型。第一板块有25个国家。第二板块的情况与第一板块相似，也属于兼顾型板块。该板块有16个国家。第三板块为孤立型板块，该板块共有15个国家。

表3-13   2005年"一带一路"沿线国家科研合作网络像矩阵

	第一板块	第二板块	第三板块	第四板块
第一板块	1	1	0	0
第二板块	1	1	0	0
第三板块	0	0	0	0
第四板块	0	0	0	1

资料来源：Web of Science 数据库和根据块模型理论和运用CONCOR（convergent correlations）方法计算得到。

根据2012年"一带一路"沿线国家科研合作关系网络计算密度矩阵，

结果如表 3 - 14 所示。

表 3 - 14   2012 年"一带一路"沿线国家科研合作网络密度矩阵

	第一板块	第二板块	第三板块	第四板块
第一板块	0.933	0.673	0.653	0.276
第二板块	0.673	0.775	0.432	0.205
第三板块	0.653	0.432	0.758	0.274
第四板块	0.276	0.205	0.274	0.238

资料来源：Web of Science 数据库和根据块模型理论和运用 CONCOR（convergent correlations）方法计算得到。

2012 年整个网络的密度经过计算为 0.625。将密度矩阵中大于 0.625 的值改为 1，小于 0.625 的值改为 0，得到的像矩阵如表 3 - 15 所示。结果表明第一板块属于兼顾型板块，是该网络中的最重要合作板块，第一板块有 30 个国家。第二板块也属于兼顾型板块，该板块有 16 个国家。第三板块也是兼顾型板块，该板块有 12 个国家。第四板块为孤立型板块，这一板块共有 7 个国家。

表 3 - 15   2012 年"一带一路"沿线国家科研合作网络像矩阵

	第一板块	第二板块	第三板块	第四板块
第一板块	1	1	1	0
第二板块	1	1	0	0
第三板块	1	0	1	0
第四板块	0	0	0	0

资料来源：Web of Science 数据库和根据块模型理论和运用 CONCOR（convergent correlations）方法计算得到。

基于 2005 年、2012 年和 2019 年的合作网络块模型分析结果，可以看出各国合作关系的总体变化，从分类位置看，大多数国家处在兼顾型板块，表明各国间科研合作关系密切，关系发展良好，但是，部分处于孤立位置的国家经过时间演变，未能改变它们的科研合作处境。从 2019 年的合作网络块模型分析来看，"一带一路"沿线国家逐步形成三大重要合作群体，第一群体是以中国、俄罗斯为首，由新加坡、越南、文莱、巴基斯坦、部分中东欧国家及部分西亚北非国家组成。第二群体是以土耳其、捷克为首，由部分西亚北非国家、部分中东欧国家以及中亚 5 国组成。第三群体是以印度和马来西亚为首的部分南亚国家和东南亚国家。处在边缘位置的国家是不丹、缅甸、马尔代夫、东帝汶、阿富汗、老挝、柬埔寨，这些国家未能与网络中其他国家形成良好的多边合作关系，需要加强群体内部和外部的科研合作。

3.2.4　网络的小世界性分析

对于关联网络来说，可以通过如下两个指标来探究其是否具有小世界性。第一个是特征途径长度（characteristic path length）L，即连接两个点之间最短途径的平均长度。L 是描述网络整体性质的一种测度。第二个是聚类系数（clustering coefficient）C。与 L 不同的是，聚类系数 C 是一种关于局部网络结构的指标。

一般来说，具有小世界性的网络具有较大的聚类系数 C 和较小的特征途径长度 L。通常我们计算出同等规模的随机网络的聚类系数 C 和途径长度 L，然后与所要分析的网络的 C 和 L 进行比较，由此来判断该网络是否具有小世界性。

在 UCINET 中构造同等规模的随机矩阵，首先沿着 Network→Cohesion→Clustering Coefficient 计算聚类系数。然后，沿着 Network→Cohesion→Geodesic Distances（legacy）计算途径长度。

在这里采用以标准一划分的二值网络，分别计算随机网络 2005～2019 年"一带一路"沿线国家合作网络的聚类系数和途径长度，计算结果如表 3－16 所示。

表 3－16　　　　　　　　　　2005～2019 年小世界性分析

项目	随机网络	2005 年	2007 年	2009 年	2011 年	2013 年	2015 年	2017 年	2019 年
聚类系数 C	0.495	0.748	0.755	0.788	0.787	0.818	0.887	0.922	0.939
途径长度 L	1.511	1.634	1.629	1.525	1.446	1.436	1.240	1.187	1.139

资料来源：根据相关指标计算公式计算得到。

对比随机网络和各年合作网络的聚类系数 C 和途径长度 L，可以发现合作网络的聚类系数随着时间的推移不断增长，而途径长度逐渐减小。2005 年的聚类系数为 0.748 远远大于同等规模随机网络的聚类系数 0.495，因此合作网络具有较大的聚类系数。2005～2009 年的途径长度 1.634 略大于随网络的 1. 511，但到了 2011 年合作网络的途径长度 1. 139 均小于 1. 511，可以说 2011 年及以后合作网络相比随机网络具有较小的途径长度。通过比较分析发现，2005～2019 年"一带一路"沿线国家科研合作的特征途径长度逐渐变小，科研合作网络具有较强的集聚性，这种集聚性呈不断增强的趋势；随着各国科研合作关系不断发展，各国科研合作联系紧密，具有较好的网络通达性，"一带一路"沿线国家科研科研合作网络具有显著的小世界性。

3.3 "一带一路"沿线国家科研合作网络的溢出效应

在对"一带一路"沿线国家间科研合作网络结构特征与效率进行分析的基础之上，本章将通过构建溢出关联矩阵来对沿线国家间科学研究联动与溢出的路径、方向、结构和程度，分别进行静态与动态分析。

3.3.1 科研溢出指数与溢出关联矩阵的构建

我们采用迪伯德和伊尔马兹（Diebold and Yilmaz, 2012；2014）在广义方差分解基础上提出的收益波动溢出方法来构建沿线国家间科学研究溢出指数和溢出关联矩阵。该方法是基于向量自回归模型来进行方差分解，通过方差分解来刻画不同变量间的网络联动关系与溢出效应，因而被广泛应用于分析社会网络中各节点间的信息流传导路径、方向和溢出程度（梁琪等，2015；杨子晖、周颖刚，2018）。

方差分解有两种方法，一种是传统正交方差分解法，该分解对变量的顺序比较敏感，排序的变化会影响到分解的结果。另一种是库普、佩萨兰和波特（Koop, Pesaran and Potter, 1996）以及佩萨兰和申（Pesaran and Shin, 1998）提出的广义方差分解法，被称为 KPPS 法。采用 KPPS 法构建溢出指数能够克服正交分解结果受到变量次序影响的问题，因此，我们采用 KPPS 法进行方差分解。

具体来讲，考虑一个协方差平稳的 N 变量 VAR(P) 过程：

$$x_t = \sum_{i=1}^{P} \Phi_i x_{t-i} + \varepsilon_t \tag{3-5}$$

其中，x_t 为 N 维列向量，表示 N 个国家的科学研究，$\varepsilon \sim \left(0, \sum\right)$，是独立同分布的随机干扰向量，$\sum$ 为协方差矩阵，式（3-5）的移动平均形式为：

$$x_t = \sum_{i=0}^{\infty} A_i \varepsilon_{t-i} \tag{3-6}$$

其中，A_i 是 $N \times N$ 的系数矩阵，并且服从以下递归方式：

$$A_i = \Phi_1 A_{i-1} + \Phi_2 A_{i-2} + \cdots + \Phi_p A_{i-p} \tag{3-7}$$

当 $i < 0$ 时，$A_i = 0$，A_0 是 $N \times N$ 的单位矩阵。

这一方差分解能够测度 VAR 系统中任意一个内生变量 x_i 的预测误差方差受到变量 x_j 影响的比例，进而从两两对应的角度揭示出由变量 x_j 到变量 x_i 的溢出强度。具体来讲，变量 x_j 对变量 x_i 的向前 H 期的广义方差分解矩阵一般表示为 $D^{GH} = \left[d_{ij}^{GH}\right]$，其中：

$$d_{ij}^{GH} = \frac{\sigma_{jj}^{-1} \sum_{h=0}^{H-1} \left(e_i' A_h \sum e_j\right)^2}{\sum_{h=0}^{H-1} \left(e_i' A_h \sum A_h' e_i\right)}$$

其中，$\sum$ 是误差向量 ε 的协方差矩阵，σ_{jj} 为协方差矩阵的第 j 个对角元素，e_j 为选择列向量，其中第 j 个元素为 1，其余元素为 0。H 为预测期，A_h 为移动平均式的系数矩阵。

基于上述广义方差分解的结果，我们把国家 j 到国家 i 的科学研究溢出效应 $S_{i \leftarrow j}^H$ 定义为：

$$S_{i \leftarrow j}^H = d_{ij}^H \tag{3-8}$$

一般情况下 $S_{i \leftarrow j}^H \neq S_{j \leftarrow i}^H$，因此有 $N^2 - N$ 个独立成对的科学研究溢出。

进一步地，将国家 j 到国家 i 的科学研究溢出净效应（net spillover）定义为：

$$NS_{i\leftrightarrow j}^{H} = S_{i\leftarrow j}^{H} - S_{j\leftarrow i}^{H} \qquad\qquad (3-9)$$

接着，我们构建方向性科研溢出指数，用以衡量一个国家受到其他国家科研溢出和对其他国家科研溢出的水平，反映该国家的总体科研溢出规模。具体来讲，溢出关联矩阵中非对角线上的行元素加总表示国家 i 受到的其他国家的科研溢出效应（From），用公式表示为：

$$S_{i\leftarrow .}^{H} = \sum_{\substack{j=1 \\ j\neq i}}^{N} d_{ij}^{H} \qquad\qquad (3-10)$$

溢出关联矩阵中非对角线上的列元素加总表示国家 j 对其他国家的科研溢出效应（To），用公式表示为：

$$S_{.\leftarrow j}^{H} = \sum_{\substack{i=1 \\ i\neq j}}^{N} d_{ij}^{H} \qquad\qquad (3-11)$$

于是，国家 i 对其有国家总的科研溢出净效应（net total spillover）就可以表示为：

$$NTS_{i}^{H} = S_{.\leftarrow i}^{H} - S_{i\leftarrow .}^{H} \qquad\qquad (3-12)$$

对溢出关联矩阵中非对角线上的行元素或列元素加总求平均，就得到"一带一路"沿线国家间总的科研溢出效应S^{H}，用公式表示为：

$$S^{H} = \frac{1}{N} \sum_{\substack{i,j=1 \\ i\neq j}}^{N} d_{ij}^{H} \qquad\qquad (3-13)$$

将上述科研溢出指数公式分别置于矩阵表格中，就可以构建出表 3-17 所示的科研溢出关联矩阵。

表 3-17　　　　　　　　　**国家间科研溢出关联矩阵**

	x_1	x_2	$\cdots$	x_N	From
x_1	d_{11}^{H}	d_{12}^{H}	$\cdots$	d_{1N}^{H}	$\sum_{\substack{j=1 \\ j\neq 1}}^{N} d_{1j}^{H}$
x_2	d_{21}^{H}	d_{22}^{H}	$\cdots$	d_{2N}^{H}	$\sum_{\substack{j=1 \\ j\neq 2}}^{N} d_{2j}^{H}$
$\vdots$	$\vdots$	$\vdots$	$\ddots$	$\vdots$	$\vdots$

续表

	x_1	x_2	$\cdots$	x_N	From
x_N	d_{N1}^H	d_{N2}^H	$\cdots$	d_{NN}^H	$\displaystyle\sum_{\substack{j=1 \\ j \neq N}}^{N} d_{Nj}^H$
To	$\displaystyle\sum_{\substack{i=1 \\ i \neq 1}}^{N} d_{i1}^H$	$\displaystyle\sum_{\substack{i=1 \\ i \neq 2}}^{N} d_{i2}^H$	$\cdots$	$\displaystyle\sum_{\substack{i=1 \\ i \neq N}}^{N} d_{iN}^H$	$\displaystyle\frac{1}{N}\sum_{\substack{i,\,j=1 \\ i \neq j}}^{N} d_{ij}^H$

在此基础上，我们引入时间维度，采用递归的预测方差分解分析方法（Yang and Zhou，2017），分别计算由 1 期到 t 期以及由 1 期到 t－1 期的国家科研净溢出效应，由此定义边际净溢出指数（marginal net spillover，MNS）：

$$MNS_{t,i\leftarrow j}^H = NS_{t,i\leftarrow j}^H - NS_{t-1,i\leftarrow j}^H \qquad (3-14)$$

其中，$NS_{t,i\leftarrow j}^H$ 表示 t 期由国家 j 到国家 i 的科研净溢出，$NS_{t-1,i\leftarrow j}^H$ 表示 t－1 期由国家 j 到国家 i 的科研净溢出，两者相减表示的是由国家 j 到国家 i 的边际科研净溢出。当 $MNS_{t,i\leftarrow j}^H > 0$ 时，表示发生在 t 期的一个事件导致科研净溢出效应增加，反之则表示发生在 t 期的一个事件导致科研净溢出效应减少。

其他国家科学研究到国家 i 的边际净溢出总效应（total marginal net spillover，TMNS）为：

$$TMNS_{From,t,i}^H = MNS_{t,i\leftarrow\cdot}^H = \sum_j MNS_{t,i\leftarrow j}^H = \sum_j \left(NS_{t,i\leftarrow j}^H - NS_{t-1,i\leftarrow j}^H\right), i \neq j$$

$$(3-15)$$

国家 j 对其他国家科学研究的边际净溢出总效应为：

$$TMNS_{To,t,j}^H = MNS_{t,\cdot\leftarrow j}^H = \sum_i MNS_{t,i\leftarrow j}^H = \sum_i \left(NS_{t,i\leftarrow j}^H - NS_{t-1,i\leftarrow j}^H\right), i \neq j$$

将上述边际净溢出指数公式分别置于矩阵表格中，可以构建出表 3－18 所示的边际净溢出关联矩阵。

表 3 – 18　　　　　　　　　国家间科研边际净溢出关联矩阵

	x_1	x_2	$\cdots$	x_N	Marginal Net From
x_1	0	$MNS^H_{t,1\leftarrow2}$	$\cdots$	$MNS^H_{t,1\leftarrow N}$	$\sum\limits_{\substack{j=1\\j\neq1}}^{N} MNS^H_{t,1\leftarrow j}$
x_2	$MNS^H_{t,2\leftarrow1}$	0	$\cdots$	$MNS^H_{t,2\leftarrow N}$	$\sum\limits_{\substack{j=1\\j\neq2}}^{N} MNS^H_{t,2\leftarrow j}$
$\vdots$	$\vdots$	$\vdots$	$\ddots$	$\vdots$	$\vdots$
x_N	$MNS^H_{t,N\leftarrow1}$	$MNS^H_{t,N\leftarrow2}$	$\cdots$	0	$\sum\limits_{\substack{j=1\\j\neq N}}^{N} MNS^H_{t,N\leftarrow j}$
Marginal Net To	$\sum\limits_{\substack{i=1\\i\neq1}}^{N} MNS^H_{t,i\leftarrow1}$	$\sum\limits_{\substack{i=1\\i\neq2}}^{N} MNS^H_{t,i\leftarrow2}$	$\cdots$	$\sum\limits_{\substack{i=1\\i\neq N}}^{N} MNS^H_{t,i\leftarrow N}$	

注："Marginal Net From"表示其他国家科学研究到国家 i 的边际净溢出总效应，"Marginal Net To"表示国家 j 对其他国家科学研究的边际净溢出总效应。

3.3.2　"一带一路"沿线国家间科研溢出效应的静态分析

我们选取 2019 年与"一带一路"沿线其他国家合作论文量最多的 15 个国家为研究对象，这些国家包括：中国、印度、俄罗斯、沙特阿拉伯、波兰、巴基斯坦、捷克、土耳其、马来西亚、埃及、匈牙利、伊朗、乌克兰、新加坡、罗马尼亚。利用 Web of Science 数据库中 2005 ~ 2019 年各国论文发表的月度数据来研究各国之间的溢出效应，由于中国的部分数据有缺失，采取拟合曲线方法（指数型）对缺失数据进行补充。由于溢出性分析是建立在 VAR 模型之上的，因此我们对 15 个国家的论文月度发表数据进行了平稳性检验，PP 统计量均在 1% 的水平上拒绝存在单位根的原假设，然后基于 SC 准则（Schwarz Criterion）为 VAR 模型选择滞后阶数，最优滞后阶数为 1。

表 3 – 19 为"一带一路"沿线主要国家溢出矩阵情况，预测期数为 5。对角线数值表示的是各国自身的溢出效应，不是本章的研究重点，故不作详细描述。本章将通过总溢出效应、两两国家溢出效应、各国定向溢出效应分析该表。

表 3－19 　"一带一路"沿线主要国家科研溢出矩阵

单位：%

国家	中国	印度	俄罗斯	沙特阿拉伯	波兰	巴基斯坦	捷克	土耳其	马来西亚	埃及	匈牙利	伊朗	乌克兰	新加坡	罗马尼亚	From
中国	28.39	5.21	3.65	5.37	6.64	5.33	6.61	3.43	8.01	6.64	2.87	6.88	1.70	7.62	1.66	71.61
印度	8.21	12.71	5.44	3.71	8.68	3.29	5.96	8.67	6.52	8.65	4.60	8.96	2.56	6.44	5.60	87.29
俄罗斯	3.69	7.52	22.07	3.06	7.40	3.17	3.73	8.01	3.38	9.09	3.34	5.27	13.53	3.85	2.90	77.93
沙特阿拉伯	10.62	4.39	1.66	31.82	6.26	1.12	2.31	3.85	13.26	6.22	1.88	6.68	1.25	6.65	2.04	68.18
波兰	5.46	9.34	5.18	4.53	14.22	1.82	5.28	8.80	5.66	9.14	5.96	8.19	3.37	7.04	6.03	85.78
巴基斯坦	13.36	6.32	6.15	1.52	4.70	21.98	5.89	6.46	6.87	6.11	2.50	8.53	4.00	3.45	2.16	78.03
捷克	10.38	7.51	3.90	2.73	6.97	3.85	16.43	7.55	6.29	6.41	5.25	8.06	2.74	6.00	5.94	83.58
土耳其	4.68	10.22	5.47	3.24	7.94	3.63	6.08	13.96	5.68	8.98	4.92	9.65	3.13	5.88	6.54	86.04
马来西亚	7.91	6.79	2.87	8.67	5.90	3.33	4.96	5.94	25.04	6.88	2.16	10.71	1.17	4.51	3.17	74.96
埃及	9.11	8.52	6.03	5.64	9.20	2.65	4.86	7.98	7.45	13.85	3.58	7.29	2.91	7.10	3.83	86.16
匈牙利	5.25	8.56	3.84	3.04	8.79	2.01	6.09	8.30	3.40	6.36	18.85	7.79	2.67	7.09	7.96	81.15
伊朗	8.78	8.86	3.25	4.53	6.87	3.69	5.98	8.60	9.98	7.05	4.32	13.99	2.16	6.00	5.97	86.01
乌克兰	2.70	5.60	18.14	3.50	6.22	2.60	3.07	6.71	1.98	7.56	2.61	4.89	27.63	2.24	4.54	72.37
新加坡	10.66	7.33	3.12	6.92	8.22	1.56	5.16	6.74	6.84	7.98	5.24	7.90	1.41	16.56	4.35	83.45
罗马尼亚	4.19	9.40	3.24	2.62	7.97	1.60	6.56	9.10	5.07	6.51	6.91	9.57	3.80	5.15	18.31	81.69
To	105.01	105.56	71.95	59.08	101.75	39.64	72.54	100.13	90.39	103.57	56.13	110.37	46.39	79.02	62.69	80.28

注：（1）样本数据范围为 2005 年 1 月~2019 年 12 月，预测期数为 5。（2）表中 15×15 的矩阵表示两两国家之间的科研溢出效应，矩阵中的元素 d_{ij} 表示由于 i 国的冲击而引发 j 国在预测期的误差方差百分比。（3）"To"所在行的第 j 个元素，表示 j 国对其他国家的影响，即 j 国的总输出效应；"From"所在列的第 i 个元素，表示其他国家对 i 国的影响，即 i 国的总接收效应。（4）右下角的元素（粗体显示）衡量的是 15 个国家科研溢出总效应。

　　科研溢出关联矩阵右下角的数字由"To"所在行元素或者"From"所在列元素加总求平均值得到，它可以对"一带一路"沿线主要国家的科研溢出总效应进行有效衡量。表 3 - 19 中显示总溢出效应为 80.28%，表示"一带一路"沿线主要国家存在着显著的科研关联和溢出效应。随着科学技术的发展，各国在科研创新上相互借鉴相互学习，科研溢出效应明显。

　　"To"所在行表示某国对其他国家的科研溢出总效应，"From"所在列表示其他国家对某国的科研溢出总效应。从各国的溢出效应来看，即"To"所在行的数值，中国、伊朗、印度、埃及、波兰、土耳其对其他国家的溢出效应均大于 100%，马来西亚、新加坡、俄罗斯、捷克、罗马尼亚对其他国家的科研溢出效应大于 60%，而沙特阿拉伯、乌克兰、匈牙利、巴基斯坦等国对"一带一路"沿线其他国家的科研溢出效应在 60% 以下。从各国的接收效应来看，即"From"所在列的数值，沙特阿拉伯受其他国家科研溢出效应的数值最小，其数值为 68.18%，其他国家的接收溢出效应指数均大于 70%，这表明"一带一路"沿线几乎所有国家受其他国家的影响都比较大。

　　非对角线元素表示两国间的定向溢出效应。例如，表 3 - 19 中第 2 列第 3 行的数值表示中国对印度的溢出效应为 8.21%。从两两国家之间的定向溢出效应分析中发现，以下国家之间相互溢出关系明显：俄罗斯和乌克兰两国相互的溢出效应最大，俄罗斯对乌克兰的溢出指数 18.14%，乌克兰对俄罗斯的溢出指数为 13.53%，可见两国相互之间的溢出效应明显，在科研创新方面具有紧密联系。其次是中国和巴基斯坦，中国对巴基斯坦的溢出指数为 13.36%，巴基斯坦对中国的溢出指数是为 5.33%，该数值是巴基斯坦对 15 个国家的溢出指数中最高的，可见中国与巴基斯坦也有着较为紧密的科研关系。此外，中国和新加坡也有着较强的相互溢出关系，中国对新加坡的溢出指数为 10.66%，新加坡对中国的溢出指数在其溢出指数中位居第一位为 7.62%。

　　进一步来看 15 个国家的净溢出效应（见表 3 - 20），"NET"所在列表示一国的净溢出效应，当净溢出为正时，表示一国对其他国家的溢出效应大于其他国家对它的影响，该国为输出国，当净溢出为负时，表示该国为接收国。表 3 - 20 显示，中国是净溢出效应最大的国家，这表明中国在"一带一路"沿线国家科研溢出中是净输出国家且占据主导地位。除中国以外，伊朗、印度、埃及、波兰、马来西亚、土耳其等国的净溢出效应也为正，因此这些国家也是净输出国家。新加坡、俄罗斯、沙特阿拉伯、捷克、罗马尼亚、匈牙利、乌克兰、巴基斯坦等国的净溢出指数一直为负，因此这些国家处于接收者的位置。

表 3 - 20　　　　　　　　　各国净溢出效应排序

排序	国家	Net	To	From	Gross
1	中国	33.40	105.01	71.61	176.62
2	伊朗	24.35	110.37	86.01	196.38
3	印度	18.27	105.56	87.29	192.85
4	埃及	17.41	103.57	86.16	189.73
5	波兰	15.97	101.75	85.78	187.53
6	马来西亚	15.43	90.39	74.96	165.35
7	土耳其	14.09	100.13	86.04	186.17
8	新加坡	- 4.43	79.02	83.45	162.47
9	俄罗斯	- 5.98	71.95	77.93	149.88
10	沙特阿拉伯	- 9.10	59.08	68.18	127.26
11	捷克	- 11.04	72.54	83.58	156.12
12	罗马尼亚	- 19.00	62.69	81.69	144.38
13	匈牙利	- 25.02	56.13	81.15	137.28
14	乌克兰	- 25.97	46.39	72.37	118.76
15	巴基斯坦	- 38.39	39.64	78.03	117.67

资料来源：Web of Science 数据和根据 VAR 模型计算得到。

3.3.3　"一带一路"沿线国家间科研溢出效应的动态分析

在全样本静态分析的基础上，采用滚动估计法研究"一带一路"沿线主要国家科研溢出效应，从动态分析的角度考察"一带一路"沿线主要国家溢出效应的演变过程，分析结果见图3-1。图3-1显示，"一带一路"沿线国家科研溢出指数高于75%，2008~2010年该溢出指数呈现上升趋势，2011年有少许下降，2012~2015年该溢出指数的变化相对平稳，2015年该溢出指数上升明显，表示"一带一路"沿线代表性国家之间的关联度明显提高，2016年之后该溢出指数变化则较为平稳。

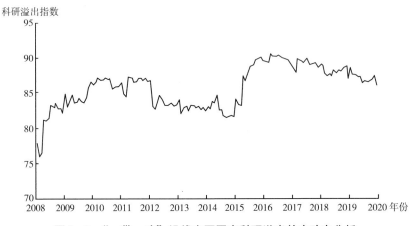

图3-1 "一带一路"沿线主要国家科研溢出效应动态分析

注：预测期数为5，滚动窗口为36个月。

下面从动态分析的角度考察各个国家的科研净溢出效应，从图3-2中可以看出，除个别时间段外，印度、伊朗、土耳其、波兰、埃及、马来西亚的净溢出效应在大部分时间内为正。中国、俄罗斯、沙特阿拉伯、罗马尼亚的净溢出效应的方向处于波动状态，但以上四国净溢出效应为正的时间较多。中国的净溢出效应在2015年之前基本为正，2015年之后有所下降。俄罗斯的净溢出效应在2015年之前处于波动状态，2015年后净溢出效应基本为正。沙特阿拉伯的净溢出效应在2011年之前基本为负，2011年后有所上升，2011年到2018年期间基本为正，2018年后净溢出效应则有所下降。罗马尼亚的净溢出效应在2015年之前基本为负，2015年之后上升明显，净溢出效应基本为正。新加坡的净溢出效应波动较为明显，净溢出效应为负的时间相对较多。巴基斯坦、捷克、乌克兰、匈牙利的净溢出效应基本为负。

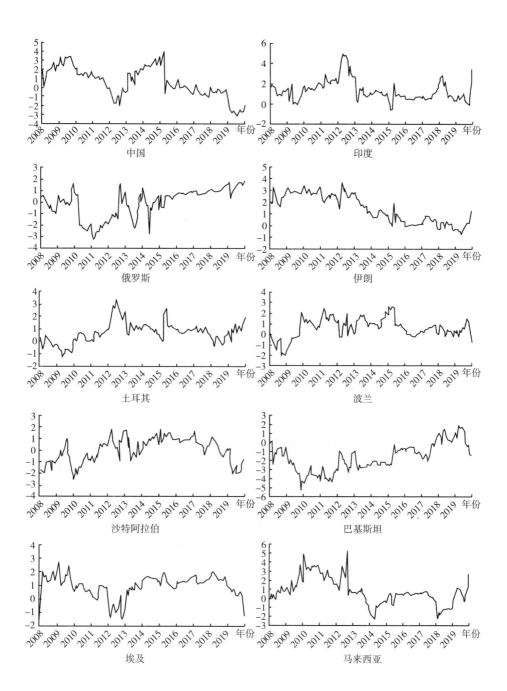

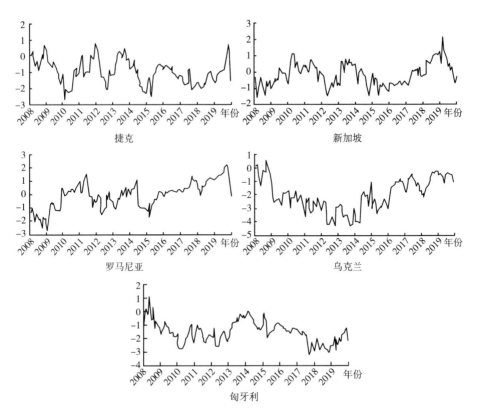

图 3 - 2 "一带一路"沿线代表性国家科研净溢出效应动态分析

注：预测期数为 5，滚动窗口为 36 个月。

除了采用预测期数为 5、滚动窗口为 36 个月进行分析外，本章还考虑预测期数为 2 和 10，滚动窗口为 30 个月和 42 个月的总溢出效应，结果如图 3-3 所示。随着滚动窗口长度的增加，总溢出效应的变化趋势基本一致，而随着预测期的增加，总溢出指数波动幅度逐渐减小，总溢出指数整体有所上升。但是，对比 9 幅图可以发现，随着预测期数和滚动窗口长度的变化，总溢出的变化趋势和波动范围基本一致，不同预测期数及滚动窗口的设定并没有改变本部分的实证结果。

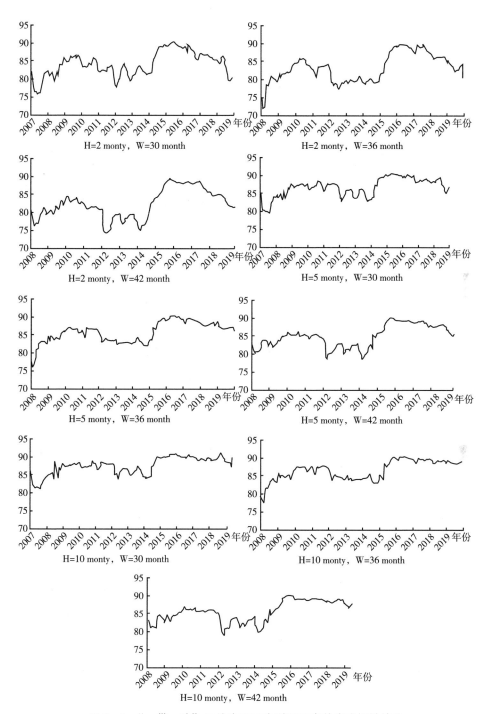

图 3-3 "一带一路"沿线主要国家科研溢出效应稳健性检验

3.4　小　　结

本章分析了"一带一路"沿线国家整体科研产出和科研合作情况，运用社会网络分析法对2005～2019年"一带一路"沿线国家科研合作网络进行了整体网密度、中心性、块模型和小世界性等网络特征的研究。通过构建溢出矩阵分析了"一带一路"沿线主要国家之间的溢出效应，阐述了"一带一路"沿线国家科研合作网络的演变趋势，通过上述的研究可以得出以下结论：

第一，从科研产出和科研合作态势来看，整体来说，"一带一路"沿线国家论文发表数量呈递增趋势。在国家层面的科研产出对比上，中国的科研产出量遥遥领先于区域内其他国家，其次是印度和俄罗斯。在区域层面上，中国仍居首位，西亚北非16国和南亚8国位居第二位、第三位。在科研合作方面，各国的合作论文量都在迅速增长中。从对代表性国家的研究来看，自主研究论文仍然是大多数国家论文产出的主要模式，且绝大多数国家的自主研究论文数占比在50%以上，但大多数国家的自主研究论文数占比呈现下降趋势，国际合作论文数占比逐渐上升。其中哈萨克斯坦、新加坡、巴基斯坦、马来西亚等国与"一带一路"沿线国家科研合作强度较高，2019年该比例达到35%以上。

第二，无论是二值网还是多值网，2005～2019年合作网络密度均呈现上升趋势，"一带一路"沿线国家的科研合作关系日益紧密，合作论文数量不断增加。截至2019年，"一带一路"沿线国家中约86%的国家存在科研合作关系，其中近37%的国家科研合作达到一定规模，合作论文超过30篇。总体来看，"一带一路"沿线国家已开展了较为广泛的科研合作，但在合作规模上还存在着巨大的拓展空间。

第三，从中心性分析上来看，中国、印度、俄罗斯的各项中心度指标均位于前列，是网络中的核心国家，土耳其、波兰、马来西亚、伊朗、捷克是网络中的次核心国家，老挝、不丹、马尔代夫、土库曼斯坦、东帝汶等国一直以来与其他国家的联系都比较少，合作规模也比较小，处于网络的边缘位置。各国的度数中心度和接近中心度均呈现上升趋势，因此"一带一路"沿线国家的科研合作影响力及自主科研能力不断增强。中介中心度呈现波动趋势，核心国家对网络的控制能力下降，由此可见"一带一路"沿线国家在科研合作方面呈现均衡发展趋势。

第四，在块模型分析中越来越多的国家处在兼顾型板块上，成为科研合作网络中的主要参与国家。截至2019年科研合作网络已呈现出核心—边缘特征，该网络逐步形成三大重要合作群体，第一群体是以中国、俄罗斯为首，由巴基斯坦、部分东南亚国家、部分中东欧国家及部分西亚北非国家组成。第二群体是以土耳其、捷克为首，由部分西亚北非国家、部分中东欧国家以及中亚5国组成。第三群体是以印度和马来西亚为首的部分南亚国家和部分东南亚国家。而蒙古国、不丹、缅甸、马尔代夫、东帝汶、阿富汗、老挝、柬埔寨未能与网络中其他国家形成良好的多边合作关系，处在孤立板块上，是网络中的边缘国家。

第五，在小世界分析中可以看出，截至2011年科研合作网络已呈现出小世界性的特征。相比于随机网络，"一带一路"沿线国家的科研合作网络具有较大的聚力系数及较短的途径长度，且集聚性及网络通达性呈现不断增强的趋势。

第六，从溢出性研究中发现，"一带一路"主要15个沿线国家之间的整体溢出效应明显。在静态溢出分析中，中国在"一带一路"沿线主要国家科研溢出中是净输出国家且占据主导地位。在静态分析及动态分析中都发现，科研总量较大的国家具有较强的溢出效应，多为溢出输出国，而科研总量较小的国家溢出效应较弱，多为溢出接收国。

总的来说，"一带一路"沿线国家的科研合作深度和广度都在不断加强中，呈现出核心—边缘及小世界的特征，"一带一路"沿线主要国家之间具有较强的科研溢出关系。但各国发表的国际合作论文数占比以及"一带一路"沿线国家内部合作比例都比较低，科研合作深度还有待加强。"一带一路"沿线国家在科研合作上呈现均衡化发展趋势，越来越多的国家处在兼顾型板块，但不丹、东帝汶、马尔代夫等国未能与其他国家形成良好的合作关系。

从上述结论来看，我们应该积极利用和开发"一带一路"沿线国家的创新资源，实现创新资源互补，应该进一步深化沿线国家间的科研合作，打造与"一带一路"沿线国家的科研创新共同体。

首先，建立常态化的科研合作机制。现今，科学分工日益细致，跨学科、边缘学科和综合学科不断兴起与发展，科研项目变得越来越复杂，越来越需要科研工作者共同完成，每个国家科技的进步，都离不开各国的科研合作，要加强科研人员的学术交流、实验合作、项目合作和论文合作等，科研人员的跨国家流动能够快速实现知识和技术共享，"一带一路"沿线国家需要建立常态化的科研合作机制，促进科研人员的培养和成长，开阔科研人员的视野。常态化的科研合作机制对研究者、机构和国家都十分有利，有利于提高科研效率与高质量产出。

其次，在"一带一路"沿线国家科研合作网络中，存在一些边缘化的节点，应该引导孤立的点尽快地融入整个合作网络中，这时核心节点要发挥其在网络中的重要作用，加强与孤立点或者相对孤立点的联系与交流，使得"一带一路"沿线国家科研合作网络信息传递通畅，从而有利于网络的稳定。网络中核心节点网络的发展，能够影响网络的走向与网络特征，核心节点网络遇到的困难就是整个"一带一路"沿线国家科研合作网络遇到的困难，要继续加强核心节点网络的合作与交流，使其更具有影响力和辐射力，充分发挥其作用，将孤立的节点纳入其影响范围，同时，鼓励不同节点度的国家进行合作，扩大合作网络的异质性，丰富合作层次，鼓励核心节点人才向节点小的国家流动，加快节点小的国家科研水平的提升。

再次，加大国际合作的科研投入。"一带一路"沿线各国应该加大跨国科研项目的投入，鼓励本国学者积极加入科研合作网络中，加大对科研人员的支持与培养，从而使得各国网络联系更加紧密。研究人员分布于不同的国家和地区，不利于科研资源的共享。同时，由于各国制度、经济和文化等的差别，导致各国科研发展水平不尽相同，应该加强高校、科研单位、企业等各类科研机构的交流。促进科研人员流动，建立科研人员互访机制，改变科研合作网络中合作规模偏低、合作对象同质化的局面。"一带一路"沿线各国应该搭建科研资源共享平台，实现"一带一路"沿线国家的互联互通。

最后，对于我们国家而言，应继续坚持"和平合作、开放包容、互学互鉴、互利共赢"的丝路精神，继续巩固和加强与"一带一路"沿线国家间的科研合作。作为"一带一路"科研合作网络中的核心国家，要继续发挥其在网络中对科研资源的影响能力，进一步增加科研合作论文数量与科研溢出效应。中国应充分挖掘与周边国家之间的互补性优势，以合作促发展，通过国际合作进一步提高中国科学研究水平，积极开拓与其他国家的合作新模式，广泛开展学术、人才交流，与周边国家共同打造合作共赢的创新共同体。

II　区域篇

第 4 章

中国城市间科研合作网络：结构特征与网络生成

  创新是社会经济发展的基础动因。在全球经济进入"知识经济"的大背景下，作为创新要素的聚集点，城市已成为新需要、新实践、新探索不断生成的主要场所。中国政府大力发展城市化的重要预期之一，就是建设具有强大带动力的创新型城市，为创新型国家建设提供有力支撑，使其成为引领高质量发展的重要动力源。这一点从近年政府规划纲要、党的二十大报告等一系列政策文件中不难发现。如何激发我国城市创新活力，促进城市可持续创新？这无疑是当前研究中值得关注的问题。

  长期以来，关于城市创新这个论题的研究大多是以孤立的城市为研究视角，忽略了城市之间的创新联系。然而近年来，城市创新模式发生了根本性的改变，其中一个重要特征就是社会网络在知识创造过程中日益重要。知识生产不仅依赖于城市内部的企业、非营利机构和发明者，社会网络使得信息在不同城市各个组织之间越来越多地流动和交换。各个城市的创新不再是封闭孤立的"岛屿"，而是构成了一个彼此依存、相互影响的创新合作网络，一个高度整体关联的"创新共同体"。这种城市创新活动的嵌入性（embeddedness）意味着忽视网络结构将会导致对创新行为及其产生原因的严重误解（Jackson et al.，2017）。因此，使城市创新研究范式由"孤岛"向"网络化"转变，在各城市创新关联日益紧密的背景下十分迫切与必要。

  相较于以孤立的视角研究城市创新而言，将社会网络引入城市创新研究中，有助于将传统的知识单向流动（从一个城市流向另一个城市）转变到通过城市间网络的多方向知识流动。在这个网络中，经济主体利用这种网络来管理和获取知识，知识被共享和交换，能够更好地反映知识溢出的特性（Huggins and Thompson，2014），因而受到越来越多学者们的关注。

从我国城市创新治理的现实来看，目前城市发展呈现出许多新特点，规模经济效应开始显现，网络化程度全面提升，创新要素快速集聚，中心城市辐射带动力增强，高质量发展的重要助推力形成。然而，在此发展过程中，依然存在巨大的协同创新发展难点：一方面，各城市之间创新协调机制不健全，行政区划、行政壁垒等深层次体制机制阻碍了创新要素在城市间的有效对接与高效配置；另一方面，缺乏创新合作平台，导致城市创新资源开放共享不足，成为城市间创新互动良性发展的桎梏。因此，在我国政府强调打通国内大循环堵点、加快构建新发展格局的大背景下，如何构建一个高效、有活力的城市间科研合作网络，消除科技创新中的"孤岛"现象、着力打造协同创新共同体，无疑也是当前亟待解决的一个重要问题。

鉴于上述认识，本章以中国地级及以上城市单元为空间尺度，采用大数据处理分析技术，从 Web of Science 科研论文数据库中整理出最新的所有城市间合作论文数据，构建一个城市间科研合作网络。在此基础上，运用一系列社会网络指标对我国城市间科研合作网络特征、结构与效率进行多维度评价与考察。与此同时，利用二次指派程序（quadratic assignment procedure，QAP）非参数检验分析法，对城市间科研合作网络生成的影响因素展开实证研究。

4.1 城市间科研合作网络的界定

本章所研究的城市间科研合作网络，是指由位于不同城市的经济主体及其之间的科研联系构成的集合。经济主体可以是个人、企业、科研院所或其他组织。与本章城市间科研合作网络较为相近的一个概念是企业创新网络，这里将两者进行对比，以进一步揭示本项目研究的重要性。企业创新网络是20 世纪最后 10 年间经济学和管理学研究的一个重要论题。最先提出并系统考察这一论题的学者当首推弗里曼（Freeman，1991）。他指出，企业创新网络是应对系统性创新的一种基本制度安排，是由一定区域内的企业与各行为主体（上下游企业、其他相关企业、大学、科研院所、地方政府、中介机构、金融机构等）在交互式作用中建立的相对稳定的、能够激发创新的、具有本地根植性的、正式或非正式的关系总和，且创新网络的中心位置是企业。

企业创新网络可以仅仅是企业间的 R&D 联盟或创新合作关系，也可以包括企业与区域内研究机构、金融机构等之间的创新合作关系。后者之间的合作关系为企业新产品研发、投资、生产等创新活动提供市场与技术信息，新材料和部件供给，人才、技术、资金等帮助，从而形成了各种正式与非正式联结（池仁勇，2005；张萃，2010；2016）。

本章的城市间科研合作网络与企业创新网络相比，两者的研究内容有着很大的不同（见表 4-1）。首先，从网络的拓扑结构来看，在城市间科研合作网络中，节点是位于不同城市的经济主体，节点之间的联系是城市之间的科研合作；而企业创新网络的节点可以只是企业，也可以由区域内企业、科研院所、地方政府、中介机构、金融机构等组成，后者反映的是区域创新网络，节点之间的联系就是它们之间的合作关系。其次，城市间科研合作网络关注的是城市与城市之间的创新互动；而企业创新网络主要关注的是企业与企业之间的创新合作，以及企业与区域内上下游企业、其他相关企业、大学、科研院所、地方政府、中介机构、金融机构等外部组织之间的合作关系。再次，从理论背景来看，城市间科研合作网络主要涉及城市经济学、新经济地理学、社会网络学、创新经济学等多学派知识，而企业创新网络则主要基于新经济地理学、创新经济学和社会网络学。最后，从政策应用的角度来看，城市间科研合作网络研究的政策落脚点在城市间科研合作网络结构优化、城市间科研互动与协同发展、减少社会福利损失等城市创新治理问题上；而企业创新网络研究的政策落脚点则侧重在创新合作伙伴选择、区域创新系统构建上。

表 4－1　　　　　城市间科研合作网络与企业创新网络的比较

对比维度	城市间科研合作网络	企业创新网络
节点	位于不同城市的经济主体（个人、企业、科研院所等）	企业或区域内科研院所、地方政府、中介机构、金融机构等外部组织
地理空间	城市内、城市间	本地化、区域化，无城市空间
城市间科研合作外部性与市场失灵	有	无
互动关系	城市与城市之间、城市内创新科研网络与城市间科研合作网络之间	企业与企业之间、企业与区域内其他外部组织之间
理论基础	城市经济学、新经济地理学、创新经济学、社会网络学	新经济地理学、创新经济学、社会网络学
政策应用	城市间创新治理（减少社会福利损失）	合作伙伴选择、区域创新系统构建

4.2　中国城市间科研合作网络构建与结构特征

4.2.1　城市间科研合作网络构建

鉴于合作论文数据样本量大、更加客观，所得出的结论也因而更具说服性和更有意义，本章依然采用合著论文数来衡量城市间的科研合作。具体来讲，我们以全国地级及以上城市单元为空间尺度，从世界上最具权威和影响力的科研论文数据库 Web of Science 核心合集中，根据城市字段地址信息，通过大数据技术手段进行数据挖掘，统计出我国 297 个城市 2019 年最新的城市间合作论文数据，以此确定城市间的科研合作联系。在此基础上，将地理空间分析软件 ArcGIS 和社会网络分析软件 Pajek、VOSviewer、Ucinet 相结合，绘制我国城市间的科研合作网络图。借助这些分析软件，使得评价指标可视化，便于理解科研合作规律。由于城市间科研合作是建立在互惠互助基础之上的，各节点关系是相互的，因此，我们的科研合作网络是无向网络，同时考虑无向二值网络和无向加权网络。

通过计算科研合作数量可以直观发现，我国城市间科研合作具有明显的空间不均衡性。西部地区和东北部大部分城市构成了科研合作低谷区。空间科研联系网络核心城市大多数分布在东部沿海经济较为发达地区。整个科研合作网络形成了以北京市为顶点，上海市、南京市、广州市、深圳市、长沙市、成都市、重庆市、西安市等节点城市为底端的锥形结构。

具体来说，从科研联系数量的角度来看，总量排名前十的城市是：北京市、上海市、南京市、广州市、武汉市、西安市、杭州市、成都市、深圳市、长沙市。排名前十的城市当中，只有武汉市和长沙市属于中部地区，西安市和成都市属于西部地区，其余城市都属于东部地区。这十个城市具有较高的联系总量，合作论文量达到 330459 篇，占总联系量的 47.86%。从联系流的角度来看，我国城市间科研合作网络联系流主要呈现京沪、京宁、京穗、京汉、京镐、京杭、京蓉、京深等。最大的科研合作联系流是北京和上海，为 7860。北京市是南京市、广州市、武汉市、西安市、杭州市、成都市、深圳市、长沙市等科研合作联系流较大的城市。可见，北京在我国城市间科研合作网络中处于绝对的核心位置。

若进一步从层级的角度来看，我国城市间科研合作网络呈现明显的多级分层特征。具体来讲，利用 Pajek 和 VOSviewer 软件绘制的层级结构图（见图 4 - 1），城市节点大小表示该城市与其他所有城市的科研合作论文总数，连线大小与论文合作数量正相关。从图 4 - 1 中我们可以看出，2019 年我国城市间科研合作网络呈现明显的"核心—外围"多级分层结构，形成了以北京市为核心的层级结构。上海市、南京市、广州市、武汉市、西安市、杭州市、成都市、深圳市、长沙市、天津市、青岛市、合肥市、济南市、重庆市、郑州市、沈阳市、哈尔滨市和长春市这 18 个城市位于第二层级。第一层级和第二层级的节点是我国城市间科研合作网络的核心节点和枢纽，而且这些城市与网络中的其他城市也存在着广泛的科研合作联系。第三层级和第四层级分别有 64 个和 99 个城市，属于半边缘城市，这些城市是我国城市间科研合作网络的重要城市，与第一层级和第二层级的城市存在着较为密切的科研合作关系，但与边缘城市联系较少。第五层级属于科研网络的边缘城市，共有 115 个，这些城市处于我国城市间科研合作网络的边缘，扮演着附属角色，彼此之间的联系数量较少。

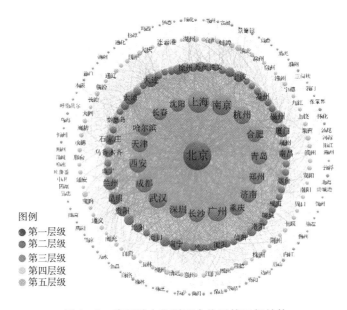

图 4 - 1　我国城市间科研合作网络层级结构

4.2.2　网络结构特征的多维度指标分析

在上述城市间科研合作网络的基础上，我们进一步运用一系列社会网络评价指标，从城市个体网络结构（中心度）、整体网络结构（密度与小世界性）、网络择优连接性以及块模型的角度，对我国城市间科研合作的网络结构特征进行全面、系统的测度与考察。

第一，中心度指标是考察各城市在全国科研合作网络中位置和相对重要性的最直接指标。该指标具体可以分为度数中心度、中间中心度和接近中心度。度数中心度是一个比较简单的指标，城市 A 的度数中心度就是直接与城市 A 相连的其他城市的个数，反映出城市间科研合作的连接程度。计算公式为：

$$K_A = \sum_{B \in N} a_{AB} \qquad (4-1)$$

其中，K_A 是城市 A 的度数中心度，N 代表科研合作网络中的 297 个节点城市，a_{AB} 代表城市 A 与城市 B 是否有科研合作关系，有则为 1，否则为 0。而对于加权城市间科研合作网络，我们进一步构建出加权度数中心度，计算公式为：

$$WK_A = \sum_{B \in N} w_{AB}\, a_{AB} \qquad (4-2)$$

其中，WK_A 是城市 A 的加权度数中心度，w_{AB} 是城市 A 与城市 B 的科研论文合作数。

中间中心度测量的是一个城市在多大程度上充当中介的作用，中间中心度数越大，表明节点城市控制科研合作网络的能力越强。计算公式为：

$$CS_A = \frac{2\sum_{B}^{N}\sum_{Z}^{N} S_{BZ}(A)}{N^2 - 3N + 2}, B \neq Z \neq A, B < Z \qquad (4-3)$$

其中，N 的含义与前面一致，代表城市个数。$S_{BZ}(A) = \frac{g_{BZ}(A)}{g_{BZ}}$，$g_{BZ}(A)$ 是节点城市 B 和 Z 之间存在经过第三个节点城市 A 的捷径数目，$S_{BZ}(A)$ 表示的就是节点城市 A 处于节点城市 B 和节点城市 Z 之间捷径上的概率。

接近中心度衡量的是一个节点城市如果与科研合作网络中的其他节点城市距离都很短，则该节点城市在传递信息方面就更容易，于是该节点城市具有较高的接近中心度。计算公式为：

$$CC_A = \frac{N-1}{\sum_{B=1}^{N} d_{AB}} \qquad (4-4)$$

其中，N 的含义与前面一致，代表城市个数，d_{AB} 是节点城市 A 与节点城市 B 之间的捷径距离。

基于上述几种中心度指标，借助 Ucinet 软件对 2019 年我国城市间科研合作网络节点的中心度进行了测度，得到表 4-2，限于篇幅，本章仅列出了排名前十五的城市。

从度数中心度和加权度数中心度来看，北京市、上海市、南京市、广

州市、武汉市、西安市、杭州市、成都市、深圳市、长沙市、天津市和重
庆市是我国城市间科研合作网络的中心，这些城市科研要素集聚和知识溢
出能力强，与许多城市建立了科研合作关系。其中，北京的度数中心度和
加权度数中心度高达282和89354，即北京几乎与所有的城市都有科研合
作联系，居于城市科研合作之首。从接近中心度和中间中心度来看，北京
市、上海市、广州市、武汉市、西安市、成都市、南京市、重庆市、杭州
市、长沙市、天津市、哈尔滨市和兰州市，这些城市都在前十五位以内，
这些城市与科研合作网络的其他城市产生联系，在网络中居于主导地位。
同时，这些城市是我国科研合作网络中必要的"中介"，在整合我国城市
间科研合作网络要素资源和网络节点之间联系方面发挥着至关重要的
作用。

表4-2　　　　　　　　　　　中心度排名前十五的城市

排序	城市	度数中心度	城市	加权度数中心度	城市	接近中性度	城市	中间中心度
1	北京市	282	北京市	89354	北京市	0.967	北京市	0.058
2	上海市	261	上海市	42669	上海市	0.905	武汉市	0.033
3	广州市	258	南京市	35613	广州市	0.897	广州市	0.028
4	武汉市	256	广州市	32896	武汉市	0.892	上海市	0.027
5	西安市	253	武汉市	27969	西安市	0.884	西安市	0.027
6	成都市	251	西安市	22581	成都市	0.878	成都市	0.024
7	南京市	244	杭州市	21566	南京市	0.86	哈尔滨市	0.022
8	重庆市	244	成都市	21177	重庆市	0.86	重庆市	0.021
9	杭州市	243	深圳市	18594	杭州市	0.858	南京市	0.019
10	长沙市	234	长沙市	18040	长沙市	0.836	兰州市	0.019
11	天津市	229	天津市	17664	天津市	0.825	杭州市	0.016
12	哈尔滨市	228	青岛市	16498	哈尔滨市	0.822	长沙市	0.015
13	郑州市	227	合肥市	16301	郑州市	0.82	天津市	0.014
14	兰州市	226	济南市	13650	兰州市	0.818	昆明市	0.014
15	深圳市	225	重庆市	12908	深圳市	0.815	长春市	0.013

资料来源：Web of Science 数据库和运用一系列社会网络中心度评价指标计算公式计算得到。

　　第二，我们分别利用整体网络密度指标和小世界性指标考察我国科研合作网络整体的网络结构。具体来讲，网络密度指标是城市间科研合作网络中实际存在的合作联系数与理论上可能存在的最大联系数的比值。计算公式为：

$$D = \frac{M}{N(N-1)/2} \qquad (4-5)$$

其中，D 是我国城市间科研合作网络的密度，M 是城市间科研合作次数，N 代表科研合作网络中城市节点个数。网络密度越大，表明城市之间的科研合作关系越紧密。

　　小世界性衡量的是我国科研合作网络中任意两个城市通过"熟人"建立起来的合作关系链条，小世界性拉近了我国科研合作网络中城市个体间的距离，使得科研合作信息传递更为有效。小世界网络是具有较短的平均路径长度和具有较高集聚系数的网络，通常采用特征路径长度和集聚系数这两个指标来测度网络的小世界性。具体来讲，特征路径长度是指连接任何两点之间最短路径的平均长度，而集聚系数则是一种关于局部城市间科研合作网络指标的测度，衡量网络节点局部聚类情况。我们采用平均局部密度来计算聚类系数。计算公式为：

$$C_A = \frac{M_A}{C_{N_A}^2} = \frac{2 M_A}{N_A(N_A-1)} \qquad (4-6)$$

其中，N_A 代表城市 A 连接的节点城市个数，M_A 代表由城市 A 与相邻节点组成的子网络中存在的合作联系数。整体网络集聚系数 C 是指所有节点城市集聚系数的平均值，表示为：

$$C = \frac{1}{N} \sum_{A=1}^{N} C_A \qquad (4-7)$$

　　基于以上社会网络指标，借助 Ucinet 软件对我国城市间科研合作网络进行测度的结果如表 4-3 所示。城市间科研合作网络密度为 0.302，由于网络密度是实际存在的城市间科研合作联系数与理论上最大可能联系数的比值，因此，其也在一定程度上反映出了网络的效率。可以看出，这一值为 0.302，低于0.5，表明城市间网络中实际存在的科研合作联系数远低于理论上的最大联系数，反映出我国城市间科研合作网络效率不高的现状。节点平均度值为89.508，表明我国城市之间知识流动相对频繁，合作联系相对密切。与同等的随机网络相比，我国城市间科研合作网络呈现小世界性。我国城市间科研合作网络特征路径长度为1.699，低于同等规模的随机网络值2.371，表明城市之间以短距离的合作联系为主，任何两个城市之间的距离平均值为1.699，意味着两个城市之间平均只需要1.7个中介就可以建立联系，具有良好的网络通达性。该网络的集聚系数为0.79，大于同等规模的随机网络值0.052，具有较强的集聚性。

表4-3　　　　　　　　　　我国城市间科研合作网络的统计特征

节点数	科研合作网络密度	节点平均度	小世界性	
			特征路径长度（随机网络理论值）	集聚系数（随机网络理论值）
297	0.302	89.508	1.699 (2.371)	0.79 (0.052)

资料来源：Web of Science 数据库和运用相关指标计算公式计算得到。

第三，我们采用网络择优连接性指标，考察城市在选择合作对象时，是优先选择与自身水平相近的城市建立合作联系（同配性），还是与网络中心城市建立联系（异配性）。该指标反映出合作伙伴的战略性选择。节点城市A 的邻接平均度的计算公式为：

$$K_{nn,A} = \frac{1}{k_A} \sum_{B=1}^{N} a_{AB} k_B \qquad (4-8)$$

其中，与前面的含义一致，K_A 是城市 A 的度数中心度，N 代表科研合作网络中的城市个数，a_{AB} 代表城市 A 与城市 B 是否有科研合作关系，有则为1，否则为0。K_B 是城市 B 的度数中心度。对于加权网络，节点城市 A 的邻接平均度的计算公式为：

$$K_{nn,A}^{w} = \frac{1}{WK_A} \sum_{B=1}^{N} a_{AB} w_{AB} k_B \qquad (4-9)$$

式中，与前面的含义一致，WK_A 是城市 A 的加权度数中心度，w_{AB} 是城市

A 与城市 B 的科研合作论文数。当$WK_A = 0$ 时，定义$K_{nn,A}^w = 0$，则可以实现
邻近平均度的计算。当度值与邻接节点平均度值拟合曲线的斜率为正时，
表明城市在选择合作对象时，是优先选择与自身水平相近的城市建立合作
联系，属于同配性；当度值与邻接节点平均度值拟合曲线的斜率为负时，
表明城市在选择合作对象时，倾向于与网络中心城市建立联系，属于异
配性。

　　基于上述指标，对于无权网络而言（图 4 - 2 上图），我国城市间科研
合作网络中所有节点的度度相关性系数 r 为 - 0. 792（P = 0. 000），表明整
个城市间科研合作网络呈现异配性，对应度值较高的城市节点，其邻接节
点城市的平均度较低。具体来讲，首先，北京市、上海市、广州市、西安
市、武汉市、成都市等网络中心城市与较多城市产生了科研合作联系，因
此，与这些中心城市连接的其他节点就能获得较高的邻接平均度。反之，
中心节点城市连接的低度值城市，使得这些中心城市的邻接平均度最低，
如度值最高的北京市才有约 93 的邻接平均度值；其次，一些边缘节点城
市依靠与北京市、上海市、广州市等中心节点的连接而获得了较高的邻接
平均度值，如鹤岗市、双鸭山市、辽源市等城市。对于加权网络而言（图
4 - 2 下图），我国城市间科研合作网络的加权度度相关系数 r 为 - 0. 200
（P = 0. 001），也表明整个科研网络呈现异配性。节点度值较小的城市倾向
于与节点度值较大的北京市、上海市等中心城市进行科研合作，具有择优
连接性。

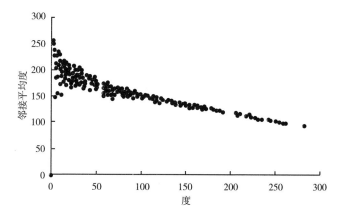

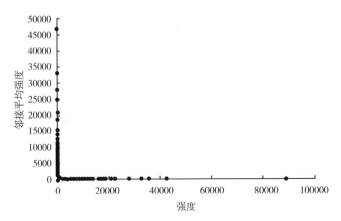

图 4 - 2　我国城市间科研合作网络的度度相关性

第四，运用块模型对城市在我国科研合作网络中的位置进行分析。具体来讲，对于来自位置B_L的各个成员关系而言，假设其中有V_L个行动者，可以使用 $[V_L(V_L-1)]/[V_L(V-1)]=(V_L-1)/(V-1)$ 这个比值作为评价位置内部关系趋势的指标。其中，$V_L(V_L-1)$ 为位置B_L内部可能具有的关系总数。$V_L(V-1)$ 为在总体中含有 V 个行动者，在位置B_L的各个成员所有可能的关系数。这样，我们基于城市位置内部关系及其位置之间的关系得到四种位置类型（见表 4 - 4）。受网络结构特征的影响，在分析同一网络时，四种板块位置类型不一定同时存在。

表 4 - 4　　　　　　　　　　　　　　　　四类位置类型

位置内部的关系比例	位置接收到的关系比例	
	>0	≈0
≥(V_L-1)/(V-1)	兼顾型	内部型
≤(V_L-1)/(V-1)	外部型	孤立型

根据块模型理论，运用 Ucinet 中的 Concor 方法将 297 个城市划分成若干个板块，根据各板块内部和板块之间的联系关系，可以揭示各板块及其成员在城市间科研合作网络中的角色和作用。具体来讲，最大分割深度选择 2，收敛标准选择 0.2，将 297 个城市分割成 4 个板块。各城市板块内外关系用密度矩阵来反映。密度矩阵中的密度等于该板块的实际显著关系与理论关系数之比。通过计算，得到如表 4 - 5 所示的结果。

表 4 - 5 　　　　　　　　　　我国城市间科研合作网络密度矩阵

板块	第一板块	第二板块	第三板块	第四板块
第一板块	0.673	0.559	0.046	0.208
第二板块	0.559	0.915	0.021	0.135
第三板块	0.046	0.021	0.000	0.004
第四板块	0.208	0.135	0.004	0.027

从板块划分情况来看，第一板块包括北京市、上海市、南京市、广州市、武汉市、西安市、杭州市、长沙市、天津市等 116 个城市。第二板块包括成都市、深圳市、郑州市、沈阳市、兰州市、大连市、太原市、烟台市、扬州市等 57 个城市。第三板块包括鄂州市、哈密市、定西市、吐鲁番市、巴彦淖尔市、来宾市、嘉峪关市、伊春市、山南市等 18 个城市。第四板块包括黄山市、三亚市、淮南市、中山市、四平市、抚顺市、漳州市、雅安市、盘锦市等 106 个城市。可以看出，第一板块和第二板块是科研资源密集城市，所以，板块内部密度较高，第一板块和第二板块内部密度分别为 0.673 和 0.915。第一板块和第二板块之间密度值为 0.559，表明板块之间的联系较为紧密。相对而言，第三板块和第四板块科研资源比较薄弱。

整个网络的密度值为 0.302，将密度矩阵中大于 0.302 的赋值为 1，小于 0.302 的赋值为 0，得到像矩阵（见表 4 - 6）。可以看出，第一板块内部合作较为紧密，并且与第二板块存在合作关系，故内部及外部联系都比较多；第二板块内部合作比较高，并且与第一板块也有合作关系，内部及外部联系也比较多，与第一板块情况类似。因此，这两个板块属于兼顾型板块。第三板块和第四板块不管内部还是板块之间合作联系较低，像矩阵赋值都为 0。因此，这两个板块属于孤立型板块。

表 4 - 6 　　　　　　　　　　我国城市间科研合作网络像矩阵

板块	第一板块	第二板块	第三板块	第四板块
第一板块	1	1	0	0
第二板块	1	1	0	0
第三板块	0	0	0	0
第四板块	0	0	0	0

4.3 聚焦三大城市群的科研网络一体化分析

城市群是城市空间形态演变的结果，由多个规模大小不同、空间相邻、功能联系紧密的城市共同组成（Fang and Yu，2017）。作为多城市组成的庞大有机系统，城市群可实现在区域范围内整合相关的创新资源，促进城市间的协同发展，弥补单个城市存在的创新竞争力不足（马海涛等，2023）。城市群作为经济的核心增长极，已成为一国参与国际竞争的重要空间载体。随着城市群一体化发展，群内城市间的创新合作紧密度不断增强，逐渐呈网络式发展。与此同时，为获取异质性知识，不少城市开始进行跨城市群的创新合作。

我国政府长期以来高度重视区域一体化发展。党的二十大报告指出，要深入实施区域协调发展战略，以城市群、都市圈为依托构建大中小城市协调发展格局。因此，本部分将总体样本缩小至三大城市群（见表4－7），从科研联系邻近度的视角切入，对其科研网络一体化程度进行考察。

表4－7　　　　　　　　三大城市群包含城市

城市群	包含城市
京津冀城市群	北京市、天津市、石家庄市、唐山市、秦皇岛市、邯郸市、邢台市、保定市、张家口市、承德市、沧州市、廊坊市、衡水市、安阳市
长三角城市群	上海市、南京市、无锡市、常州市、苏州市、南通市、盐城市、扬州市、镇江市、泰州市、杭州市、宁波市、温州市、嘉兴市、湖州市、绍兴市、金华市、舟山市、台州市、合肥市、芜湖市、马鞍山市、铜陵市、安庆市、滁州市、池州市、宣城市
珠三角城市群	广州市、深圳市、珠海市、佛山市、江门市、肇庆市、惠州市、东莞市、中山市

具体来讲，乌兹和斯皮罗（Uzzi and Spiro，2005）、席林和菲尔普斯（Schilling and Phelps，2007）、布雷斯基和伦齐（Breschi and Lenzi，2016）等的现有研究指出，网络中的主体如果能够通过相对较少的中介个数来接触到其他主体，表明该网络主体之间具有较高的社会邻近度。例如，A与B相

联、B 与 C 相联、C 与 D 相联，于是 A 通过 B 和 C 两个中介与 D 相联。A 与 D 之间的社会邻近度显然要低于 A 与 D 直接相联。一种具有较高社会邻近度的网络结构有利于知识的扩散和创造。因此，我们借鉴布雷斯基和伦齐（Breschi and Lenzi，2016）的做法，构建衡量城市群内部和城市群之间的科研联系邻近度指标，对三大城市群科研合作网络结构特征展开分析，由此考察三者内部与三者之间的科研合作一体化程度。

衡量城市群内部各城市之间科研联系邻近度指标的计算公式为：

$$IP_c = \frac{\sum\limits_{j=1}^{n} \sum\limits_{\substack{k=1 \\ j \neq k}}^{n} \frac{1}{d_{jk}}}{n \times (n-1)}$$

其中，IP_c 代表城市群 c 内部各城市之间的科研联系邻近度，n 代表该城市群所包含的城市个数，d_{jk} 是城市群内城市 j 与城市 k 之间的地理社会距离，即城市 j 与城市 k 建立连接必须经过的最少中介个数。当城市群 c 内部各个城市之间没有科研联系时，该指标取值为 0；当城市群内部各个城市彼此直接相联时，该指标取值为 1，表明城市间存在最大的科研联系紧密度和一体化程度。

衡量城市群之间的科研联系邻近度指标计算公式为：

$$EP_c = \frac{\sum\limits_{j=1}^{n_c} \sum\limits_{h=1}^{n_h} \frac{1}{d_{jh}}}{n_c \times n_h} \qquad (4-10)$$

其中，EP_c 代表城市群 c 与其他城市群之间的科研联系邻近度，n_c 代表位于城市群 c 的城市个数，n_h 是位于其他城市群的城市个数，d_{jh} 是位于城市群 c 的城市 j 与位于其他城市群的城市 h 之间的地理社会距离。该指标衡量本城市群内城市与其他城市群内城市建立科研联系的紧密程度。当城市群 c 的各个城市与其他城市群内城市之间没有科研合作联系时，该指标取值为 0；当城市群 c 的每一个城市与其他城市群内每一城市之间都直接相联时，该指标取值为 1，表明城市群之间存在最大的科研联系紧密度和一体化程度。

在上述指标的基础上，我们可以进一步拓展，构建出衡量每一个城市所拥有的城市群内部科研联系邻近度指标：

$$IP_i = \frac{\sum\limits_{\substack{k=1 \\ i \neq k}}^{n} \frac{1}{d_{ik}}}{n-1} \tag{4-11}$$

其中，IP_i 代表城市 i 与所在城市群内部各城市之间的科研联系邻近度，n 代表该城市群包含的城市个数，d_{ik} 是城市 i 与所在城市群内城市 k 之间的地理社会距离。IP_i 的取值范围是 0 到 1。当城市 i 与城市群内部各个城市之间没有科研合作联系时，该指标取值为 0；当与城市群内部每一个城市都存在直接联系时，该指标取值为 1，表明两个城市间存在最大的科研联系紧密度。

同样地，每一个城市与其他城市群内城市的科研联系邻近度指标为：

$$EP_i = \frac{\sum\limits_{h=1}^{n_h} \frac{1}{d_{ih}}}{n_h} \tag{4-12}$$

其中，EP_i 代表城市 i 与其他城市群内城市的科研联系邻近度，n_h 是位于其他城市群的城市个数，d_{ih} 是城市 i 与位于其他城市群的城市 h 之间的地理社会距离。EP_i 的取值范围也是 0 到 1。当城市 i 与其他城市群城市之间没有科研合作联系时，该指标取值为 0；当与其他城市群每一城市之间都存在直接科研合作联系时，就取值为 1。

我们首先计算三大城市群内部与三大城市群之间的科研联系邻近度，结果如表 4-8 矩阵第（1）、第（2）和第（3）列所示。就三大城市群内部城市之间的科研联系邻近度而言（即位于对角线上的值），珠三角、京津冀和长三角城市群内部各城市之间科研联系紧密度都很高，超过了 0.90，也就是说，三大城市群内部均具有较强的科研合作一体化程度。这一结果无疑与近年来国家出台一系列促进三大城市群内部各省份间科技合作创新的政策密切相关，例如，搭建长三角区域科技资源共享平台、京津冀协同发展联合创新中心、珠三角国家自主创新示范区，推动城市群内部各地高校科研机构之间深化合作，重大科研基础设施、大型科研仪器、科技文献、科学数据等科技资源合理流动与开放共享，打破行政壁垒，构建区域创新共同体。这种将城市群内部城市有效连接起来的本地科研联系网络，无疑有助于新知识新技术在城市群内快速地扩散流动，到达本城市群其他城市，通过与现有知识的结合，提升创新效率（Breschi and Lenzi，2016）。

表 4 - 8   三大城市群内部与外部科研联系邻近度

城市群	包含北京市			去除北京市		
	京津冀城市群	长三角城市群	珠三角城市群	京津冀城市群	长三角城市群	珠三角城市群
	（1）	（2）	（3）	（4）	（5）	（6）
京津冀城市群	0.99	0.83	0.80	0.99	0.81	0.78
长三角城市群	0.83	0.90	0.82	0.81	0.90	0.82
珠三角城市群	0.80	0.82	1.00	0.78	0.82	1.00

就三大城市群之间的科研联系邻近度而言，京津冀与长三角的科研联系邻近度要大于它与珠三角的联系，但低于京津冀内部城市之间的科研联系邻近度；珠三角城市群与长三角城市群的科研联系邻近度要大于它与京津冀的科研联系邻近度，但同样低于珠三角内部城市之间的科研联系邻近度。由此可见，京津冀城市群、长三角城市群和珠三角城市群之间的科研联系邻近度要低于它们各自内部的科研联系邻近度，这意味着三大城市群内的城市更多的是在群内部建立科研联系。值得注意的是，过于内向型的科研网络容易形成一个同质化的知识池，不利于外部新知识技术和新机会的快速便捷进入，导致创新潜力下降与技术锁定风险的增加。

考虑到北京市作为全国科技中心的特殊性，我们将其从研究样本中去除，重新计算上述指标，所得出的结果如表 4 - 8 的第（4）、第（5）和第（6）列所示。可以看出，上述分析结果并未受到北京市这一特殊值的影响，具有较好的稳健性。

在城市群层面分析的基础上，我们进一步考察每一个城市所拥有的城市群内部和城市群外部的科研联系邻近度。从表 4 - 9 可以看出，北京市、上海市、杭州市、南京市的城市群外部联系邻近度为 1，表明这些城市与其他城市群城市的科研联系程度十分紧密。相比之下，绝大多数城市与所在城市群内部城市之间的科研联系邻近度要大于与其他城市群内城市之间的科研联系邻近度，这一结论进一步印证了上面基于城市群层面分析的结果。因此，相较于城市群内部而言，城市群之间的科研联系邻近度仍有待提升。

表4-9　　各城市所拥有的城市群内部和城市群间的科研联系邻近度

城市	城市群内	京津冀城市群	长三角城市群	珠三角城市群	城市	城市群内	京津冀城市群	长三角城市群	珠三角城市群
北京市	1.00		1.00	1.00	宁波市	0.92	1.00		0.94
天津市	1.00		0.96	1.00	温州市	0.96	0.96		0.94
石家庄市	1.00		0.93	0.94	嘉兴市	0.88	0.71		0.83
唐山市	1.00		0.83	0.78	湖州市	0.87	0.68		0.78
秦皇岛市	1.00		0.83	0.83	绍兴市	0.87	0.75		0.78
邯郸市	1.00		0.87	0.78	金华市	0.88	0.79		0.83
邢台市	0.96		0.72	0.61	舟山市	0.90	0.96		0.78
保定市	1.00		0.85	0.78	台州市	0.90	0.89		0.72
张家口市	1.00		0.76	0.78	合肥市	1.00	0.96		1.00
承德市	1.00		0.80	0.72	芜湖市	0.98	0.64		0.83
沧州市	1.00		0.78	0.78	马鞍山市	0.85	0.89		0.72
廊坊市	0.96		0.70	0.78	铜陵市	0.73	0.57		0.61
衡水市	1.00		0.80	0.72	安庆市	0.90	0.75		0.78
安阳市	0.92		0.74	0.67	滁州市	0.81	0.64		0.67
上海市	0.98	1.00		1.00	池州市	0.67	0.54		0.56
杭州市	0.98	1.00		1.00	宣城市	0.75	0.54		0.61
南京市	1.00	1.00		1.00	广州市	1.00	1.00	0.98	
无锡市	0.96	0.93		0.94	深圳市	1.00	0.96	0.98	
常州市	0.98	0.96		0.89	珠海市	1.00	0.79	0.89	
苏州市	0.96	0.75		0.94	佛山市	1.00	0.71	0.76	
南通市	0.94	0.89		0.78	江门市	1.00	0.86	0.81	
盐城市	0.96	0.93		0.67	肇庆市	1.00	0.68	0.74	
扬州市	0.94	0.93		0.89	惠州市	1.00	0.64	0.70	
镇江市	0.98	0.96		1.00	东莞市	1.00	0.96	0.87	
泰州市	0.77	0.68		0.67	中山市	1.00	0.57	0.65	

4.4　城市间科研合作网络生成因素分析

在对我国城市间科研合作网络结构特征分析之后，本部分将对影响这一网络生成的因素进行研究。

4.4.1　变量界定与模型选取

网络连接产生的一个基础是节点之间的相似性（homophily）或相异性（heterophily），即经济主体倾向于选择与自己拥有相似（或相异）特性的主体进行互动，连接的建立是经济主体间特性的兼容与互补的结果（Rivera et al.，2010）。而新近的创新研究揭示（Balland et al.，2013），创新合作主体之间的邻近性对知识交换、创新互动与结果起着重要作用，包括两者之间的地理位置是否接近、两者是否拥有相似的知识基础以及是否拥有相似的社会关系网。鉴于上述认识，这里将研究城市间的地理邻近性、行政级别相似性、经济发展水平差异性、科研实力差异性以及社会邻近差异性（social proximity）如何影响城市间科研合作网络关联的产生。

参照现有文献的做法（李敬等，2014；刘承良等，2017；秦奇等，2018），各指标具体衡量方式如下：（1）城市 i 与城市 j 之间的地理邻近性（GD_{ij}），用虚拟变量衡量，若两个城市在地理上相邻，则设为 1，否则为 0，由此构建出全国层面城市间地理邻近性矩阵。（2）城市间行政级别相似性（SH_{ij}），按照两两城市是否同属直辖市、省会城市或一般地级市，分别赋值 3、2 和 1，否则赋值为 0，由此构建出城市间行政级别加权矩阵。（3）城市间经济发展水平差异性（EL_{ij}），用各城市 GDP 的绝对差值构建差异矩阵来衡量。（4）城市间科研实力差异性（SR_{ij}），用各城市对应论文总量的绝对差值构建差异矩阵来衡量。（5）城市间社会邻近差异性（SP_{ij}），测度合作主体之间的社会关系，参照莱德斯多夫（Leydesdorff，2008）、刘承良等（2017）的做法，利用杰卡德指数（Jaccard index）衡量社会邻近性，计算公式如下：

$$SP_{AB} = \frac{M_{AB}}{WK_A + WK_B - M_{AB}} \quad (4-13)$$

其中，WK_A 和 WK_B 表示城市 A 和城市 B 基于各自论文合作数计算出来的加权度数中心度，M_{AB} 表示城市 A 和城市 B 的科研合作论文联系数。SP_{AB} 的值介于 0~1 之间，越接近 1，社会邻近性越大。

在此基础上，用于实证研究我国城市间科研合作网络生成影响因素的模型如下：

$$U_{ij} = f(GD_{ij}, SH_{ij}, EL_{ij}, SR_{ij}, SP_{ij}) \quad (4-14)$$

该模型反映的是各变量矩阵数据之间的关系。因变量 U_{ij} 就是前面所分析的城市间科研合作网络关联矩阵。参照现有研究的做法（刘法建等，2010），上述变量均用公式 $X_s = (X - X_{min})/(X_{max} - X_{min})$ 进行极值标准化处理，使其值介于 0~1 之间。变量数据来自各省份统计年鉴和 Web of Science 核心合集数据库。

值得注意的是，上述模型中的变量全部是矩阵关系数据，不能采用常规统计检验方法，并且关系数据本身可能存在高度的相关性，会导致多重共线性问题（李敬等，2014）。因此，参照巴尼特（Barnett，2011）和李敬等（2014）的做法，我们采用二次指派程序非参数检验分析法。该方法比参数方法更稳健，不需要假设自变量之间相互独立，从而被广泛应用于社会网络分析之中。

4.4.2 QAP 相关分析

QAP 相关分析以矩阵置换为基础，研究两种关系之间是否相关，通过比较两个矩阵中各元素的相似性，给出矩阵的相关系数（Everett，2002）。QAP 属于随机化检验的方法之一。具体做法如下：首先，把每个方阵中的所有取值看成是一个长向量，计算出相关系数。其次，对其中一个矩阵的行和列同时进行随机置换，然后计算另外一个矩阵与置换后矩阵的相关性系数，保存计算的结果，重复这种计算过程几千次甚至几万次，从而得到相关系数的分布，从中看到这种随机置换后计算出来的几千或几万个相关系数大于等于第一步中观察到的相关系数比例。最后，比较随机置换出来的相关系数与实际观察到的相关系数的分布，看观察到的相关系数是落入接受域还是拒接域，进而对相关性做出判断。

下面用 QAP 相关分析来验证城市间科研合作网络关联矩阵与其他影响因素的相关关系。选择 10000 次随机置换，得到的相关结果如表 4 – 10 所示。表 4 – 10 中的实际相关系数是基于两个矩阵计算出来的，相关系数均值是根据 10000 次矩阵置换得到的，最小值是随机计算的相关系数的最小值，最大值是随机计算的相关系数的最大值。P≥0 是随机相关系数大于等于实际相关系数的概率，P≤0 是随机相关系数小于等于实际相关系数的概率。

表 4 – 10　城市间科研合作网络关联矩阵与生成因素的 QAP 相关性分析

变量	实际相关系数	显著性水平	相关系数均值	标准差	最小值	最大值	P≥0	P≤0
GD_{ij}	0.029	0.000	0.000	0.005	- 0.008	0.038	0.000	1.000
SH_{ij}	- 0.042	0.018	0.000	0.018	- 0.070	0.034	0.982	0.018
EL_{ij}	0.153	0.000	0.000	0.021	- 0.032	0.144	0.000	1.000
SR_{ij}	0.238	0.000	0.000	0.023	- 0.025	0.216	0.000	1.000
SP_{ij}	0.701	0.000	0.000	0.010	- 0.018	0.094	0.000	1.000

QAP 相关分析结果显示，城市间科研合作网络关联矩阵U_{ij}与城市间地理邻近性矩阵GD_{ij}的实际相关系数为 0.029，在 1% 的水平上显著，表明城市间地理相邻性对城市间科研合作网络关联矩阵有显著影响。城市间科研合作网络关联矩阵U_{ij}与城市间行政级别相似性矩阵SH_{ij}实际相关系数为 - 0.042，且通过了 5% 的显著性检验，表明城市间行政级别相似是影响城市间科研合作关系生成的重要因素。城市间科研合作关联矩阵U_{ij}与城市间经济发展水平差异性矩阵EL_{ij}、城市间科研实力差异性矩阵SR_{ij}和城市间社会邻近差异性矩阵SP_{ij}的相关系数均为正，且通过了 1% 的显著性检验，说明这三个变量也是影响城市间科研合作网络生成的重要因素。

接下来，我们进一步对显著影响城市间科研合作网络关联矩阵的五个自变量进行 QAP 相关性分析，结果如表 4 – 11 所示。我们发现，城市间地理邻近性矩阵GD_{ij}除了与城市间科研实力差异性矩阵SR_{ij}关系不显著外，与其他的自变量矩阵高度相关。因此，这五个因素对城市间科研合作网络关联矩阵的影响可能存在重叠性，需要用 QAP 回归方法才能较好地处理关系数据的多重共线性问题（李敬等，2014）。同时，上述五个自变量与城市间科研合作网络关联矩阵具有显著的相关关系，这与本章理论假设相符。但是，相关关系并不能代表回归关系（吕承超等，2020），无法得到五个自变量对城市间科研合作网络关联差异的真实影响。基于上述两点原因，本章接着采用 QAP 回归分析法，实证检验城市间科研合作网络关联矩阵的五个影响因素。

表 4 - 11 五个生成因素 QAP 相关分析

变量	GD_{ij}	SH_{ij}	EL_{ij}	SR_{ij}	SP_{ij}
GD_{ij}	1.000 ***	- 0.006 *	- 0.010 **	0.004	0.176 ***
SH_{ij}	- 0.006 *	1.000 ***	- 0.440 ***	- 0.506 ***	- 0.051 ***
EL_{ij}	- 0.010 **	- 0.440 ***	1.000 ***	0.800 ***	0.123 ***
SR_{ij}	0.004	- 0.506 ***	0.800 ***	1.000 ***	0.165 ***
SP_{ij}	0.176 ***	- 0.051 ***	0.123 ***	0.165 ***	1.000 ***

注：***、**、* 分别表示 1%、5%、10% 的水平上显著，变量均为 297 × 297 矩阵。

4.4.3 QAP 回归分析

QAP 回归研究的是多个自变量矩阵与一个因变量矩阵的回归关系，且对判定系数 R^2 的显著性进行评价。其回归过程分为两步：首先，对因变量和自变量矩阵对应的长向量进行常规多元回归；其次，对因变量矩阵进行随机置换，然后重新回归，保存所有的系数值和判定系数 R^2，重复这个步骤上万次，以便估计统计量的标准误差。

本部分选择 10000 次随机置换，得到的结果如表 4 - 12 所示。表 4 - 12 显示调整后的判定系数为 0.522，表明五个自变量矩阵可以解释我国城市间科研合作网络关联生成的 52.2%。表中的概率值为 0，说明调整后的 R^2 通过了 1% 的显著性水平。样本 297 个城市构成了 297 行 297 列矩阵，忽略对角线的元素，因此得到 87912 个 [（297 × (297 - 1)]] 观察值。

表 4 – 12　　　　　　　　　　　　模型拟合结果

R^2	调整后的 R^2	概率	样本体积
0.522	0.522	0.000	87912

　　表 4 – 13 显示的是城市间科研合作网络关联矩阵与各变量 QAP 回归系数及相关指标。其中，P_{large} 是满足随机置换产生的回归系数绝对值不小于观察到的回归系数的概率；P_{small} 是随机置换产生的回归系数的绝对值不大于观察到的回归系数的概率。

表 4 – 13　　　城市间科研合作网络关联矩阵与各变量 QAP 回归系数及检验指标

变量	非标准化回归系数	标准化回归系数	P 值	P_{large}	P_{small}
截距	0.001	0.000			
GD_{ij}	− 0.009	− 0.095	0.000	1.000	0.000
SH_{ij}	0.006	0.071	0.000	0.000	1.000
EL_{ij}	− 0.007	− 0.082	0.000	1.000	0.000
SR_{ij}	0.025	0.225	0.000	0.000	1.000
SP_{ij}	4.754	0.695	0.000	0.000	1.000

　　QAP 回归结果表明，在考虑了其他因素的作用时，城市间地理邻近性矩阵的回归系数为 − 0.095，通过了 1% 的显著性水平检验，说明城市间地理相邻对城市间科研合作网络生成产生了重要作用，表明地理不相邻的城市更容易建立科研合作关联。城市间行政级别相似性矩阵 SH_{ij} 的回归系数为 0.071，通过了 1% 的显著性水平检验，说明城市间行政级别相似性是城市间科研合作网络生成的重要原因，表明越同属于较高级别的城市，越倾向于建立科研联系。城市间经济发展水平差异性矩阵 EL_{ij} 的回归系数为 − 0.082，通过 1% 的显著性水平检验，表明经济发展水平差异性不利于城市间开展科研合作。城市间科研实力差异性矩阵 SR_{ij} 的标准化回归系数是 0.225，通过 1% 的显著性水平检验，表明科研实力强的城市与科研实力弱的城市更倾向于建立合作，呈现出异配性。城市间社会邻近差异性矩阵 SP_{ij} 的标准化回归系数为 0.695，通过 1% 的显著性水平检验，表明城市间社会邻近差异性有利于我国科研合作网络关联的生成。

4.5 小 结

本章基于 Web of Science 数据库，构建了一个包含我国 297 个地级市的城市间科研合作网络，采用网络分析方法和 QAP 回归分析方法对该网络的结构特征和网络生成影响因素进行了系统研究，得到如下主要结论：

从网络结构特征上来看，形成了以北京市为顶点的锥形结构。从等级结构来看，形成了以北京市为核心，上海市、南京市、广州市等城市为次核心的"一超多强"城市科研合作格局。由于科研合作网络中实际存在的城市间科研合作联系数远低于理论上可能的最大联系数，因此我国城市间科研合作网络效率不高。

聚焦三大城市群科研合作网络一体化的分析表明，京津冀城市群、长三角城市群和珠三角城市群之间的科研联系邻近度要低于它们各自内部的科研联系邻近度，意味着三大城市群的城市更多的是在群内部建立科研联系，城市群之间的科研联系邻近度仍有待提升。

基于 QAP 分析法的研究发现，城市间地理邻近性、行政级别差异性、经济发展水平差异性、科研能力差异性和社会邻近差异性是影响我国城市间科研合作网络生成的重要因素。

上述研究结论表明，应该继续深化我国城市间的科研合作，积极利用和开发各城市科研资源，实现科研资源优势互补，统筹好城市之间、城市群之间的科研合作，充分发挥核心节点城市的中心极作用，破除科研合作障碍，把我国打造成一个高度关联的科研共同体。同时，城市之间、城市群之间应该建立常态化科研合作机制，搭建国家级科研资源共享平台，积极鼓励边缘城市融入科研合作网络中，提升边缘化节点城市的科研水平，加快城市之间的产学研分工与合作，从而提升我国城市间科研合作网络的效率与科研溢出效应。

| 第 5 章 |

城市群内部与城市群之间的创新合作
网络互动模式

　　城市群作为我国主要形态的增长动力源，是国家创新发展的骨架体系和重要支撑。尤其是"十四五"规划提出的，以京津冀城市群、长三角城市群、珠三角城市群为重点，提升创新策源能力和全球资源配置能力，加快打造引领高质量发展的第一梯队。值得注意的是，在此过程中，三大城市群之间的创新融合发展无疑对提高城市群创新力和创新资源优化配置能力，强化对区域创新发展的辐射带动作用，进而提升我国整体科技创新水平与效率具有重要意义。

　　对于一个城市群而言，一方面，与其他城市群建立紧密的创新合作联系，有助于较快、较容易获取外部知识技术和机会，促进创新。另一方面，过度地依赖这种外部创新合作网络会产生技术依赖的风险，削弱自主创新能力。同时，根据社会网络理论，连接过度的网络，也会变得陈腐和减少创新，因为它会循环传递冗余信息（Breschi and Lenzi，2016）。因此，本章利用京津冀城市群、长三角城市群、珠三角城市群发明专利授权数据，构建城市群内部和城市群之间的创新合作网络（见图 5 - 1）。在此基础上，借助上一章构建的衡量城市群内部和城市群之间科研合作强度的邻近度指标，进一步考察城市群内部和城市群之间的创新合作网络互动对城市创新的影响。其背后的思想是，如果城市群内部缺少一个将创新者有效连接起来的网络，那么从外部网络所获取的知识就很难在城市群内部快速流动、吸收和利用，从而降低了城市群之间创新合作网络对城市群内部城市创新的影响力度。

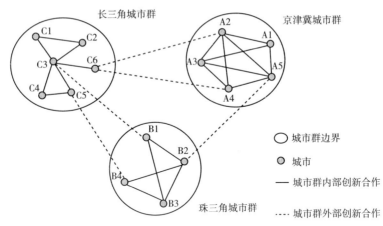

图 5-1　三大城市群内部与外部创新合作网络示意

5.1　理论分析

在创新合作网络中，社会邻近度可以衡量网络中单个节点到其他节点之间的社会距离（Schilling and Phelps，2007），涵盖单个节点的所有直接联系和间接联系，能够有效反映单个节点在网络中获取知识与信息的能力。另外，获取知识与信息的能力对创新而言至关重要，因为创新是通过对知识要素的组合或重新组合而产生的（Weitzman，1998）。由此可见，社会邻近度对创新起重要作用。我们认为，网络中社会邻近度高的城市获取知识的优势主要表现在以下几个方面。

首先，在城市群内部合作网络中，社会邻近度高的城市获得其他城市知识的概率会更高，尤其是一些复杂和不易编码的缄默知识。有研究指出，在网络中存在直接合作关系的发明者之间知识流动概率是没有合作关系的发明者的 4 倍，是存在间接联系的发明者的 3.2 倍，可见社会距离越短，发明者间知识流动的概率会越高（Singh，2005）。另外，影响流动知识有效性和价值的一个重要因素是知识的缄默程度（Polanyi，2009），知识的缄默性增加了知识共享的难度，同时也增加了知识的价值（Bell and Zaheer，2007）。而直接相连的节点相互之间信任度更高，有利于降低节点对信息的保护程度，提高复杂和不易编码的缄默知识的分享意愿（Tsai and Ghoshal, 1998；Levin and Cross, 2004）。由此可见，当网络中城市的社会邻近度越高时，与其他城市接触需要通过的中介便越少，则该城市与其他城市之间的信任程度便越高，更容易获得一些重要的隐性知识，进而提高创新绩效。

其次，城市群内部网络中，社会邻近度高的城市能更快地获得网络中更完整的信息。较短的社会距离有利于促进节点间知识的流动（Ghoshal et al., 1994；Hansen, 1999）。对于网络中的单个节点而言，其他节点与它之间的社会距离会影响它获取网络中最新知识的速度（Bellamy et al., 2014）。社会邻近度越高，该节点到其他节点的社会距离越短，意味能够直接或通过较少的中介间接接触其他节点，因此能够更快地获得网络中最新的知识。此外，较短的社会距离还能提高获取知识的真实性（Schilling and Phelps, 2007；Watts, 1999；Breschi and Lenzi, 2016），当存在相对较少的中介分离节点时，单个节点获取的信息失真的风险更小，完整度更高。由此可见，在合作网络中产生了新知识或想法后，社会邻近度高的城市能更加迅速地获得真实准确的新知识，并与他们自己的知识进行重组，从而提高创新水平（Breschi and Lenzi, 2016）。综上，在城市群内创新合作网络中具有较高社会邻近度的城市，可能凭借其获取信息的优势，提高其创新水平。据此，我们提出如下假说：

假说5-1：在城市群内部的创新合作网络中，社会邻近度越高，城市的创新水平也会越高。

一个城市与其他城市群内城市之间有外部联系，可以获得大量当地无法获得的资源和信息，如关于市场机会和未满足需求的新信息，进而丰富当地知识库（Boschma et al., 2007）。然而，一个城市要想获得其他城市群的知识并不容易，尽管思想在本质上是无形的，知识流动却具有地理局限性，要跨越区域界限传播是极其困难的（Jaffe et al., 1993）。合作专利是所有类型信息的有效载体，特别是那些只能通过直接接触进行有效传播的信息（Lobo and Strumsky, 2008）。位于不同城市群的城市通过创新主体之间的合作关系构建联系，能够有效获得其他城市群的异质性知识，且合作发明者之间建立的外部联系，已被确定为跨越网络地理距离进行信息传输的有效工具（Bell and Zaheer，2007）。另外，当组织或区域间发明者之间的联系通过的中介越少，即社会邻近度越高时，外部联系对知识流动的促进作用也会越强（Singh，2005）。可见，当某个城市在与其他城市群构建的合作网络中具有较高的社会邻近度时，便可以跨越地理上的距离限制，获得更多外部知识，并丰富本地知识池，进而提升创新的可能性。据此，我们提出如下假说：

假说5-2：在城市群之间的创新合作网络中，社会邻近度越高，城市的创新水平也会越高。

5.2　城市群内部与城市群之间创新合作网络的构建与现状

5.2.1　网络构建

我们以技术含量最高的发明专利为例，以三大城市群地级及以上城市单元为空间尺度，采用大数据处理分析技术，从国家知识产权局专利数据库中提取2014~2018年所有合作申请的发明专利数据，根据每条专利的申请人及其地址，确定城市间的创新联系，构建城市间创新合作矩阵。在此基础上，基于同一城市群城市之间的创新合作关系构建内部创新合作网络，基于城市与不同城市群的城市之间的创新合作关系构建城市群之间的创新合作网络。创新合作网络共涉及64个城市节点，具体包括京津冀城市群中北京市、天津市等14个城市节点，长三角城市群中上海市、南京市等41个节点，珠三角城市群中广州市、深圳市等9个节点。

5.2.2　城市群创新合作网络现状

为了更直观地呈现各城市在创新合作网络中的特点，本部分利用ArcGIS对城市群内部和之间的创新合作网络进行了可视化操作，绘制了2018年三大城市群内部和之间的创新合作网络联系图。在创新合作网络图中，城市节点的大小表示该城市直接合作城市的数量，节点越大，表示与该城市有直接创新合作关系的城市越多；联结强度表示城市间的合作发明专利授权数量。

在京津冀城市群内部创新合作网络中，从创新水平来看，北京市是创新能力最强的城市，2018 年发明专利授权数超 5 万个，其不仅是城市群内，更是全国的创新中心，其次是天津市与石家庄市这两个行政级别较高的城市。从网络视角分析，该城市群呈现以北京市为中心，天津市、石家庄市及衡水市为重要节点的伞射状分布形态，且创新活跃度高的城市在网络中占据重要节点。北京市与群内其余城市均存在直接的科研联系，引领所在城市群创新发展。部分城市在网络中处于边缘位置，如承德市、安阳市，与大部分城市不存在直接的科研联系，但通过北京能够与它们实现间接科研联系，同样可以获取其他城市的知识与信息。

长三角城市群由江苏省、安徽省、浙江省三个不同的省份及直辖市上海构成，其内部创新合作网络结构较为复杂。从创新水平来看，浙江省、江苏省各城市的平均创新能力高于安徽省，其中上海市、南京市、杭州市、苏州市为群内的创新中心，以上城市在网络中也同样占据重要位置。上海市、南京市为网络的核心节点，与群内超过 60% 的城市直接连接，其次是杭州市、合肥市，直接相连城市占比超过 50%，与无锡市、苏州市存在直接合作的城市数也较多。浙江省、江苏省各城市打破了省级壁垒，科研联系较紧密，但省内城市间联系高于省际城市间联系。安徽省大部分城市均位于网络边缘，不仅省际城市间联系少，省内城市间网络也较稀疏，大多数仅与合肥市存在直接科研联系，通过合肥市间接获取群内其他城市的知识。此外，安徽省内存在处于完全孤立状态的城市，如安庆市。

在珠三角城市群内部创新合作网络中，所有城市均位于同一省级行政区内。从创新水平来看，广州市与深圳市是创新中心，2018 年发明专利授权数均超 1 万，其次为毗邻创新中心的佛山市、东莞市。从网络视角分析，群内城市创新合作网络呈现多中心分布特点，广州市、深圳市及东莞市为网络核心，与群内城市几乎均有直接科研联系；佛山市、珠海市是网络的重要节点，直接连接的城市比例超过 65%；江门市、肇庆市及惠州市位于相对边缘的位置，与它们有直接科研联系的城市数均小于 4。

总体而言，城市在城市群内部创新合作网络中的地位与其创新能力高度相关，因此，城市群内部创新合作呈现以创新中心为核心、引领边缘城市的"核心引领、多点集聚、多尺度关联"的格局。

从城市群之间的创新合作网络来看，发展了较多城市群外部科研联系的城市一般都具有较高的创新水平。北京市拥有数量最多的外部连接，与其存在直接科研联系的群外城市占比高达96%，其次是天津市与广州市，直接相连的群外城市数超过30个，上海市、南京市、东莞市及深圳市同样是外部科研联系较多的城市。部分城市虽然群外直接科研联系少，但通过北京市、广州市等城市，同样可以间接获取其他城市的知识，如珠三角的中山市，通过北京市这个中介城市，与长三角的扬州市存在间接科研联系。一些创新力不足的城市现阶段并未发展外部网络，在外部网络中处于完全孤立状态，如京津冀城市群中的承德市、长三角城市群中的池州市、珠三角城市群中的肇庆市等。

5.2.3　城市群内部和城市群之间的创新合作网络邻近度指标

我们依然采用邻近度指标，构建出每一个城市所拥有的城市群内部创新合作邻近度指标。从城市的角度衡量城市群内部创新合作网络。内部邻近度指标计算公式为：

$$IP_i = \frac{\sum\limits_{\substack{k=1 \\ i \neq k}}^{n} \frac{1}{d_{ik}}}{n-1}$$

其中，IP_i代表城市 i 与所在城市群内部各城市之间的创新合作邻近度，n 代表该城市群包含的城市个数，d_{ik}是城市 i 与所在城市群内城市 k 之间的地理社会距离。IP_i的取值范围是 0~1。当城市 i 与城市群内部各个城市之间没有创新合作联系时，该指标取值为 0；当与城市群内部每一个城市都存在直接联系时，表明存在最大的创新联系紧密度，该指标取值为 1。

同样地，构建出每一个城市与其他城市群中城市之间的创新合作外部邻近度指标，来从城市的角度衡量城市群之间的创新合作网络：

$$EP_i = \frac{\sum_{h=1}^{n_h} \frac{1}{d_{ih}}}{n_h} \qquad (5-1)$$

其中，EP_i 代表城市 i 与其他城市群城市的创新合作邻近度，n_h 是位于其他城市群的城市个数，d_{ih} 是城市 i 与位于其他城市群的城市 h 之间的地理社会距离。EP_i 的取值范围也是 0 ~ 1。当城市 i 与其他城市群内城市之间没有创新合作联系时，该指标取值为 0；当与其他城市群内每一城市之间都存在直接创新合作联系时，就取值为 1。

我们利用 Python 软件计算了 2014 ~ 2018 年三大城市群所有城市的内部和外部邻近度，并绘制了 2014 年、2016 年及 2018 年散点图（见图 5 - 2），以更清楚地反映各城市在城市群内部和城市群之间的创新合作紧密程度。

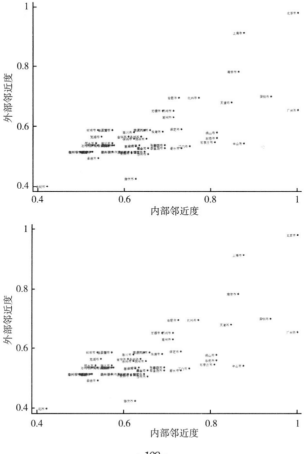

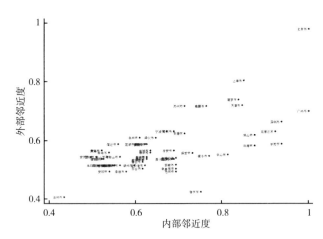

图 5 - 2　2014 年、2016 年和 2018 年城市内部与外部邻近度

　　整体而言，2014 ~ 2018 年，三大城市群内部和城市群之间的邻近度均在不断提升，但相较于城市群之间的创新联系，同一城市群内部城市的创新合作更加紧密。2014 年，内部邻近度超过 0.6 的城市有 32 个，2018 年增至 43 个，而外部邻近度超过 0.6 的城市在 2014 年仅有 11 个，2018 年在此基础上增加了 5 个，可见城市更加倾向于与同一城市群内部的城市开展创新合作，但近几年也在不断探寻城市群之间的创新联系机会。

　　就城市群角度而言，长三角城市群中拥有的高外部邻近度城市最多，而珠三角城市群的城市内部邻近度普遍较高。2018 年外部邻近度超过 0.6 的城市近一半位于长三角城市群，位于珠三角城市群的有广州市、深圳市与佛山市，位于京津冀城市群的城市有北京市、天津市和石家庄市。珠三角城市群内的城市虽在外部创新合作方面不如长三角城市群，但其城市群内部联系的紧密度远高于其他两大城市群，2018 年，珠三角城市群的 9 个城市内部邻近度均超过了 0.6，其中佛山市、中山市超过了 0.8，广州市与深圳市则几乎与群内所有城市均有创新联系。

　　就单个城市而言，北京市与上海市作为国家创新中心，很好地保持了城市群内和城市群之间创新联系之间的平衡。不论是在城市群内部，还是城市群之间创新合作网络中，北京市与上海市的邻近度超过了 0.8，并不断向 1 靠拢，这表明它们获取城市群内部和其他城市群创新要素和资源的能力均远高于其他城市。

5.3　城市群内部与城市群之间创新合作网络互动及其创新绩效

5.3.1　城市群内部与城市群之间的创新合作网络与城市创新

为了对城市群内部与城市群之间创新合作网络的创新绩效进行考察，我们构建如下计量模型：

$$\ln(\text{Innovation}_{ct}) = \theta_1 \text{IP}_{ct} + \theta_2 \text{EP}_{ct} + \beta' \text{Controls}_{ct} + \alpha_c + \gamma_t + \varepsilon_{ct} \quad (5-2)$$

其中，Innovation_{ct} 代表城市 c 在 t 年的创新产出，采用人均发明专利授权数来衡量。IP_{ct} 代表城市 c 与所在城市群内部各城市之间的创新合作邻近度，EP_{ct} 代表城市 c 在 t 年与其他城市群内城市之间的创新合作邻近度。Controls_{ct} 表示其他对城市创新产出有影响的控制变量，具体包括：反映城市经济发展水平的人均 GDP（GDP per capital）；反映城市产业结构的第三产业产值比重（Industrial structure）；反映政府科学技术投入情况的科技支出占比（Public spending on local S&T）；反映城市对外开放水平的外贸依存度（Trade share）；就业人口密度，用每平方公里土地面积上的就业人口数表示（Employment density）；高等院校个数（Number of colleges and universities）。γ_t 表示时间效应，α_c 是与城市 c 相关的未观测因素，ε_{ct} 是误差干扰项。θ_1、θ_2 是主要的待估参数。

上述控制变量数据均来自《中国城市统计年鉴》，城市统计口径为地级市及以上城市。主要变量的描述性统计见表 5 – 1。

表 5 – 1　　　　　　　　　　变量统计性描述

变量	样本数	均值	标准差	最小值	最大值
Innovation（ln）	316	0.640	1.433	− 2.681	3.983
IP	316	0.652	0.128	0.383	1.000
EP	316	0.569	0.090	0.391	0.980

变量	样本数	均值	标准差	最小值	最大值
GDP per capita （ln）	316	11.050	0.557	9.636	12.153
Trade share （ln）	314	-1.505	1.146	-4.000	1.593
Public spending on local S&T （%）（ln）	316	0.920	0.793	-1.196	2.572
Industrial structure （%）（ln）	316	3.818	0.178	3.359	4.394
Number of colleges and universities （ln）	315	1.971	0.992	0.000	4.522
Employment density （ln）	304	4.426	1.190	1.907	7.798

表5-2给出了2014～2018年三大城市群中主要六大城市的人均发明专利授权、内部与外部邻近度情况。如表5-2所示，它们都是创新能力远超总体样本平均水平的城市，同时，这些城市的内部邻近度水平均高于外部邻近度。

表5-2 **2014～2018年主要城市的内/外部邻近度与创新情况**

城市	所在城市群	人均发明专利授权数	内部邻近度	外部邻近度
北京市	京津冀城市群	30.328	0.992	0.972
天津市	京津冀城市群	5.035	0.862	0.702
上海市	长三角城市群	13.306	0.870	0.839
苏州市	长三角城市群	14.866	0.710	0.674
深圳市	珠三角城市群	48.098	0.938	0.680
东莞市	珠三角城市群	19.433	0.800	0.572

基于样本数据的固定效应回归结果见表5-3。第（1）列为仅包括城市群内部邻近度的回归结果。可以看到，在控制时间效应与城市固定效应的情况下，IP的系数为正且通过了1%的显著性检验，表明拥有较高内部邻近度的城市能够更快地获得城市群内更加完整的信息，进而促进创新产出，理论假说1得以验证。第（2）列为仅包括外部邻近度的回归结果，EP的系数为正，但未通过显著性检验。出现以上结果的可能原因有两个，一是城市群内部各城市在地理位置上相邻，城市群内部高铁的建设减少了维系城市间创新合作关系的成本，促进了研究人员的城市群内交流，进而推动城市创新；二是中央和地方政府出台了多项政策，促进城市群内部融合发展，在各城市群内部培育畅通的"小经济循环"，包括研发资源配置和科技创新，因此城市

群之间的创新合作联系较少。第（3）列的回归同时包括了 IP 与 EP，内部邻近度的系数同样为正，且在 1% 水平上显著，系数值与第（1）列并未发生太大变化，外部邻近度系数依旧不显著，进一步表明紧密的城市群内部创新合作网络能激发城市创新活力，但目前城市群之间的创新合作网络对城市创新的作用并未突显，意味着三大城市群的城市更多的是在群内部建立创新合作联系。值得注意的是，过于内向型的创新网络容易形成一个同质化的知识池，不利于外部新知识技术和新机会的快速便捷进入，易导致城市创新潜力的下降与技术锁定风险的增加。

表 5-3　　　　　　　　　　固定效应基准回归结果

	（1）	（2）	（3）
IP	1.384 *** (0.419)		1.335 *** (0.417)
EP		0.853 (0.527)	0.707 (0.469)
LagInnovation			
GDP per capita	-0.227 (0.391)	-0.249 (0.381)	-0.225 (0.390)
Trade share	0.174 *** (0.062)	0.173 ** (0.071)	0.169 *** (0.063)
Public spending on local S&T	0.169 * (0.088)	0.150 * (0.088)	0.164 * (0.088)
Industrial structure	0.134 (0.419)	0.156 (0.461)	0.124 (0.419)
Number of colleges and universities	0.102 (0.113)	0.110 (0.105)	0.094 (0.108)
Employment density	0.215 (0.141)	0.243 * (0.144)	0.207 (0.144)
时间效应	YES	YES	YES
城市固定效应	YES	YES	YES
R^2	0.772	0.765	0.774
观测值	302	302	302

注：括号内的值为城市层面聚类的稳健性标准误差。* 、 ** 、 *** 分别表示 10% 、 5% 、 1% 的显著性水平。下表同。

由于核心解释变量 IP、EP 与城市创新之间可能存在内生性问题，导致结果出现偏误，因此本部分用两步系统 GMM 对模型再次进行回归，除了年份虚拟变量，其他变量都作为内生变量加入回归。表 5 - 4 第（1）列与第（2）列为分别只加了 IP 和 EP 的回归结果，第（3）列为同时加了 IP 和 EP 的回归结果。上述所有回归中，AB 检验与 Hansen 检验均满足两步系统 GMM 估计的要求（AR^2 检验 p 值大于 0.25，Hansen 检验 p 值大于 0.25），因此模型不存在过度识别问题，且选取的工具变量也是有效的。与固定效应回归一致，IP 的系数为正，且通过了 1% 水平的显著性检验，EP 系数为正但不显著。

表 5 - 4 两步系统 GMM 回归结果

变量	(1)	(2)	(3)
IP	1.684** (0.771)		2.162** (0.820)
EP		2.200 (3.769)	0.311 (0.814)
LagInnovation	-0.022 (0.138)	1.031** (0.500)	-0.006 (0.140)
GDP per capita	1.098** (0.470)	1.242 (1.008)	0.971** (0.440)
Trade share	0.052 (0.104)	0.338 (0.221)	0.062 (0.105)
Public spending on local S&T	0.522*** (0.183)	0.079 (0.409)	0.552*** (0.197)
Industrial structure	1.533 (1.160)	-2.811 (1.757)	1.555 (1.024)
Number of colleges and universities	-0.297 (0.228)	-0.888 (0.653)	-0.317 (0.209)
Employment density	0.206 (0.178)	-0.618 (0.621)	0.169 (0.143)

续表

变量	（1）	（2）	（3）
时间效应	YES	YES	YES
AR^2 p-value	0.480	0.903	0.531
Hansen p-value	0.464	0.592	0.465
Observations	240	240	240

注：括号内的值为城市层面聚类的稳健性标准误差。** 、*** 分别表示 5% 、1% 的显著性水平。

为了对上述回归结果的稳健性进行考察，我们还从以下几个方面进行了稳健性检验。

（1）替换被解释变量。使用发明专利授权数替代原来的每万人发明专利授权数。通过固定效应与系统 GMM 模型再次进行回归，结果见表 5 - 5。可以看出，城市群内部邻近度、外部邻近度对城市创新的影响方向和显著性基本与固定效应及系统 GMM 基准回归的结果保持一致。

表 5 - 5　　　　　　　　　替换被解释变量后的回归结果

变量	（1） FE	（2） System GMM
IP	1. 344 *** （0. 416）	5. 995 ** （2. 423）
EP	0. 664 （0. 460）	− 0. 221 （3. 750）
控制变量	控制	控制
时间效应	YES	YES
城市固定效应	YES	
AR^2 p-value		0. 855
Hansen p-value		0. 392
R^2	0. 798	
观测值	302	240

注：括号内的值为城市层面聚类的稳健性标准误差。** 、*** 分别表示 5% 、1% 的显著性水平。

（2）替换外部邻近度。参考洛博和斯特拉姆斯基（Lobo and Strumsky, 2008）的研究，构建外部邻近度的替换变量，具体以与城市群外部合作授权专利数占城市获得的合作授权专利总数的比例表示，回归结果如表5-6所示。可以发现，内部邻近度越高，城市创新产出也就越高，且IP的系数显著，外部邻近度则依旧不显著，这与基准回归及系统GMM回归中两个核心解释变量的结果一致，证明了基准回归结果的稳健性。

表5-6   替换外部接近度的回归结果

变量	(1) FE	(2) System GMM
IP	1.381 *** (0.411)	1.514 * (0.858)
EP	−0.000 (0.001)	0.002 (0.004)
控制变量	控制	控制
时间效应	YES	YES
城市固定效应	YES	
AR^2 p-value		0.368
Hansen p-value		0.456
R^2	0.772	
观测值	302	240

注：括号内的值为城市层面聚类的稳健性标准误差。** 、*** 分别表示5%、1%的显著性水平。

（3）构建时变增长网络。参考汪莉等（2021）的研究，构建时变增长城市群内部和外部创新合作网络，在此基础上重新测算邻近度，进行网络指标的稳健性检验。"增长"特征是指从初始时刻到当前时刻所有关系的并集，使得网络不仅能刻画每个时点的网络关系，还可以保留历年全部城市节点的关系。在改变城市群创新合作网络的构造方法后，将重新测算的邻近度代入模型重新回归，结果如表5-7所示，内部邻近度的系数依旧显著为正，外部邻近度对城市创新仍然没有显著影响。

表 5 - 7   基于时变增长网络的回归结果

变量	(1) FE	(2) System GMM
IP	1. 212 * (0. 663)	2. 887 * (1. 554)
EP	− 0. 133 (0. 657)	0. 518 (1. 103)
控制变量	控制	控制
时间效应	YES	YES
城市固定效应	YES	
AR^2 p-value		0. 385
Hansen p-value		0. 371
R^2	0. 768	
观测值	302	240

注：括号内的值为城市层面聚类的稳健性标准误差。* 、、*** 分别表示 10% 、1% 的显著性水平。

（4）以企业合作发明授权数据重新构建网络。2014～2018 年，三大城市群中，以企业为创新主体获得的发明专利授权数占比高达 70%。在此背景下，本部分利用企业间的合作发明数据，将其匹配至城市层面，重新构建城市群内部和城市群之间的创新合作网络，在此基础上重新计算内部邻近度与外部邻近度加入后的回归，结果如表 5 - 8 所示，与基准回归一致。

表 5 - 8   以企业合作发明数据重新构建创新合作网络的回归结果

变量	(1) FE	(2) System GMM
IP	1. 439 *** (0. 509)	4. 514 * (2. 441)
EP	0. 784 (0. 514)	3. 563 (3. 240)
控制变量	控制	控制
时间效应	YES	YES
城市固定效应	YES	

续表

变量	(1) FE	(2) System GMM
AR^2 p-value		0.549
Hansen p-value		0.281
R^2	0.784	
观测值	302	240

注：括号内的值为城市层面聚类的稳健性标准误差。＊、＊＊＊分别表示10%、1%的显著性水平。

（5）剔除北京市的样本数据。北京市是全国型创新城市，与其他城市的创新联系也最紧密，内部邻近度在样本期间内一直为1，外部邻近度极为接近1，为检验邻近度与城市创新的关系是否受其影响，本部分将北京市的数据剔除后重新进行回归。表5-9报告了剔除北京市样本数据后的回归结果，内部邻近度的系数依旧显著为正，外部邻近度对城市创新仍然没有显著影响，这说明前面的结果具有一定的稳健性。

表5-9 剔除北京市样本数据的回归结果

变量	(1) FE	(2) System GMM
IP	1.338 *** (0.418)	5.161 ** (2.502)
EP	0.720 (0.470)	1.673 (3.008)
控制变量	控制	控制
时间效应	YES	YES
城市固定效应	YES	
AR^2 p-value		0.768
Hansen p-value		0.474
R^2	0.772	
观测值	297	236

注：括号内的值为城市层面聚类的稳健性标准误差。＊＊、＊＊＊分别表示5%、1%的显著性水平。

5.3.2　城市群内部与城市群之间的创新合作网络互动

有学者构建了"本地蜂鸣—全球管道"理论分析框架，以此解释全球和地方互动对创新的影响，研究认为区域内与区域间合作在创新过程中能发挥互补作用（Bathelt et al.，2004）。如果没有密切的本地合作，通过区域间合作获得的知识价值很可能被忽视，并随着时间的推移消失，构建和维护区域间合作的回报也将减少，这反过来会对城市创新产生负面影响。相反，在缺乏区域间合作的情况下，没有多样化、互补的外部知识涌入，区域内可能会汇聚一个重叠的同质知识库，增加技术锁定风险。然而中国存在多元的细分市场及内在需求，不同尺度的创新合作对区域发展与创新来说，可能既互补又竞争（毛熙彦、贺灿飞，2019）。

为此，本部分在前面实证模型的基础上，进一步引入城市群内部邻近度与城市群之间外部邻近度的交互项，以三大城市群为样本探讨城市群内部与之间创新合作网络互动对城市创新的影响。回归结果如表 5 - 10 所示。不论是以人均专利授权数，还是专利授权数为被解释变量，内部与外部邻近度交互项的系数均为正，但并不显著，表明城市群内部与城市群之间的创新合作网络并不存在互补关系。换言之，本地与非本地网络资本之间并不互补。可能的原因是前文提及的三大城市群都过于内向，城市群之间的联系相对较少。因此，在缺乏有效的外部创新合作的背景下，内部与外部邻近度对城市创新的互补作用不显著。

表 5 - 10　　城市群内外部创新合作网络互动与城市创新之间关系的回归结果

变量	人均发明专利授权数		发明专利授权数	
	（1） System GMM	（2） System GMM	（3） System GMM	（4） System GMM
IP * EP	7.510 （5.455）	3.594 （6.370）	8.587 （10.860）	3.095 （9.811）
IP	- 1.745 （3.309）	0.649 （3.835）	- 1.932 （7.517）	1.535 （6.225）

续表

变量	人均发明专利授权数		发明专利授权数	
	（1） System GMM	（2） System GMM	（3） System GMM	（4） System GMM
EP	−4.727 （4.181）	−2.046 （5.044）	−6.387 （8.989）	−0.961 （8.402）
控制变量	YES	YES	YES	YES
时间效应	NO	YES	NO	YES
AR^2 p-value	0.779	0.930	0.747	0.657
Hansen p-value	0.356	0.500	0.470	0.325
观测值	240	240	240	240

注：括号内的值为城市层面聚类的稳健性标准误差。

本部分对于上述回归结果同样进行了一系列的稳健性检验，结果如表5-11所示。第（1）列为使用城市群外部创新合作数占比替代外部邻近度；第（2）列以2014~2018年城市间创新合作关系的并集构建时变增长创新合作网络，并重新计算邻近度指标；第（3）列以企业创新合作关系构建城市间的创新合作网络，基于该网络得到两种网络指标；第（4）列为剔除北京市的数据后的回归结果，四种稳健性检验的结果均与表5-10保持一致，即城市群内部邻近度与外部邻近度之间不存在显著的互动作用。

表5-11   互动作用的稳健性检验结果

变量	（1） 替换外部接近度	（2） 时变增长网络	（3） 企业层面	（4） 剔除北京市
IP * EP	0.001 （0.031）	6.071 （4.888）	8.064 （7.540）	1.865 （11.317）
IP	1.456 （1.239）	−3.112 （2.971）	−2.257 （4.292）	−0.427 （6.786）
EP	0.001 （0.018）	−4.064 （4.538）	−4.304 （5.537）	−1.366 （8.746）
控制变量	YES	YES	YES	YES
时间效应	YES	YES	YES	YES

变量	（1） 替换外部接近度	（2） 时变增长网络	（3） 企业层面	（4） 剔除北京市
AR^2 p-value	0.444	0.324	0.577	0.585
Hansen p-value	0.609	0.735	0.268	0.332
观测值	240	240	240	236

注：括号内的值为城市层面聚类的稳健性标准误差。

5.4　小　　结

本章利用 2014～2018 年京津冀城市群、长三角城市群、珠三角城市群发明专利授权数据，构建了城市群内部和城市群之间的创新合作网络，引入邻近度指标衡量这两种网络结构的特征，并探讨了这两种网络对城市创新的影响。研究结果表明，城市群内部创新合作网络对城市创新有显著的正向影响，而城市群之间的创新合作网络对城市创新的影响并不显著，这一结果已经通过一系列稳健性检验。进一步地，在模型中加入内部与外部邻近度的交互项，发现城市群内部与之间的创新合作网络尚未形成互动关系，可能原因是三大城市群过于内向，城市群之间的创新合作较少。基于本章的理论及实证研究，我们提出以下建议：

首先，通过推动群内城市间的科研联系，缩短城市与群内城市间的社会距离，提高城市在网络中的内部社会邻近度，进而促进知识在城市群内的扩散。创新主体间的科研联系，需要政府的引导、良好的信息共享机制以及创新合作中介的服务，具体措施包括：（1）发挥政府引导作用。群内各城市政府共同对城市群内创新合作进行规划，详尽分析各城市的资源优劣势和特色产业，实现差异化发展，避免知识冗余。（2）搭建信息共享机制。各地政府可建立信息公共服务平台，制定信息共享标准，明确信息共享范围，优化创新主体进行信息交流的机制，降低创新联系中信息不对称面临的风险。（3）搭建创新合作服务平台。如通过搭建资金平台、建立健全城市间创新合作的融资担保机制、发挥财政杠杆作用等，为跨城市创新合作提供资金支撑。

其次，鼓励城市群内的创新主体积极建立城市群外部的创新联系，提高区域开放度，加强跨区域的创新资源互动。目前，三大城市群均过于内向，外部社会邻近度均低于内部社会邻近度，这是外部邻近度未能显著促进城市创新的一个可能原因。城市群内各城市可通力合作形成激励机制，一方面鼓励群内创新主体走出去，学习吸收其他城市群的异质性知识；另一方面，优化群内的创新环境，实施更开放的创新环境政策，提升信息传递效率，吸引外部知识及技术流入，进而与本地知识进行重组以实现创新。

| 第 6 章 |

粤港澳大湾区城市间科研联动
与溢出效应

科技创新是引领未来世界发展至关重要的动力。2019 年 2 月中共中央、国务院印发的《粤港澳大湾区发展规划纲要》中，明确指出科技创新力量是粤港澳大湾区发展的重要依靠和主要支撑。深化广东与香港、澳门的科技合作是建设大湾区的重要内容，在改善民生、促进发展、应对共同挑战等方面发挥着引领和支撑作用。各城市通过优势互补开展科技合作是大势所趋。如何加快提升大湾区城市间科技创新合作水平，着力打造世界一流的协同科技创新共同体，无疑是当前研究中最值得关注的问题，也是当前亟待解决的一个重要问题。

事实上，2017 年《深化粤港澳合作推进大湾区建设框架协议》的签署，引起了国内外学者的关注，对大湾区问题的研究也在升温。迄今为止的研究文献，大体上围绕以下几个论题展开：一是粤港澳大湾区的战略内涵、意义、理念、机遇与挑战，例如，蔡赤萌（2017）、钟韵和胡晓华（2017）、辜胜阻等（2018）等学者的研究；二是粤港澳大湾区金融合作、交通互联互通发展，例如，刘向耘（2018）、郭文伟和王文启（2018）、邹薇和樊增增（2018）等学者的研究；三是国内外大湾区的发展与比较，例如刘艳霞（2014）和沈子奕等（2019）的研究；四是湾区城市群空间结构与发展规划，例如丘杉（2017）等学者的研究；五是大湾区开放与协调发展体制机制问题，例如余淼杰和梁庆丰（2019）等学者的研究。

　　然而值得注意的是，有关粤港澳大湾区科技创新的专题研究并不多见，而有关湾区城市间科学研究联动与溢出效应的研究更是十分鲜见。在提倡基础创新的大背景下，科学研究无疑是科技创新的重要基石。事实上，伴随着中央政府积极推进粤港澳合作，建设世界级湾区城市群国家战略的提出，湾区各城市科学研究之间的联动关系日益显著，网络化程度全面提升，创新要素快速集聚。科学的粤港澳大湾区协同创新政策设计无疑需要深入理解这种联动结构及其产生的溢出效应。本章的宗旨就是对这一问题展开系统研究。

　　具体来讲，我们首先运用新近发展起来的社会网络分析法，从网络拓扑的角度对大湾区城市科学研究之间的联动程度、结构与效率进行考察。接着在 VAR 模型框架下基于方差分解构建科研溢出指数，定量测度大湾区城市间科学研究联动和溢出效应的方向、强度与规模。在此基础上，采用滚动估计法分析湾区城市间科学研究联动与溢出的动态演变。

6.1　粤港澳大湾区城市间科研合作基本格局与演变

　　粤港澳大湾区是由广东省的广州市、深圳市、佛山市、东莞市、惠州市、肇庆市、珠海市、中山市、江门市 9 个地级市和香港、澳门两个特别行政区，共 11 个城市组成。珠三角城市群与香港、澳门具有紧密的地缘、商缘和人缘关系，使得这些城市实际上构成了一个存在紧密联系的次国家跨境的城市区域（马海涛等，2018）。近年来，随着我国政府不断出台一系列促进大湾区发展的规划纲要和政策文件，湾区各城市间的经济、文化、教育等方面的联系不断加强。为了将大湾区打造成国际科技创新中心，广东省与香港、澳门特区政府也推出一系列政策，支持三地在科研方面的合作交流。例如，允许港澳高等院校和科研机构参与广东省财政科技计划；建立粤港、粤澳合作联席会议制，开展包括人才培训、科研在内的多方面合作；建立"粤港澳人才合作示范区"，以学术交流、合作研究和异地兼职等方式，促进三地之间的人才流动。在中央与地方政府的推动下，大湾区城市科学研究模式也发生了根本性改变，其中的一个重要特征就是各个城市的科学研究不再是封闭孤立的"岛屿"，而是构成了一个彼此依存、相互影响的科研合作网络，一个高度整体关联的"科技创新共同体"。

科研论文作为知识产权的主要体现形式，其数量是科学研究中广泛使用的数据。其中合作论文反映了企业、高校、科研机构等科研主体形成的科研合作联系，其数量被广泛用于科研合作研究。为了对大湾区城市间科研合作的发展现状进行分析，我们以粤港澳大湾区城市单元为空间尺度，采用大数据处理分析技术，从世界上最具权威和影响力的科研论文数据库 Web of Science 核心合集中分别提取所有城市的论文数据和粤港澳大湾区城市间合作论文数据，并根据其中的地址信息，确定大湾区城市间的科研合作联系。鉴于数据的可获得性和统计口径的一致性，我们选取 2005~2018 年作为本章的样本时间区间。

图 6-1 给出了粤港澳大湾区城市间科研合作论文数量及其变动态势。不难看出，大湾区城市间科研合作论文数呈现快速增长态势，从 2005 年的772 篇增长至 2018 年的 15736 篇，增长了 20 倍，年均增长率为 26%。

合作论文总量（篇）

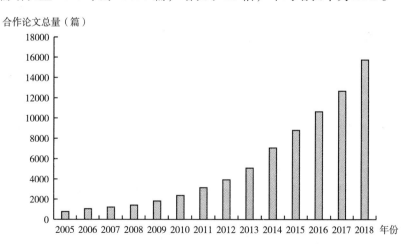

图 6-1　2005~2018 年粤港澳大湾区城市间科研合作发展态势

资料来源：Web of Science 数据库。

就具体的学科而言，我们参照 GIPP 分类法，将整体科研合作论文分为工程与技术，自然科学，生命科学，临床、预临床与健康，社会科学，艺术与人文六大学科。表 6 - 1 给出了大湾区城市间分学科科研合作占比情况。其中，工程与技术类论文占比从 2005 年的 24.32% 增加至 2018 年的 28.20%，科研合作论文数增长了约 22 倍，自然科学类论文占比从 2005 年的 33.26% 下降至 2018 年的 26.63%，科研合作论文数增长了约 15 倍，生命科学类论文占比从 2005 年的 26.82% 下降至 2018 年的 24.33%，科研合作论文数增长了约 17 倍，临床、预临床与健康类论文占比从 2005 年的 12.47% 增长至 2018 年的 16.57%，科研合作论文数增长了约 25 倍，社会科学类论文占比从 2005 年的 3.12% 增长至 2018 年的 4.03%，科研合作论文数增长了约 24 倍，艺术与人文类论文占比从 2005 年的 0 增长至 2018 年的 0.23%。由此不难看出，各学科的合作论文数均有所上升，但湾区城市间的科研合作仍主要集中在工程与技术、自然科学和生命科学领域，相比之下，社会科学、艺术与人文学科科研合作占比不高。

表 6 - 1　　　　2005 年、2008 年、2013 年、2018 年粤港澳大湾区分

学科科研合作论文分布　　　　　　　　单位:%

学科	2005 年	2008 年	2013 年	2018 年
工程与技术	24.32	20.38	22.31	28.20
自然科学	33.26	29.28	25.56	26.63
生命科学	26.82	28.83	29.07	24.33
临床、预临床与健康	12.47	17.79	19.48	16.57
社会科学	3.12	3.38	3.32	4.03
艺术与人文	0	0.34	0.26	0.23
合计	100	100	100	100

资料来源：Web of Science 数据库。

表 6 - 2 给出了粤港澳大湾区科研合作最多的五大城市。不难看出，广州、香港、深圳始终是与其他城市间科研合作最多的城市。值得注意的是，这五大城市的科研合作论文数占整体科研合作论文数的比重随时间发展而下

降，由 2005 年的 97.15% 减少到 2018 年的 90.48%，表明其他城市的科研合作论文数在不断上升，意味着各个城市正在分别加入大湾区城市间科研合作的进程中。这一特征可以从下面的表 6-3 中得到进一步的印证。

表 6-2　　　2005 年、2008 年、2013 年、2018 年粤港澳大湾区科研
合作论文排名前五位的城市

2005 年		2008 年		2013 年		2018 年	
城市	比重/%	城市	比重/%	城市	比重/%	城市	比重/%
香港特别行政区	43.13	广州市	37.30	广州市	33.52	广州市	31.42
广州市	41.19	香港特别行政区	36.52	香港特别行政区	30.94	香港特别行政区	25.41
深圳市	10.23	深圳市	14.05	深圳市	20.14	深圳市	24.71
澳门特别行政区	1.55	澳门特别行政区	4.07	东莞市	4.25	澳门特别行政区	5.33
佛山市	1.04	佛山市	2.50	澳门特别行政区	3.48	佛山市	3.60
合计	97.15	合计	94.44	合计	92.34	合计	90.48

表 6-3 是 2005 年和 2018 年的大湾区城市间科研合作矩阵。对比 2005 年和 2018 年大湾区十一个城市间科研合作情况矩阵，不难看出，在 2005 年，除了香港特别行政区、澳门特别行政区、广州市和深圳市几个城市有科研合作外，其他城市的科研合作论文基本为 0。相比之下，到了 2018 年，大湾区所有城市之间几乎都存在科研合作论文，表明城市间科研合作程度在不断加深。

就参与城市间科研合作的主体而言，表 6-4 给出了大湾区科研合作论文数排名前五位的机构。不难看出，2018 年排名前五的机构为中山大学、香港中文大学、中国科学院、香港大学和深圳大学。排名第一的中山大学科研合作论文数从 2005 年的 161 篇增长至 2018 年的 1528 篇，稳居大湾区城市间科研合作论文数之首。香港中文大学科研合作论文数从 2005 年的 53 篇增长至 2018 年的 912 篇，中国科学院科研合作论文数从 2005 年的 51 篇增长至

表6-3 2005年、2018年粤港澳大湾区城市间科研合作矩阵

单位：篇

2005年

城市	香港特别行政区	澳门特别行政区	广州市	深圳市	珠海市	佛山市	中山市	东莞市	惠州市	江门市	肇庆市
香港特别行政区	0	11	265	54	1	0	0	0	0	2	0
澳门特别行政区	11	0	1	0	0	0	0	0	0	0	0
广州市	265	1	0	25	1	8	2	7	3	2	4
深圳市	54	0	25	0	0	0	0	0	0	0	0
珠海市	1	0	1	0	0	0	0	0	0	0	0
佛山市	0	0	8	0	0	0	0	0	0	0	0
中山市	0	0	2	0	0	0	0	0	0	0	0
东莞市	0	0	7	0	0	0	0	0	0	0	0
惠州市	0	0	3	0	0	0	0	0	0	0	0
江门市	2	0	2	0	0	0	0	0	0	0	0
肇庆市	0	0	4	0	0	0	0	0	0	0	0

续表

2018 年

城市	香港特别行政区	澳门特别行政区	广州市	深圳市	珠海市	佛山市	中山市	东莞市	惠州市	江门市	肇庆市
香港特别行政区	0	240	1715	1893	59	21	5	50	7	8	1
澳门特别行政区	240	0	305	193	76	8	5	9	0	1	2
广州市	1715	305	0	1554	289	425	114	337	72	94	40
深圳市	1893	193	1554	0	51	61	14	93	16	11	3
珠海市	59	76	289	51	0	9	3	7	3	5	0
佛山市	21	8	425	61	9	0	9	22	1	8	2
中山市	5	5	114	14	3	9	0	8	1	4	2
东莞市	50	9	337	93	7	22	8	0	4	5	2
惠州市	7	0	72	16	3	1	1	4	0	0	0
江门市	8	1	94	11	5	8	4	5	0	0	1
肇庆市	1	2	40	3	0	2	2	2	0	1	0

888 篇，香港大学科研合作论文数从 2005 年的 102 篇增长至 2018 年的 846 篇，深圳大学在 2018 年入围科研合作论文数前五位机构。前五位科研机构总的科研合作论文数从 2005 年的 436 篇迅速增加到 2018 年的 4985 篇，增长了 11 倍之多。

表 6－4　　　　粤港澳大湾区科研合作论文数排名前五位的科研机构

2005 年		2008 年		2013 年		2018 年	
科研机构	论文数/篇	科研机构	论文数/篇	科研机构	论文数/篇	科研机构	论文数/篇
中山大学	161	中山大学	232	中山大学	615	中山大学	1528
香港大学	102	香港大学	135	香港中文大学	403	香港中文大学	912
香港理工大学	69	香港中文大学	116	中国科学院	349	中国科学院	888
香港中文大学	53	香港理工大学	110	香港大学	335	香港大学	846
中国科学院	51	中国科学院	77	香港理工大学	296	深圳大学	811
合计	436	合计	670	合计	1998	合计	4985

6.2　粤港澳大湾区城市间科研联动的结构与效率

接下来的部分将借助新近发展起来的社会网络分析法，对大湾区城市间所形成的科研合作网络进行考察，分析城市间科研合作联系所折射出来的联动结构以及这种结构的效率和演进模式。该方法具有全局性分析的特点，可以避免传统空间计量分析方法"相邻"或"相近"的局限，有助于揭示网络的总体特征和结构关系。

具体来讲，本章所提出的大湾区城市间科研合作网络，是指由位于湾区不同城市的经济主体及其之间的科研合作联系构成的集合。经济主体可以是个人、企业、科研院所或其他组织。我们依然以粤港澳大湾区城市单元为空间尺度，在上一部分统计的城市间科研合作论文数据基础上，将社会网络分析软件 Ucinet 和空间地理分析软件 ArcGIS 相结合，利用图论（graph theory）

绘制大湾区城市间科研合作图谱 g = (V,E)。其中，N = |V|，为网络节点（城市）数，E = (e_{ij})，为网络边（edges）数，也就是城市间科研合作联系数。与单纯基于数字的表达方式相比，利用 Ucinet 和 ArcGIS 软件平台，开发设计城市间科研合作网络的可视化求解技术，所生成的基于图谱的表达方式能够使得评价指标可视化，实现网络分析由抽象描述向直观表述、定量分析的转变，有利于揭示和理解系统规律，且信息传递性好。由于科研合作通常是建立在双方同意、互惠互助的基础上，且各节点关系是相互的，因此这里采用非定向关联，对网络进行对称化处理，并且网络结构图采用无向图。

从 2005 ~ 2018 年粤港澳大湾区城市间科学研究合作网络的动态演变来看，粤港澳大湾区城市之间的科研合作程度在不断加强，参与到科研合作网络中的城市不断增加，城市间的科研合作也日趋频繁。因此，社会网络在城市科学研究过程中日益重要。

若进一步从层级（hierarchy）的角度来看，粤港澳大湾区城市间科研合作网络呈现出明显的多级分层特征（见图 6 - 2），即不同的城市位于不同的层级，并且这一层级结构随着时间的推移而不断演变。具体来讲，图 6 - 2 中每个城市节点大小代表该城市与大湾区其他城市的合作论文总数，节点间的连线代表相连两个节点城市之间的论文合作数。2005 年和 2008 年香港特别行政区和广州市处于科研合作网络的核心层级，深圳市和澳门特别行政区构成了科研合作网络的第二层级，其余的城市则构成了网络的第三层级。相比之下，2013 年和 2018 年的层级结构发生了明显改变，其中，深圳市进入了核心层级，佛山市、东莞市和珠海市进入了第二层级。因此，粤港澳大湾区科研合作网络的层级结构由之前的广州市、香港特别行政区"双核心"演变为广州市、香港特别行政区、深圳市"三核心"，形成一个突出的三角形结构。从城市节点间的连线粗细程度可以看出，不仅仅这三个城市之间的科研合作联系十分紧密，而且这三个城市与网络中其他城市节点也有着广泛的科研合作联系。其中，2018 年，这三个城市与网络中其他城市的科研合作论文数占湾区整体科研合作论文数的 82%。因此，这三个核心城市影响着大湾区城市间的科研合作论文的数量和整体网络的稳定性。

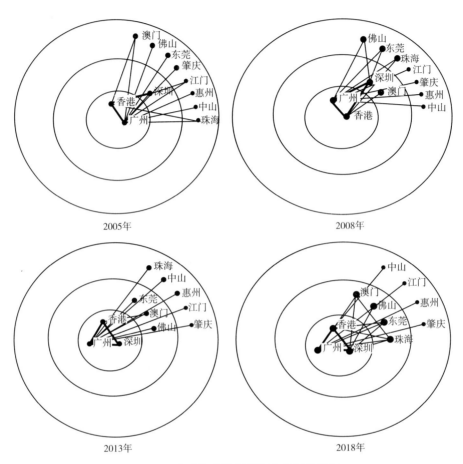

图 6 - 2　粤港澳大湾区科研合作网络层级

接着，我们采用社会网络分析统计指标，从个体网络拓扑结构（程度中心度）、整体网络拓扑结构（密度、集聚和小世界）的角度，测度考察大湾区城市间科研合作网络中的空间拓扑结构与效率。

其中，程度中心度（degree centrality）是基于网络视角，衡量一个城市直接合作关联的其他城市数，反映出该城市科研合作的连接程度。计算公式为：

$$DC_A = \sum_B a_{AB} \qquad (6-1)$$

其中，DC_A是城市 A 的程度中心度，a_{AB}代表城市 A 与城市 B 是否有科研合作关联，有则为 1，否则为 0。城市 A 的程度中心度越大，表明该城市在科研合作网络中的地位越高。

为了反映各城市在科研合作网络中的相对重要性，在此基础上，我们进一步构建出加权程度中心度，计算公式为：

$$WDC_A = \sum_B w_{AB} \, a_{AB} \qquad (6-2)$$

其中，WDC_A 是城市 A 的加权中心度，w_{AB} 是城市 A 与城市 B 的科研合作次数。

整体网络密度，用于考察城市间科研合作网络中各城市间联系的紧密程度，表示为网络中实际存在的城市间合作联系数与理论上可能的最大联系数之间的比值，用以反映网络效率。计算公式如下：

$$D = \frac{E}{N(N-1)/2} \qquad (6-3)$$

其中，D 是城市间科研合作网络的密度，E 是城市间科研合作次数，N 代表网络中的城市数。网络密度越大，表明城市之间的科研合作关系越紧密，互动频率越大，能够增加信息交换的机会，进而网络的效率也越高（Jackson et al.，2017）。同样地，为了反映各城市在科研合作网络中的相对重要性，我们进一步构建出加权整体网络密度。参照巴恩斯（Barnes，1969）和斯科特（Scott，2016）的做法，我们将城市间科研合作网络中实际存在的最高多重度（highest multiplicity）作为权重来计算网络密度。

此外，前面图 6 - 2 的分析表明，大湾区城市间科研合作网络存在着广州市、深圳市、香港特别行政区这三个核心节点城市，这三个城市与网络中其他城市有着广泛的科研合作联系。从社会网络理论的角度来看，这表明大湾区城市间科研合作网络具有小世界性，即网络中存在着具有很高连接数的中心节点，这些中心节点扮演着公共连接的角色，缩短了其他城市之间的平均路径长度。现有研究表明（Fleming et al.，2007），小世界网络有助于将集聚和远的多元化关系并存，前者的集聚关系有利于科研合作者之间的信任和亲密合作，后者远的节点联系则有利于将新的、非冗余的信息传递到该集聚中，使得信息可以在网络中快速传递并在局域群体中较快达成共识，有利于合作行为的涌现。因此，这里还将进一步从统计指标的角度定量考察大湾区城市间科研合作网络是否为小世界网络。

由于小世界网络是具有较短平均路径长度又具有较高集聚系数的网络，因此通常采用特征路径长度和集聚系数这两个指标来测度网络的小世界性特征。具体来讲，特征路径长度是指连接任何两点之间最短路径的平均长度。而集聚系数则是一种关于局部网络指标的测度，用来衡量网络节点局部聚类情况。具体来说，对于节点城市 A 的集聚系数 C_A 是指城市 A 与所有相邻节点城市间合作联系数与理论上可能的最大联系数之间的比值，计算公式为：

$$C_A = \frac{E_A}{C_{A_i}^2} = \frac{2 E_A}{K_A(K_A - 1)} \qquad (6-4)$$

其中，K_A 代表城市 A 连接的节点城市个数，E_A 代表由城市 A 与相邻节点组成的子网络中存在的合作联系数。整体网络集聚系数 C 是指所有节点城市集聚系数的平均值，表示为：

$$C = \frac{1}{N} \sum_{A=1}^{N} C_A \qquad (6-5)$$

基于以上社会网络分析统计指标，借助 Ucinet 软件对粤港澳大湾区城市间科研合作网络结构与效率的定量计算结果如表 6 - 5 所示。不难看出，从 2005 ~ 2018 年，网络的平均加权中心度和密度都呈现出持续上升的态势，其中，平均加权中心度从 2005 年的 70.182 上升到 2018 年的 1430.545，表明整个网络中各城市之间的科研联系在不断加强。就网络密度而言，由于其是网络中实际存在的城市间合作联系数与理论上可能的最大联系数之间的比值，因此可以用来反映整体网络效率。整体网络密度从 2005 年的 0.026 上升到 2018 年的 0.076，密度程度随时间不断提升。然而值得注意的是，这一密度水平始终小于 0.1，表明网络中实际存在的城市间科研合作联系数远低于理论上可能的最大联系数，从而反映出大湾区城市间科研合作网络效率不高的现状。

从小世界网络的角度来看，大湾区城市间科研合作网络的平均特征路

径长度为 1.388，小于随机网络理论值 1.634，而集聚系数的平均值为
0.834，大于随机网络理论值 0.456。由此可见，大湾区城市间科研合作网
络具有较小的特征途径长度和较大的集聚系数，符合小世界网络特征。因
此，与前面基于社会网络分析绘制出来的大湾区城市间科研合作网络图的
分析结果一致，程度中心度较高的广州市、深圳市、香港特别行政区是该
网络的中心节点，与网络中其他城市节点有着广泛的科研合作联系，扮演
着公共连接的角色，缩短了其他城市之间的平均路径长度，形成小世界
网络。

表 6 – 5　　2005～2018 年粤港澳大湾区城市间科研合作网络的拓扑结构与效率

年份	平均加权中心度	网络密度	小世界性	
			特征路径长度（随机网络理论值）	集聚系数（随机网络理论值）
2005	70.182	0.026	1.745 (2.091)	0.748 (0.420)
2006	94.727	0.030	1.800 (1.527)	0.716 (0.501)
2007	110.182	0.030	1.636 (1.491)	0.751 (0.436)
2008	127.455	0.036	1.582 (1.564)	0.805 (0.534)
2009	164.909	0.034	1.527 (1.727)	0.708 (0.347)
2010	214.727	0.036	1.509 (1.636)	0.832 (0.430)
2011	284.000	0.041	1.491 (1.636)	0.824 (0.365)
2012	356.909	0.048	1.364 (2.000)	0.814 (0.222)
2013	461.818	0.056	1.255 (1.564)	0.838 (0.467)
2014	641.818	0.064	1.255 (1.782)	0.882 (0.291)
2015	799.455	0.068	1.109 (1.436)	0.900 (0.518)
2016	968.000	0.073	1.073 (1.364)	0.933 (0.598)
2017	1152.182	0.076	1.018 (1.545)	0.982 (0.614)
2018	1430.545	0.076	1.073 (1.509)	0.941 (0.635)
平均值	491.208	0.050	1.388 (1.634)	0.834 (0.456)

6.3   粤港澳大湾区城市间科研溢出效应静态分析

在对粤港澳大湾区城市间科研合作网络结构特征与效率的分析基础之上，这一部分将采用前面第 3 章提及的溢出关联矩阵来对大湾区城市间科学研究联动与溢出的路径、方向、结构和程度进行静态分析。具体来讲，利用 2005 年至 2018 年粤港澳大湾区 11 个城市每月所发表的科研论文数据，基于第 3 章向量自回归模型进行 KPPS 法方差分解，进而通过各种溢出指标和矩阵测算，对大湾区城市间科学研究的联动关系和溢出效应进行静态分析。

由于溢出指数构建在 VAR 模型系统之上，因此，我们运用菲利普斯 – 佩伦（Phillips-Perron，1988）法对大湾区 11 个城市的科学研究数据进行平稳性检验，PP 统计量均在 1% 的水平上拒绝存在单位根的原假设。同时，根据 Schwarz Criterion 准则确定 VAR 模型的最优滞后阶数为一阶，预测误差方差分解的期数为 5 个月。在此基础上计算出来的全样本粤港澳大湾区城市间科学研究溢出关联矩阵如表 6 – 6 所示。

从对其他城市科学研究溢出效应的角度来看（见表 6 – 6 中 To 的一行），深圳市对其他城市的科学研究溢出效应最大，达到了 117.2%；紧接着是广州市，对其他城市的科学研究溢出的影响达到了 95.6%。而肇庆市和惠州市对其他城市科研溢出效应最小，仅为 9.0% 和 9.7%。从受到其他城市科研溢出的角度来看（表 6 – 6 中 From 一列），深圳市也是受到其他城市科研溢出最大的城市，达到 65.9%；其次为香港市，受到其他城市科研溢出的影响为 64.9%。相比之下，肇庆市和惠州市则是受到其他城市科研溢出影响最小的城市，仅有 25.3% 和 32.4%。这一结果反映出深圳市较高的开放水平和信息流动效率。从整体来看，大湾区城市间总的科研溢出效应为 46.9%，表明除了城市自身特有的因素作用之外，大湾区城市科学研究有接近一半的权重是由其他城市科研溢出带来的，因而存在着显著的城市间科研关联和溢出效应。这也进一步印证了前面社会网络分析所得出的结论，即大湾区各个城市

表 6－6　粤港澳大湾区城市间创新溢出关联矩阵

单位：%

城市	香港特别行政区	澳门特别行政区	广州市	深圳市	珠海市	佛山市	中山市	东莞市	惠州市	江门市	肇庆市	From
香港特别行政区	35.1	9.0	12.1	18.3	1.7	5.7	4.4	7.3	1.6	3.5	1.2	64.9
澳门特别行政区	9.9	46.1	9.7	18.1	0.9	6.7	0.6	6.7	0.4	0.7	0.3	53.9
广州市	7.6	4.6	49.3	19.1	0.8	3.7	2.7	9.4	0.6	1.6	0.4	50.7
深圳市	10.0	10.6	19.9	34.1	2.0	7.6	2.2	10.0	0.3	2.8	0.6	65.9
珠海市	5.2	4.7	7.8	12.1	48.8	9.5	1.6	5.2	2.1	3.0	0.1	51.2
佛山市	6.3	3.8	4.8	14.6	4.6	49.5	2.2	6.1	0.3	5.4	2.4	50.5
中山市	5.1	2.3	9.3	7.8	1.6	2.0	67.3	2.2	1.5	0.3	0.6	32.7
东莞市	6.6	4.1	16.8	13.0	0.4	3.6	1.3	47.3	1.8	2.9	2.3	52.7
惠州市	6.7	1.3	7.0	5.1	3.2	1.0	2.1	4.5	67.6	1.0	0.6	32.4
江门市	6.8	1.1	3.1	7.4	4.7	8.5	0.4	2.8	0.5	64.2	0.5	35.8
肇庆市	2.3	1.2	5.2	1.8	0.8	4.4	1.7	6.4	0.5	1.0	74.7	25.3
To	66.4	42.7	95.6	117.2	20.7	52.8	19.3	60.6	9.7	22.2	9.0	46.9

的科学研究不再是封闭孤立的"岛屿"，而是构成了一个彼此依存、相互影响的科研合作网络，一个高度整体关联的"科技创新共同体"，社会网络在城市科学研究过程中日益重要。

为了进一步分析科研溢出在大湾区各个城市间的传递路径、传递强度和溢出中心，接下来在表6-6两两交互溢出效应的分析结果之上，利用社会网络结构图，绘制出科研溢出的网络图。如图6-3所示，各个节点分别代表了大湾区11个城市，城市对应的节点越大，表明该城市对其他城市的科研溢出越大。城市之间的连线代表溢出，连线越粗，表明一个城市对另一个城市的科研溢出程度越大。不难看出，各个城市之间都存在着科研溢出效应，深圳市、香港特别行政区和广州市节点最大，为溢出的中心。

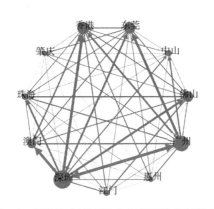

图6-3　粤港澳大湾区城市间科研溢出网络示意

在以上对科研溢出指数的分析基础上，我们进一步地考察大湾区所有城市的科研溢出净效应。具体来讲，我们将各城市的科研溢出净效应进行排序，分析结果如表6-7所示。其中，NET是基于公式（14）计算出来的科研溢出净效应，To和From的含义与表6-8相同，分别衡量一个城市对其他城市科研溢出效应（To）和受到其他城市科研溢出效应（From），Gross是To与From的加总。

从表6-7不难看出，深圳市是科研净溢出效应最大的输出城市，紧随其后的是广州市，揭示出这两个城市在大湾区城市间科研合作网络中的主导地位。相比之下，香港特别行政区虽然也是科研溢出效应的输出城市，但输出程度远小于深圳市和广州市。从科研溢出效应的净接收角度来看，珠海市是科研溢出效应的最大接收城市，澳门特别行政区也是科研溢出效应的净接收城市。

表 6-7　　　　粤港澳大湾区科研溢出效应的净输出者与接收者

排序	城市	NET	TO	FROM	GROSS
1	深圳市	51.3	117.2	65.9	183.1
2	广州市	44.8	95.6	50.7	146.3
3	东莞市	7.9	60.6	52.7	113.4
4	佛山市	2.2	52.8	50.5	103.3
5	香港特别行政区	1.5	66.4	64.9	131.3
6	澳门特别行政区	−11.2	42.7	53.9	96.6
7	中山市	−13.5	19.3	32.7	52.0
8	江门市	−13.6	22.2	35.8	58.1
9	肇庆市	−16.3	9.0	25.3	34.3
10	惠州市	−22.8	9.7	32.4	42.1
11	珠海市	−30.4	20.7	51.2	71.9

最后，我们从区域分布的角度切入，对粤港澳大湾区城市间科研溢出效应进行分析，以对比考察每个城市科研溢出效应发生的地域范围。具体来讲，我们将大湾区划分为广东省、香港特别行政区和澳门特别行政区三大区域，然后分别计算出每个城市从这三大区域所获得的科研溢出和对这三大区域的科研溢出，结果如表 6-8 所示。

表 6-8　　　　粤港澳大湾区科研溢出效应的区域分布

城市（地区）	接收区域的溢出			对区域的溢出		
	广东省	香港特别行政区	澳门特别行政区	广东省	香港特别行政区	澳门特别行政区
香港特别行政区	55.9	35.1	9.0	56.5	35.1	9.9
澳门特别行政区	44.1	9.9	46.1	33.7	9.0	46.1
广州市	38.5	7.6	4.6	73.8	12.1	9.7

城市（地区）	接收区域的溢出			对区域的溢出		
	广东省	香港特别行政区	澳门特别行政区	广东省	香港特别行政区	澳门特别行政区
深圳市	45.3	10.0	10.6	80.8	18.3	18.1
珠海市	41.3	5.2	4.7	18.1	1.7	0.9
佛山市	40.4	6.3	3.8	40.3	5.7	6.7
中山市	25.3	5.1	2.3	14.3	4.4	0.6
东莞市	42.1	6.6	4.1	46.7	7.3	6.7
惠州市	24.5	6.7	1.3	7.6	1.6	0.4
江门市	31.1	6.8	1.1	18.0	3.5	0.7
肇庆市	26.9	2.3	1.2	7.5	1.2	0.3

不难看出，香港特别行政区对广东省城市的科研溢出效应较高，达到了56.5%，远高于澳门特别行政区的33.7%。与此同时，香港特别行政区从广东省城市获得科研溢出的影响也较高，达到了55.9%，同样高于澳门特别行政区的44.1%。相比之下，香港特别行政区与澳门特别行政区之间的相互科研溢出效应则较低，未超过10%。就广东省的城市而言，则呈现出区域内溢出高于区域间溢出的显著特征：对本省其他城市科研溢出效应和受到本省其他城市科研溢出效应，均高于对香港特别行政区、澳门特别行政区科研溢出效应和受到香港特别行政区、澳门特别行政区科研溢出效应。这一结果表明，广东省各城市的科研溢出效应局限于本省内部，与香港特别行政区和澳门特别行政区之间的科研合作一体化程度仍需提高。

6.4　粤港澳大湾区城市间科研溢出效应动态分析

上述静态分析反映出了全样本期间的整体平均状态。在此基础上，我们进一步引入时间维度，利用滚动估计法计算出每年总的科研溢出指数，考察粤港澳大湾区城市间科研溢出效应的动态变化趋势。如图 6 - 4 所示，大湾区城市间总体科研溢出效应呈现明显的上升态势，从 2008 年的 52% 增长到

2018 年的 64%，意味着大湾区城市间科学研究关联程度不断提升。而且，这种发展态势还与我国政府近年不断出台的一系列促进大湾区发展的规划纲要和政策文件密切相关。例如，在 2008 年国家发改委发布的《珠江三角洲地区改革发展规划纲要（2008—2020 年）》和 2009 年粤港澳三地共同编制的《大珠江三角洲城市群协调发展规划研究》政策影响下，科研溢出指数逐步上升。在 2010 年和 2011 年，广东省政府又分别与香港特别行政区和澳门特别行政区政府签署了《粤港合作框架协议》与《粤澳合作框架协议》，进一步推进三地之间的合作平台建设。科研溢出指数随后又出现了跳跃式的增长。随着大湾区自 2017 起进入到国家总体发展战略规划之后，科研溢出指数再次开始攀升，并在高位徘徊。

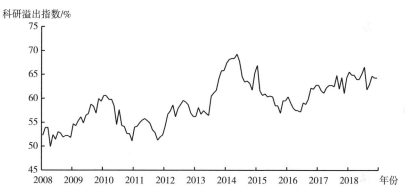

图 6-4　2008～2018 年粤港澳大湾区城市间科研溢出效应动态分析

注：预测期为 5 个月，滚动窗口为 36 个月。

接着，我们进一步考察粤港澳大湾区核心节点城市广州市、深圳市、香港特别行政区和澳门特别行政区的科研溢出净效应动态变化趋势。如图 6-5 所示，广州市科研溢出的净效应在样本期内除了 2011 年 6 月之外，其余月份均为正，表明广州市为科研溢出的净输出者，这与前面表 6-9 基于整体样本期间的静态分析结果一致。深圳市科研溢出的净效应从 2009 年起，除了 2009 年 8 月和 2012 年 12 月为负以外，其余月份均为正，表明深圳市也是大湾区科研合作网络中科研溢出的净输出者，这与前面表 6-9 基于整体样本期间的静态分析结果一致。而且，深圳市科研溢出净效应指数自 2013 年之后随着时间推移而迅速攀升，成为大湾区城市科研溢出的主要来源之一。这无疑与深圳市近几年推出各种政策措施大力引进国内外高层次人才、深化科技体制改革、提升其科技创新能力密不可分。

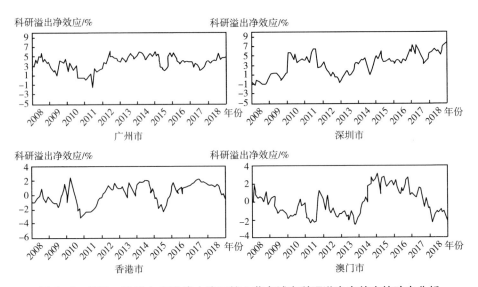

图 6－5 2008～2018 年粤港澳大湾区核心节点城市科研溢出净效应的动态分析

注：预测期为 5 个月，滚动窗口为 36 个月。

对香港特别行政区科研溢出净效应的动态分析揭示，香港特别行政区科研溢出净效应指数在绝大多数年份里均为正，表明香港特别行政区也是大湾区科研合作网络中科研溢出的净输出者，但并未呈现出大幅度的上升态势。相比之下，澳门特别行政区科研溢出净效应指数虽然在有些年份（例如 2015 年和 2016 年）为正，但在其他年份里均为负，表明澳门特别行政区是大湾区科研合作网络中科研溢出的净接受者。

最后，我们考察大湾区各城市科研边际净溢出效应的变化。表 6－9 给出了基于第 3 章公式计算出来的粤港澳大湾区城市间两两交互边际净溢出效应。如果边际科研净溢出指数 $MNS_{t,i\leftarrow j}^{H}$ 的值大于 0，表明从 2008～2018 年城市 j 到城市 i 的科研净溢出增加；反之，则意味着从城市 j 到城市 i 的科研净溢出减少。

不难看出，从 2008～2018 年，深圳市对其他城市的科研净溢出程度增强，以 80.3 的增量成为湾区科研净溢出最大的城市。这无疑与深圳市在此期间前后一系列汇聚科研人才与资源，打造世界一流的科技、产业创新中心的举动密切相关。例如，深圳市自 1999 年动工兴建的虚拟大学园，先后聚集了北京大学、清华大学、香港大学、香港中文大学等 62 所国内外知名院校，新建和承接了大批的科研机构；2010 年起推出的"孔雀计划"为深圳市引入超 3000 人的海内外高层次人才团队，成为推动深圳市作为知识新核心崛起的重要力量。

表 6 - 9　　　　粤港澳大湾区城市间两两交互的边际净溢出效应分析

城市	香港特别行政区	澳门特别行政区	广州市	深圳市	珠海市	佛山市	中山市	东莞市	惠州市	江门市	肇庆市	Marginal Net From
香港特别行政区	0.0	- 5.0	3.4	3.6	- 3.7	0.0	- 2.0	- 0.6	- 5.9	- 1.5	- 2.8	- 14.4
澳门特别行政区	5.0	0.0	4.6	15.2	1.4	3.6	4.2	- 3.3	- 3.0	- 3.7	- 1.4	22.4
广州市	- 3.4	- 4.6	0.0	12.6	- 2.4	- 7.3	2.5	- 5.1	2.7	- 3.2	5.9	- 2.3
深圳市	- 3.6	- 15.2	- 12.6	0.0	- 10.1	- 10.2	- 1.8	- 18.0	4.2	- 3.2	- 9.8	- 80.3
珠海市	3.7	- 1.4	2.4	10.1	0.0	2.3	5.0	- 6.0	- 1.0	0.4	3.0	18.6
佛山市	0.0	- 3.6	7.3	10.2	- 2.3	0.0	8.1	- 6.8	0.4	2.5	- 3.3	12.5
中山市	2.0	- 4.2	- 2.5	1.8	- 5.0	- 8.1	0.0	- 7.1	0.2	- 1.4	- 5.4	- 29.6
东莞市	0.6	3.3	5.1	18.0	6.0	6.8	7.1	0.0	2.4	4.9	- 0.8	53.4
惠州市	5.9	3.0	- 2.7	- 4.2	1.0	- 0.4	- 0.2	- 2.4	0.0	3.3	- 0.7	2.5
江门市	1.5	3.7	3.2	3.2	- 0.4	- 2.5	1.4	- 4.9	- 3.3	0.0	0.2	2.1
肇庆市	2.8	1.4	- 5.9	9.8	- 3.0	3.3	5.4	0.8	0.7	- 0.2	0.0	15.1
Marginal Net To	14.4	- 22.4	2.3	80.3	- 18.6	- 12.5	29.6	- 53.4	- 2.5	- 2.1	- 15.1	

注：预测期为 5 个月，滚动窗口为 36 个月。

就其他城市而言，从 2008 ~ 2018 年，香港特别行政区、广州市和中山市的边际科研净溢出效应也有所增加。作为高校密集、科研基础雄厚的城市，香港特别行政区和广州市自然是大湾区科学研究合作网络中科研溢出的重要源泉。相比之下，虽然中山市受限于"大院""大所"短板，但近年来借助粤港澳大湾区发展机遇，通过创新机制体制搭建成果转化平台，将香港特别行政区、澳门特别行政区、广州市等地的高校资源充分利用起来，加强科研交流合作，大力发展健康医药、新一代信息技术、高端装备制造等战略性新兴产业，推动了自身科研创新能力的提升，因而也提升了对其他城市的边际净溢出效应。

6.5 小　　结

本章运用新近发展起来的社会网络分析法，在 VAR 模型框架下基于方差分解构建科研溢出指数，对粤港澳大湾区城市间科研联动及其溢出效应进行了系统研究，分析了大湾区城市间科研联动的结构与效率、溢出方向、强度和动态演变。得出如下主要结论。

首先，大湾区城市科学研究模式发生了根本性的改变，各个城市的科学研究不再是封闭孤立的"岛屿"，而是构成了一个彼此依存、相互影响的科研合作网络，一个高度整体关联的"科技创新共同体"。从层级的角度来看，粤港澳大湾区城市间科研合作网络呈现出明显的多级分层特征，广州市、香港特别行政区、深圳市形成一个突出的三角形结构。这三个核心城市影响着大湾区城市间的科研合作论文数量和整体网络的稳定性，它们与网络中其他城市有着广泛的科研合作联系，扮演着公共连接的角色，形成了小世界网络。然而值得注意的是，大湾区科研合作网络中实际存在的城市间科研合作联系数远低于理论上可能的最大联系数，表明大湾区城市间科研合作网络效率不高的现状。

其次，在 VAR 模型框架下基于方差分解构建科研溢出指数，对粤港澳大湾区城市间科研溢出效应的研究发现，大湾区城市间总的科研溢出效应为46.9%，表明大湾区城市科学研究有接近一半的权重是由其他城市科研溢出带来的，因而存在着显著的城市间科研关联和溢出效应。深圳市、香港特别行政区和广州市是科研溢出的中心。然而若从区域分布的角度切入，对比考察每个城市科研溢出效应发生的地域范围，则发现广东省各城市的科研溢出效应局限于本省内部，与香港特别行政区和澳门特别行政区之间的科研合作一体化程度仍需提高。

　　最后，粤港澳大湾区城市间科研溢出效应的动态变化趋势研究表明，大湾区城市间总体科研溢出效应呈现出明显的上升态势，意味着大湾区城市间科学研究关联程度不断提升。深圳市、广州市和香港特别行政区也是大湾区科研溢出的净输出城市。

　　上述关于粤港澳大湾区城市间的科学研究联动和溢出效应的研究结论揭示，在科学的粤港澳大湾区协同创新政策设计过程中，应将城市间科学研究的互动关联作为一个重要的决策变量。忽视这种联动结构将会导致对城市科研创新行为及其影响的误解。针对大湾区城市间科研合作网络效率不高的现状，应积极搭建科学研究合作平台，推动创新要素在城市间，尤其是广州市、香港特别行政区、深圳市三个核心节点城市与其他科研欠发达城市之间的有效对接和高效配置，从而促进大湾区城市间的科研合作联系与效率，增强科研合作网络对科研欠发达城市的吸纳与融合。

　　此外，针对广东省各城市科研溢出效应主要局限于本省内部的问题，应深化推动广东省各城市与香港特别行政区和澳门特别行政区之间的科研合作一体化，通过优势互补开展科技合作，打破溢出效应的地域局限性，实现大湾区各城市科学研究空间溢出效应的放大。

第 7 章

长三角城市间科技创新联动与溢出效应

　　2019 年 12 月中共中央、国务院印发的《长江三角洲区域一体化发展规划纲要》中，明确指出长江三角洲（以下简称"长三角"）地区是我国经济发展最活跃、开放程度最高、创新能力最强的区域之一，在国家现代化建设大局和全方位开放格局中具有举足轻重的战略地位。科技创新力量也是长三角发展的重要依靠和主要支撑。深化城市间的科技合作、强化区域创新联动发展是建设长三角的重要内容，在增强长三角地区创新能力和竞争能力方面发挥着引领和支撑作用。各城市通过优势互补开展科技合作是大势所趋。如何加快提升长三角城市间科技创新合作水平，着力打造世界一流的区域科技创新共同体，无疑是当前研究中值得关注的一个重要现实问题。

　　事实上，自 1982 年长三角的雏形"上海经济区"提出以来，长三角地区的发展问题一直是学者关注和研究的重点。现有文献按照研究内容的不同，主要可以分为以下几类：第一，对于长三角地区产业结构的分析，比如范剑勇（2004）、邱风等（2005）等学者研究了产业同构现象，肖文和林高榜（2008）、陈建军和黄洁等（2009）等学者研究了产业集聚现象等；第二，对长三角地区经济增长的研究，如姚先国等（2007）、吴福象和刘志彪（2008）、张学良（2010）等学者的研究；第三，对长三角城市群结构的分析，如侯赟慧等（2009）、熊丽芳等（2013）、柴攀峰和黄中伟（2014）等学者的研究；第四，长三角城市群与国内其他城市群的比较研究，如万向东等（2006）、苏良军和王芸（2007）等学者的研究。第五，长三角地区创新发展的研究，如魏守华等（2009）、付丙海等（2015）等学者的研究。

然而值得注意的是，有关长三角城市间科技创新联动与溢出效应的研究并不多见。本章以"新基建"信息通信技术（ICT）行业为例，在前面章节的 VAR 模型框架下基于方差分解构建科技创新联动和溢出效应指数，定量测度长三角城市间科技创新联动和溢出效应的方向、强度与规模。

相比传统基建，新基建已成为中国下一步经济发展的主要路径。鉴于此，对于该行业科技创新的研究，对贯彻新发展理念，实现国家生态化、数字化、智能化、高速化、新旧动能转换与经济结构对称态，无疑具有重大的意义。

7.1　长三角城市间科技创新基本格局

根据 2019 年国务院印发的《长江三角洲区域一体化发展规划纲要》，长三角地区包括上海市、江苏省、浙江省、安徽省全域的 41 个城市，具体为上海市、南京市、无锡市、徐州市、常州市、苏州市、南通市、连云港市、淮安市、盐城市、扬州市、镇江市、泰州市、宿迁市、杭州市、宁波市、温州市、嘉兴市、湖州市、绍兴市、金华市、衢州市、舟山市、台州市、丽水市、合肥市、芜湖市、蚌埠市、淮南市、马鞍山市、淮北市、铜陵市、安庆市、黄山市、滁州市、阜阳市、宿州市、六安市、亳州市、池州市、宣城市。近年来，随着长三角一体化的不断推进，长三角地区各城市间的联系不断加强。为了实现更高质量的一体化发展，城市间的科技创新协同发展成为越来越重要的主题，相关政策也相继出台以促进长三角城市间的创新合作。例如，以搭建"长三角区域科技资源共享平台"、发行区域内通用的"科技创新券"等方式促进城市间设备、资金等创新资源的流动和共享；建立 G60科技创新走廊，打破行政壁垒，为区域协同创新提供动力与经验。由此也带来了长三角城市间越来越紧密的创新联系。

专利作为知识产权的主要体现形式，其数量是创新研究中广泛使用的数据。考虑到专利从申请到授权需经相关部门的审核，因此专利授权数量相较于专利申请数量更能够体现专利的质量，更为真实地反映技术创新。我们以技术含量最高的发明专利为例，采用大数据处理分析技术，从国家知识产权局专利数据库中提取 2015～2019 年 ICT 行业所有授权的发明专利数据，根据每条专利的申请人及其地址信息统计得出长三角城市层面的发明专利授权数量。其中，ICT 行业具体包括电信（Telecommunications）、数字通信（Digital communication）、基础通信过程（Basic communication processes）、计算机技术（Computer technology）和半导体（Semiconductors）5 大类。

图 7 - 1 给出了长三角地区 41 个城市在 ICT 行业发明专利授权数量及其变动态势。不难看出，长三角地区 ICT 行业的发明专利授权数量呈现逐年上升趋势，从 2015 年的 7750 件增加到 2019 年的 18133 件，增长了 1 倍以上，年均增长率为 24%。

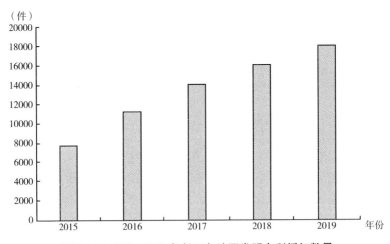

图 7 - 1 2015～2019 年长三角地区发明专利授权数量

资料来源：国家知识产权局专利数据库。

表 7 - 1 给出了长三角地区 ICT 行业历年发明专利授权数量最多的五个城市。通过比较不同年份数据，可以发现前五位城市的格局具有以下特点：第一，上海市的发明专利授权数量排名第一且历年比重均高于 35%，具有最强的创新能力，但比重存在下降趋势，一定程度上反映了上海市与其他城市之间的创新能力差距有所缩小；第二，前五位城市的构成比较稳定，上海市、杭州市、南京市、苏州市始终位于前五位城市之列，而第五位的城市在

2018 年开始由无锡市变为合肥市，这一方面说明直辖市、省会城市以及经济强市具有更强的创新产出能力，另一方面也说明合肥市所代表的安徽地区逐步融入长三角一体化发展中；第三，排名前五位城市各年的发明专利授权数量合计比重均大于 80%，表明大部分专利产出集中在小部分城市，长三角地区城市间的创新能力差距仍较为明显。

表 7-1　　2015～2019 年长三角地区 ICT 行业发明专利授权数量排名前五位的城市

2015 年		2016 年		2017 年		2018 年		2019 年	
城市	比重	城市	比重	城市	比重	城市	比重	城市	比重
上海市	41.59%	上海市	41.28%	上海市	37.68%	上海市	39.22%	上海市	36.63%
南京市	14.08%	南京市	15.19%	南京市	17.57%	南京市	16.33%	杭州市	17.55%
杭州市	13.82%	杭州市	12.53%	杭州市	14.26%	杭州市	14.70%	南京市	16.97%
苏州市	9.21%	苏州市	9.14%	苏州市	8.44%	苏州市	8.06%	苏州市	7.46%
无锡市	7.19%	无锡市	6.95%	无锡市	5.55%	合肥市	4.93%	合肥市	5.23%
合计	85.88%	合计	85.10%	合计	83.51%	合计	83.25%	合计	83.85%

资料来源：国家知识产权局专利数据库。

若进一步从层级的角度来看，长三角地区城市科技创新呈现出明显的多级分层特征，即不同城市位于不同层级。具体来讲，我们以 2015～2019 年 ICT 行业各城市发明专利授权总数是否超过 10000、1000、100 为标准，将长三角地区城市划分为四个层级，图 7-2 中所示圆点大小与该城市的发明专利授权数量成正比。其中，上海市、杭州市和南京市的发明专利授权数量均超过 10000 且远超其他城市，属于第一层级；苏州市、无锡市、合肥市、宁波市、常州市的发明专利授权数量均大于 1000，属于第二层级；南通市、镇江市、嘉兴市、芜湖市、徐州市、扬州市、温州市、金华市、绍兴市、盐城市、台州市、泰州市、淮安市、蚌埠市、马鞍山市、湖州市的发明专利授权数量均大于 100，属于第三层级；剩余城市的发明专利授权数量较少，属于第四层级。位于核心层级的主要是直辖市、省会城市和部分经济强市。这些城市发明专利授权数量较多，表明这些城市科技创新能力较强。

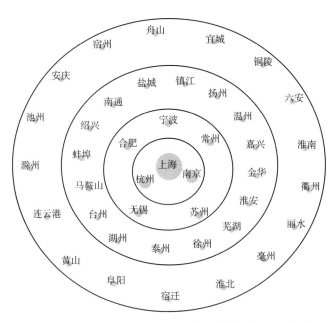

图 7-2 长三角地区各城市发明专利授权数量层级示意

资料来源：国家知识产权局专利数据库。

除了长三角地区各城市专利产出数量外，本章还对长三角地区城市间的发明专利合作情况进行了描述。以城市间专利合作数量为基础，利用 Gephi 软件绘制专利合作网络，如图 7-3 所示，图中不同颜色的节点表示不同直辖市或省份的地级市，连线表示城市间存在专利合作关系。专利合作强度则一方面表现为节点大小，节点越大的城市与其他城市的专利合作越多，另一方面表现为连线粗细，连线越粗的城市之间的专利合作越多。总体而言，上海市、南京市、杭州市、苏州市等直辖市、省会城市和经济强市的节点较大，位于网络比较中心的位置，与较多城市都具有专利合作关系，但同时也存在一定数量的没有专利合作关系的边缘孤立节点。分区域来看，属于同一省份的城市之间的专利合作网络密集程度更高，其中省会城市因为更容易与本省内其他城市进行专利合作而在省内专利合作网络中位于中心位置。此外，通过对不同区域的比较可以发现，安徽省城市间的网络比较稀疏，并且各城市较少与省外城市建立专利合作联系。

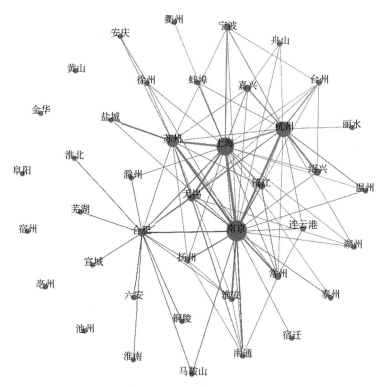

图7-3　长三角地区城市间发明专利合作网络示意

7.2　长三角城市间科技创新联动与溢出效应
静态分析

　　这一部分将采用前面第3章提及的溢出关联矩阵来对长三角城市间科学研究联动与溢出的路径、方向、结构和程度进行静态分析。我们利用2015～2019年长三角地区ICT行业各城市每周发明专利授权数据对城市之间的创新联动与溢出效应进行分析。出于分析简洁和向量自回归模型广义方差分解法对于变量数限制的考虑，本章选取了2015～2019年长三角地区ICT行业发明专利授权数排名前15位的城市为研究对象。这些城市是上海市、南京市、无锡市、徐州市、常州市、苏州市、南通市、扬州市、镇江市、杭州市、宁波市、温州市、嘉兴市、合肥市、芜湖市。以上 15 个城市对于一市三省均有所涉及，且其发明专利授权数占长三角地区发明专利授权总数的 95% 以上，具有代表性。

具体来讲，考虑到联动和溢出效应指数构建在 VAR 模型系统之上，因此，我们首先将发明专利授权数据取对数，并对数据的平稳性进行检验，ADF（Augmented Dickey-Fuller）统计量在 1% 的水平上拒绝存在单位根的假设；其次根据 AIC（Akaike Information Criterion）准则选择最优的滞后阶数为 1 阶，预测误差方差分解预测期为 5 周。在此基础上，绘制长三角城市间 ICT 行业的创新联动与溢出关联矩阵，如表 7 - 2 所示。

首先，从整体来看，长三角城市间总的创新联动指数为 57.62%，表明除了城市自身特有的因素作用之外，长三角城市科技创新有接近一半的权重是由其他城市创新溢出带来的，因而存在着显著的城市间创新联动和溢出效应。随着长三角一体化的推进，各城市间联系越来越紧密，城市间知识传播和创新合作活动频繁，从而使得区域整体上具有较高的创新联动，区域协同创新体系初具雏形。

其次，从对其他城市创新溢出效应的角度来看（表 7 - 2 中 To 一行），南京市对其他城市创新溢出效应最大，达到了 133.56%；紧接着是上海市，对其他城市的创新溢出效应达到了 127.39%；位于其后的杭州市、合肥市和苏州市对其他城市的创新溢出效应均大于 90%。而温州市和扬州市对其他城市的创新溢出效应较小，仅为 22.34% 和 21.57%。从受到其他城市创新溢出效应的角度来看（表 6 - 2 中 From 一列），杭州市受到其他城市的创新溢出效应最大，达到了 75.02%；其次为苏州市，受到其他城市的创新溢出效应为 74.09%；紧接着的南京市、合肥市和上海市受到其他城市的创新溢出效应均在 70% 以上水平。扬州市和徐州市受到其他城市的创新溢出效应较小，仅为 44.96% 和 41.23%。

最后，从表 7 - 2 的 N×N 矩阵中可以发现两两城市之间的创新联动关系。上海市对苏州市的创新溢出效应最大，为 14.87%。从对其他城市的创新溢出效应来看，上海市对苏州市、南京市对杭州市、苏州市对上海市、杭州市对合肥市、合肥市对南京市的创新溢出均在前者对其他城市的创新溢出

单位：%

表 7 - 2　长三角城市间创新联动与溢出关联矩阵

	上海市	南京市	无锡市	徐州市	常州市	苏州市	南通市	扬州市	镇江市	杭州市	宁波市	温州市	嘉兴市	合肥市	芜湖市	From
上海市	29.66	13.96	6.70	1.74	2.51	12.12	1.54	0.71	1.62	9.34	4.26	1.41	3.31	8.34	2.80	70.34
南京市	13.33	26.79	4.82	3.65	1.98	10.16	2.63	2.28	2.06	9.42	4.85	2.63	2.56	9.99	2.88	73.21
无锡市	11.14	10.91	37.78	0.28	2.68	9.92	1.96	0.97	1.92	6.67	5.09	0.79	2.02	5.74	2.12	62.22
徐州市	7.92	7.52	0.35	58.77	1.10	1.96	0.33	0.96	1.20	4.52	3.28	1.16	2.39	7.46	1.09	41.23
常州市	7.53	5.73	3.91	0.55	47.86	9.01	3.80	0.92	3.33	6.38	3.71	0.89	1.29	4.37	0.75	52.14
苏州市	14.87	13.75	6.01	1.47	4.65	25.91	2.20	1.04	2.02	9.38	4.81	1.17	2.64	7.20	2.87	74.09
南通市	7.06	9.04	2.32	1.69	3.99	5.15	49.53	2.80	1.74	3.02	5.08	1.15	1.61	5.21	0.62	50.47
扬州市	4.82	7.19	1.75	1.86	1.20	2.78	2.22	55.04	3.06	4.23	2.62	3.34	0.61	7.13	2.17	44.96
镇江市	7.02	7.54	3.23	1.36	3.03	6.10	1.43	2.59	51.97	4.27	2.94	0.41	0.74	5.67	1.69	48.03
杭州市	13.94	14.06	5.50	2.79	3.22	9.25	1.42	1.13	1.38	24.98	5.93	2.75	1.86	8.36	3.45	75.02
宁波市	8.92	8.72	4.92	2.76	2.62	6.18	2.05	0.77	1.41	7.14	40.74	1.20	1.81	8.83	1.95	59.26
温州市	6.35	8.14	1.80	2.16	1.56	2.38	1.22	2.03	0.62	7.26	2.63	54.73	1.73	5.61	1.78	45.27
嘉兴市	6.25	7.14	2.78	2.16	1.68	6.84	0.80	1.45	0.57	6.82	3.17	2.13	50.56	4.60	3.05	49.44
合肥市	11.23	12.65	3.12	3.35	1.92	6.65	1.68	2.92	3.82	10.65	5.89	2.67	1.33	29.55	2.56	70.45
芜湖市	7.01	7.21	2.06	2.03	1.98	5.00	0.49	0.99	1.87	6.15	3.71	0.66	2.76	6.29	51.79	48.21
To	127.39	133.56	49.24	27.84	34.12	93.51	23.76	21.57	26.61	95.24	57.96	22.34	26.65	94.81	29.77	57.62

效应中排名第一。从受到其他城市的创新溢出效应来看，上海市从南京市、南京市从上海市、苏州市从上海市、杭州市从南京市、合肥市从南京市所受到的创新溢出效应也是前者受到其他城市的创新溢出中相对最大的。其余城市间的创新溢出效应相对较小。以上结果表明，对于ICT这种研发需要较多资金、面临较大不确定性的行业，上海市、南京市、苏州市、杭州市、合肥市这些城市作为直辖市、省会城市和经济强市，由于集聚了较多人才和资金等创新要素而具有较强的创新溢出能力。此外，技术水平更高更相近的城市更倾向于进行合作与交流，从而产生更大创新关联（王越、王承云，2018）。

为了更加直观地展示创新溢出在长三角各城市间的传递路径、传递强度和溢出中心，接下来根据表7-2中N×N矩阵部分的两两城市间创新溢出效应，利用社会网络结构图，绘制出创新联动与溢出网络图（见图7-4）。网络图中的各个节点表示本部分中被选取进行分析的15个城市，节点大小表示该城市对其他城市的创新影响大小，即节点越大则该节点城市的创新溢出能力越强；节点间连线表示两两城市间的创新联系，连线粗细则表示创新溢出效应的大小，即城市间创新联系越强则连线越粗，而连线箭头方向则表示

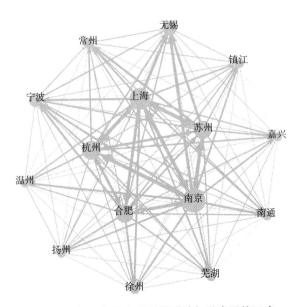

图7-4 长三角城市间创新联动与溢出网络示意

创新溢出方向。通过观察网络图，可以研究创新溢出效应的大小、溢出方向以及溢出中心等问题，从而对长三角地区 CIT 行业的创新格局有更深入的认识。可以看到与对创新联动和溢出矩阵的分析结果一致，上海市、南京市、杭州市、苏州市、合肥市五个城市表现出更强的创新溢出能力，这些城市位于创新网络的中心位置，具有较大节点尺寸。并且这些城市相互之间较粗的连线也表明它们之间存在较大的创新联系。其中，上海和南京以更加显著的节点尺寸而位居创新网络的核心地位。而相对应的则是位于网络外圈的边缘城市，它们的节点要更小且连线要更细。这说明该创新网络在一定程度上具有中心—边缘的网络结构特征。

进一步，我们分析长三角地区城市间创新溢出净效应。首先，通过第 3 章公式计算出两两城市间的创新溢出净效应，图 7-5 是创新溢出净效应网络图的形式。网络图同样由节点、连线、箭头等元素组成，分别表示创新溢出净效应的大小和方向。有所不同的是，由于描绘的是城市间创新溢出净效应，所以连线的箭头指向是单向的，表示起点城市对终点城市具有正的创新溢出净效应。创新溢出净效应网络同样具有相似的中心—边缘结构。上海

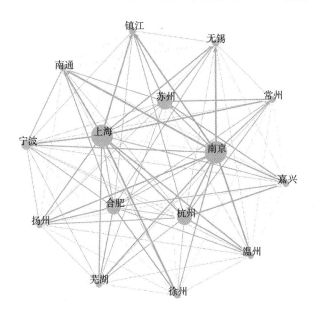

图 7-5   长三角城市间创新溢出净效应网络示意

市、南京市、杭州市、苏州市、合肥市仍然位于网络的中心位置，按照与其
之间建立创新净溢出关系的城市数量多少进行排序，依次为南京市、上海
市、杭州市、合肥市、苏州市。

在此基础上，我们对各城市总的创新溢出净效应进行分析，将各城市按
照对其他城市总的创新溢出净效应进行排序，得到表7-3。其中，某城市的
Net 数值是通过对应 To 和 From 的数值利用第3章的净效应公式相减得到的，
两者相加得到 Gross。

表7-3　　　　　　长三角城市间创新溢出效应的净输出者和净接收者　　　单位：%

排序	城市	Net	To	From	Gross
1	南京市	60.35	133.56	73.21	206.78
2	上海市	57.05	127.39	70.34	197.72
3	合肥市	24.36	94.81	70.45	165.25
4	杭州市	20.22	95.24	75.02	170.26
5	苏州市	19.42	93.51	74.09	167.59
6	宁波市	-1.31	57.96	59.26	117.22
7	无锡市	-12.98	49.24	62.22	111.46
8	徐州市	-13.39	27.84	41.23	69.07
9	常州市	-18.03	34.12	52.14	86.26
10	芜湖市	-18.44	29.77	48.21	77.98
11	镇江市	-21.42	26.61	48.03	74.64
12	嘉兴市	-22.79	26.65	49.44	76.08
13	温州市	-22.92	22.34	45.27	67.61
14	扬州市	-23.40	21.57	44.96	66.53
15	南通市	-26.72	23.76	50.47	74.23

从各城市创新溢出净效应来看，南京市和上海市是创新溢出净效应最大
的输出城市，分别为60.35%和57.05%，远超其他城市。上海市承担着长
三角城市群首位城市和发展中心的角色，南京市由于其地理位置在长三角城
市群中具有外引内联的独特作用（侯赟慧等，2009），因此这两个城市在长
三角创新联动与溢出网络中处于绝对的核心位置。除此之外，合肥市、杭州

市、苏州市也属于创新溢出效应的净输出者，但创新溢出净效应小于南京市和上海市。剩余城市创新溢出净效应均为负，属于创新溢出效应的净接收者。这一点与城市规模相契合。根据国家公布的城市规模划分标准，上海市属于超大城市、南京市和杭州市属于特大城市，苏州市、宁波市和合肥市则属于大城市。这些人口规模较大的城市具有更强的创新能力（Carlino et al.，2007），从而对长三角地区产生了更大的创新溢出。此外，这从另一方面也反映了长三角地区的 ICT 行业发展不平衡，主要集中在少数几个核心城市，对周边城市的辐射带动作用不强。

此外，从区域空间分布的角度切入，对长三角城市间创新联动与溢出效应进行分析，以对比考察长三角城市创新溢出效应发生的区域范围。具体来讲，我们分别计算出每个城市来自国外、区域外和区域内的创新溢出和对国外、区域外和区域内的创新溢出，结果如表 7-4 所示。

表 7-4　　　　　　　　长三角城市间创新溢出效应的区域分布　　　　　　单位：%

城市或区域	来自国外	来自区域外	来自区域内	对国外	对区域外	对区域内
上海市	8.55	19.36	72.09	13.34	13.29	122.03
南京市	3.35	18.56	78.09	6.02	12.64	123.67
无锡市	3.20	12.56	84.26	3.43	3.59	71.43
徐州市	0.26	7.15	92.63	0.27	1.46	81.80
常州市	2.65	8.21	89.15	1.55	1.77	77.04
苏州市	5.31	17.13	77.56	6.02	8.45	95.41
南通市	1.54	6.12	92.34	1.04	1.55	74.35
扬州市	0.45	4.56	95.00	0.07	0.70	80.97
镇江市	0.79	8.68	90.53	0.60	1.43	73.66
杭州市	4.14	19.59	76.25	5.16	8.67	89.84
宁波市	1.86	10.70	87.44	2.08	3.66	79.34
温州市	0.54	6.60	92.87	0.24	1.19	76.38
嘉兴市	1.53	7.59	90.88	1.05	1.62	74.34
合肥市	2.86	15.45	81.69	4.50	7.31	90.43

续表

城市或区域	来自国外	来自区域外	来自区域内	对国外	对区域外	对区域内
芜湖市	0.93	8.00	91.08	0.64	2.18	81.17
国外	39.31	14.69	46.01	39.31	6.00	37.96
区域外	6.00	24.50	69.51	14.69	24.50	170.26

从表 7 - 4 中可以发现以下特征：第一，无论从接收还是输出创新溢出效应的角度看，长三角地区各城市的创新溢出效应都表现出区域内最大、区域外次之、国外最小的特点。这说明地理距离仍然是影响跨区域创新联系的重要因素，长三角科技创新溢出效应更多局限于区域内部，而与国内其他地区和其他国家的创新联系有待加强。第二，在与国外主体的创新联系中，上海市、南京市、杭州市、合肥市、苏州市、宁波市等直辖市、省会城市和经济强市对国外主体的创新溢出效应要大于来自国外主体的创新溢出效应，即具有正向的创新溢出净效应。与上文结果类似，这些城市由于具有更强的创新能力和更高的对外开放水平，从而与国外建立了更为紧密的创新联系。第三，在与区域外主体的创新联系中，长三角城市对区域外的创新溢出效应均小于来自区域外的创新溢出效应，即在与国内其他地区的创新联系中属于创新溢出效应的净接收者。这表明长三角地区的创新活动除了依赖其自身的创新要素资源之外，也能有效地从外部获取创新资源或学习科技知识，进而促进本地创新产出。但作为国家重要创新高地，长三角地区未来也要积极发挥示范或辐射作用，通过加强对创新能力较弱地区的帮扶和合作等方式对国内其他地区输出更多的创新溢出效应。

除了从不同城市角度对长三角地区 ICT 行业的创新联动与溢出关系进行分析外，本章还从不同创新主体角度进行扩展分析。根据专利申请人信息和国务院国有资产监督管理委员会公布的中央企业名录，我们将创新主体分为央企、除央企以外的本国其他类型企业（包括民营和外国主体）[①]、高校与科研所、个人与其他组织以及部队共五类。基于对以上主体发明专利授权数据的测算得到创新溢出关联矩阵（见表 7 - 5）。从 To 和 From 中可以发现，

---

① 由于没有系统的民营和外国主体名录，因此统一归为除央企以外的本国其他类型企业。

本国其他类型企业、高校与科研所分别为对外输出创新溢出最多和接收创新溢出最多的主体。从两两主体之间的创新溢出效应可以看出，无论是输出还是接收，所有创新主体均与本国其他类型企业具有更多的创新联系，表明本国其他类型企业相较于央企具有更强的创新影响力。此外，相较于其他类型的创新主体关系，企业和高校与科研院所之间的创新联系更多，表明长三角地区的 ICT 行业已经形成了一定的产学研合作发展的良好局面，企业是长三角地区的重要创新源。

表 7 - 5　　　　长三角城市间不同创新主体创新联动与溢出关联矩阵　　　　单位:%

主体	央企	本国其他企业	高校与科研所	个人与其他组织	部队	From
央企	44.06	29.65	15.55	9.46	1.28	55.94
本国其他企业	25.03	44.68	17.65	10.69	1.95	55.32
高校与科研所	20.42	27.35	40.02	10.35	1.86	59.98
个人与其他组织	13.15	22.49	11.97	51.43	0.97	48.57
部队	3.69	6.60	3.73	3.29	82.68	17.32
To	62.29	86.10	48.89	33.78	6.07	47.43

7.3　长三角城市间科技创新联动与溢出效应的动态分析

上述静态分析反映出了全样本期间的整体平均状态。在此基础上，我们进一步引入时间维度，利用滚动估计法计算出总的创新联动指数，考察长三角城市间科技创新联动的动态变化趋势。从图 7 - 6 我们可以知道，2016 年 7 月，创新联动指数由 60% 左右开始小幅上升并维持在 70% 左右，并于 2017 年 7 月开始出现较大幅度下降的趋势，降至 2019 年 7 月的 40.90%，之后维持在 45% 左右。

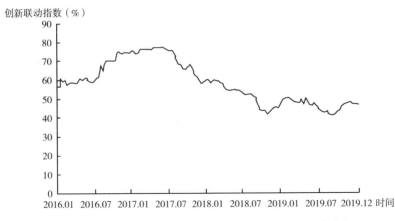

图 7 – 6　2016 ～ 2019 年长三角城市间创新联动指数动态变化

注：预测期间为 5 周，滚动窗口期为 52 周。

可以看到，总的创新联动指数保持在 40% ～ 70% 的区间，但随着时间推移呈现先小幅上升后大幅下降的趋势。具体来看，创新联动指数在 2016 年 7 ～ 8 月小幅上升，与国家在 2016 年 5 月出台《长江三角洲城市群发展规划》，推动长三角一体化发展密切相关。该规划提出融入创新网络、打造协同创新平台和整合创新资源等一系列的创新相关政策，减少了人员和资本等创新要素在区域间流动的障碍，进而带来创新联系的增强。长三角创新联动指数在 2017 年 7 ～ 9 月之后呈现的下降趋势，这无疑与近年来国际政治经济形势的不稳定和国内创新政策的改革密切相关。首先，经济政策不确定性会通过降低经济体的创新动力对创新数量和质量直接产生负面影响（Bhattacharya et al.，2017）。对于企业而言，经济政策不确定性会影响研发投入从而抑制企业创新（郝威亚等，2016）。专利技术研发和申请都需要较大投入，而 2018 年开始的中美贸易摩擦带来的经济不确定性上升，使得企业面临较大的营收压力，进而导致企业创新减少。其次，过去了鼓励创新，政府对于专利制定了一系列的奖励和补贴政策，带来了专利数量的急剧上升。专利激励政策在增加专利数量的同时也带来了专利质量的下降（龙小宁、王俊，2015）。多年来，中国的专利申请数量一直位居世界前列，但专利的质量与转换率却一直较低。为此，国家知识产权局办公室在 2018 年 8 月发布《关于开展专利申请相关政策专项督查的通知》，以规范和减少专利补助。这降低了部分企业通过专利而获利的动机，导致了创新活动和联系的减少。

　　接着，我们进一步对 ICT 行业各城市的创新溢出净效应进行考察。从图 7-7 中可以看到各城市创新溢出净效应波动较大。按照总体变动趋势可以分为上升、下降和平稳三种类型。徐州市、常州市、南通市、扬州市、镇江市、温州市、嘉兴市、芜湖市的创新溢出净效应呈现波动上升趋势，这在一定程度上表明随着长三角一体化进程的推进，部分边缘城市进一步融入创新合作中，创新能力得到提升。而上海市、南京市、无锡市、苏州市、杭州市的创新溢出净效应则存在波动下降的趋势。一个可能的原因是，由于创新溢出净效应等于该城市对其他城市的创新溢出效应减去其他城市对该城市的创新溢出效应，而边缘城市由于创新能力提升而对以上城市的创新溢出效应增加，从而导致这些城市创新溢出净效应下降。宁波市和合肥市的变动较为稳定，不存在明显上升或下降的趋势。

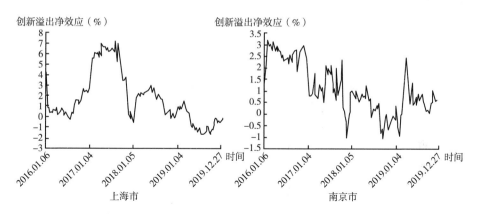

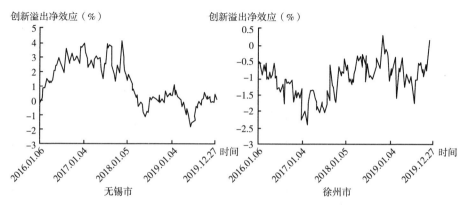

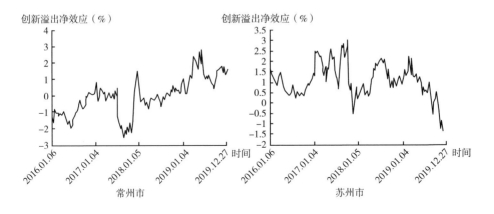

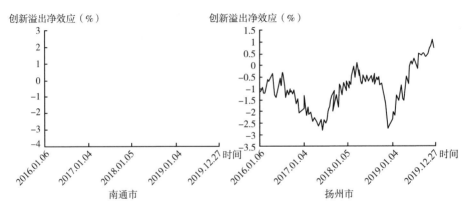

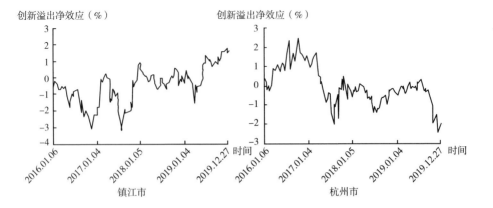

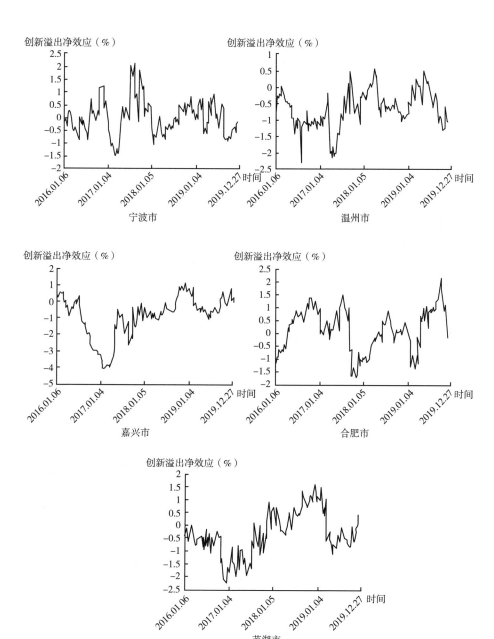

图 7 - 7　2016～2019 年长三角各城市 ICT 行业创新溢出净效应的动态分析

注：预测期为 5 周，滚动窗口期为 52 周。

　　最后，我们通过选取不同的预测期和滚动窗口期对动态分析结果进行稳健性检验。图 7 - 8 给出了在预测期 H 分别取 5、10、15，滚动窗口期 R 分别取 39、52、65 情况下总的创新联动指数动态变化。可以看出，在相同预

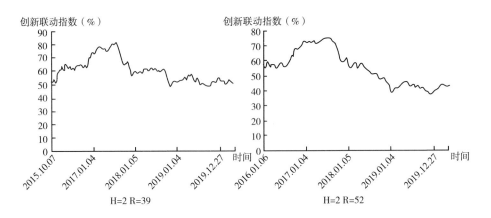

H=2 R=39　　　　　　　　　　　H=2 R=52

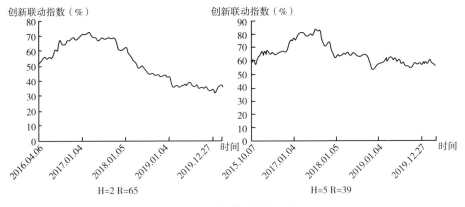

H=2 R=65　　　　　　　　　　　H=5 R=39

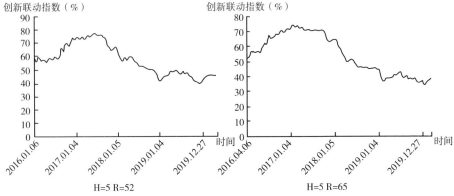

H=5 R=52　　　　　　　　　　　H=5 R=65

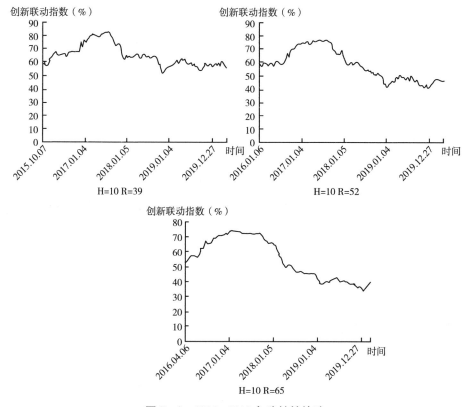

图7-8　2016～2019年稳健性检验

测期下，滚动窗口期的变动并没有改变创新联动指数的总体变化趋势，即前期小幅上升后期大幅下降。在相同的滚动窗口期下，随着预测期的变化，创新联动指数的动态变化趋势也与前面的分析基本一致，表明动态分析结果具有稳健性。

7.4　长三角城市与国外技术创新联动 与溢出效应分析

随着我国对外开放程度不断提升，跨国创新和科研活动越来越普遍，这有利于我国学习国际先进技术从而提升自身创新水平。长三角地区作为对外开放的先行区和示范区，分析其在国际上的创新表现具有一定现实意义，不仅能为长三角地区打造具有国际竞争力的科技创新高地提供战略参考，也能对其他地区开展国际创新合作提供相关经验指导。因此，这里将进一步对长三角城市与国外的技术创新联动与溢出效应展开分析。

7.4.1　与国外的技术创新合作现状

本部分基于长三角城市与其他国家在 ICT 行业的专利合作数据对长三角城市与国外的技术创新联系基本格局进行分析。首先，长三角地区与其他国家在 2015～2019 年各年的合作专利数量进行纵向的对比。从图 7－9 中可以看到，长三角地区 ICT 行业的国际合作专利数量大体上随时间变化呈现逐渐上升的趋势，由 2015 年的 61 件上升至 2019 年的 173 件，增长了近 2 倍。这表明长三角地区与其他国家的创新联系有所加强。

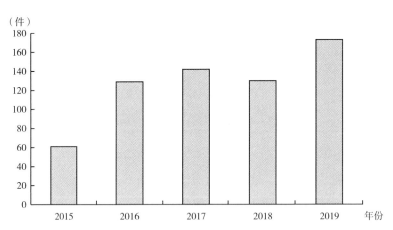

图 7－9　2015～2019 年长三角地区 ICT 行业国际合作专利数量

资料来源：国家知识产权局专利数据库。

其次，对各城市与其他国家在 2015～2019 年期间合作专利总数进行横向对比。表 7－6 中分别列示了与其他国家合作专利总数排名前五的长三角城市和与长三角城市合作专利总数排名前五的国家。在长三角城市中与其他国家开展专利合作的主要为上海市、南京市和苏州市等创新能力较强的城市，而其余城市的国际合作专利数较少。长三角地区城市与国际上大约十多个国家存在专利合作关系，合作专利数排名前五位的依次为韩国、法国、美国、日本和新加坡这些发达国家。

表 7-6　　　　　　合作专利数量排名前五位的长三角城市与国家

排序	城市	数量（件）	国家	数量（件）
1	上海市	282	韩国	285
2	南京市	222	法国	213
3	苏州市	129	美国	49
4	无锡市	1	日本	32
5	杭州市	1	新加坡	21

资料来源：国家知识产权局专利数据库。

为了从全局上更直观地反映长三角地区与国外的技术创新合作情况，本部分基于专利合作数据与社会网络分析方法构建了长三角地区的国际专利合作网络。图 7-10 中所示各节点表示不同城市和国家，节点大小表示加权度数大小，节点颜色用于区分长三角城市和其他国家；连线表示节点间存在专

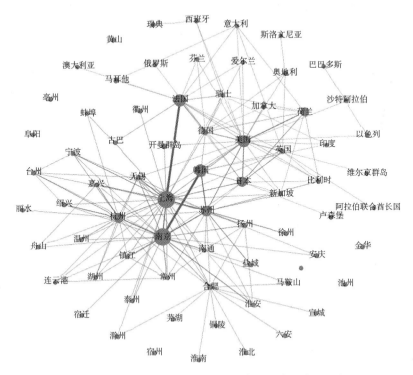

图 7-10　2015～2019 年长三角城市国际专利合作网络

利合作关系，连线粗细表示合作专利数量的多少。可以看到，上海市、南京市和苏州市位于网络中心，与长三角区域内城市和国外都具有较多的合作专利数量，但长三角城市中也存在部分没有专利合作关系的孤立节点；韩国、法国、日本、德国靠近网络中心，尤其是法国与上海市、韩国与南京市之间具有较强的创新合作关系，表现为更明显的连线。此外，长三角城市之间相较于长三角城市与其他国家之间的连线更多，网络更加密集，反映了长三角的区域内专利合作关系要更加紧密。

7.4.2 长三角城市与国外的技术创新联动与溢出效应

在前面 15 个长三角城市的基础上，这里以 2015～2019 年发明专利授权总数为依据，选取了与长三角城市合作专利数排名前五的美国、日本、韩国、德国和法国为研究对象，与这些国家的合作专利总数占与所有外国合作专利总数的 85% 左右，具有较强代表性。对 15 个长三角城市和这 5 个国家的 2015～2019 年周度发明专利授权数据进行对数化处理，ADF 统计量在 1% 的水平上拒绝了存在单位根的假设，表明数据平稳，根据 AIC 准则选择最优滞后阶数为 1，预测误差方差分解预测期为 5 周，最后利用基于 VAR 模型的广义方差分解结果构建长三角地区 ICT 行业国际创新联动与溢出矩阵，结果如表 7-7 所示。

首先，可以从 To 行和 From 列分析单个城市或国家的创新溢出总效应。从对其他城市或国家的输出创新溢出总效应来看，长三角城市中的上海市和南京市的对外创新溢出总效应分别为 143.68% 和 131.12%，远超其他长三角城市，排名第一位和第二位；其他国家中的美国和韩国分别以 110.35% 和 105.31% 排名第一位和第二位。以上城市和国家的对外创新溢出总效应均大于 100%。从接收来自其他城市或国家的创新溢出总效应来看，上海市和南京市是接收创新溢出总效应最多的长三角城市，分别为 79.14% 和 76.42%；美国和韩国同样也是接收创新溢出总效应最多的国家，分别为 79.96% 和 79.06%。此外，15 个长三角城市的对外创新溢出总效应和接收创新溢出总效应的平均效应分别为 57.65% 和 60.56%，均低于其他国家的平均水平

表 7-7　长三角主要城市国际创新联动与溢出矩阵

	上海市	南京市	无锡市	徐州市	常州市	苏州市	南通市	扬州市	镇江市	杭州市	宁波市	温州市	嘉兴市	合肥市	芜湖市	美国	日本	韩国	德国	法国	From
上海市	20.86	9.71	5.73	0.94	2.02	8.32	1.18	0.57	1.17	6.43	3.12	0.91	2.32	5.71	1.77	7.94	5.30	7.45	4.82	3.73	79.14
南京市	11.09	23.58	4.65	2.60	1.92	8.73	2.29	2.10	1.66	7.80	4.07	2.07	2.02	8.03	2.12	3.96	1.95	4.75	3.57	1.05	76.42
无锡市	10.59	9.24	30.40	0.19	2.20	8.76	1.49	0.73	1.31	6.43	4.50	0.59	1.57	4.90	1.89	4.13	3.26	2.80	3.30	1.71	69.60
徐州市	6.97	6.80	0.30	61.54	1.31	1.79	0.27	1.23	1.04	3.77	2.71	0.99	2.07	6.04	0.58	0.59	0.12	1.38	0.27	0.22	38.46
常州市	6.70	4.82	3.26	0.44	40.00	7.75	3.08	0.72	2.76	6.02	3.28	0.72	1.06	3.78	0.67	4.18	3.30	2.66	3.10	1.70	60.00
苏州市	11.54	10.71	5.26	0.89	3.95	20.92	1.79	0.83	1.53	7.38	3.89	0.83	2.03	5.42	2.11	5.45	3.56	4.94	5.29	1.68	79.08
南通市	6.36	8.09	2.08	1.25	3.71	4.87	46.54	2.59	1.45	2.64	4.64	0.81	1.30	4.40	0.42	2.08	1.35	2.25	2.05	1.13	53.46
扬州市	4.05	6.58	1.75	1.43	1.22	2.38	2.06	54.82	2.85	3.65	2.51	3.02	0.46	6.58	1.80	1.29	0.39	1.28	1.68	0.21	45.18
镇江市	6.66	6.70	2.97	1.10	3.04	5.88	1.32	2.46	51.33	4.04	2.81	0.42	0.59	5.01	1.51	1.36	0.50	0.94	1.01	0.35	48.67
杭州市	11.71	11.87	5.55	1.89	3.14	7.97	1.17	1.17	1.16	21.57	4.82	2.28	1.46	6.44	2.51	3.95	2.54	5.23	2.70	0.88	78.43
宁波市	8.56	7.97	5.08	2.01	2.67	6.23	1.85	0.98	1.31	6.19	38.61	0.96	1.67	7.43	1.52	2.11	0.94	2.35	1.38	0.20	61.39
温州市	5.64	7.55	1.88	1.67	1.66	2.29	0.97	2.05	0.75	6.71	2.21	53.62	1.46	4.60	1.27	1.09	0.20	1.96	2.03	0.40	46.38
嘉兴市	5.67	6.30	2.66	1.67	1.67	6.49	0.73	1.43	0.41	6.07	2.75	1.88	49.06	3.73	2.57	2.22	1.06	1.73	1.86	0.03	50.94
合肥市	9.83	11.23	3.23	2.32	1.99	6.07	1.52	3.03	3.42	8.97	5.00	2.21	0.99	27.19	1.75	2.68	1.56	4.10	2.11	0.80	72.81
芜湖市	6.57	6.45	2.03	1.57	2.08	4.82	0.46	1.04	1.54	5.39	3.25	0.54	2.50	5.29	51.51	1.79	0.56	1.57	0.98	0.07	48.49
美国	6.95	3.67	2.43	0.12	1.51	3.22	0.72	0.07	0.26	2.36	1.22	0.36	0.85	2.45	0.62	20.04	14.90	15.60	12.65	9.98	79.96
日本	6.01	2.12	2.36	0.04	1.35	3.00	0.60	0.29	0.19	2.04	0.64	0.21	0.54	1.50	0.30	17.50	23.37	17.14	11.44	9.37	76.63
韩国	7.61	5.30	2.01	0.50	1.01	3.19	0.76	0.16	0.35	3.50	1.61	0.67	0.78	3.85	0.52	15.24	14.49	20.94	9.57	7.95	79.06
德国	5.54	4.24	2.18	0.22	1.49	4.46	0.62	0.14	0.28	2.45	0.99	0.54	0.66	2.33	0.47	16.89	13.36	13.94	21.21	7.98	78.79
法国	5.64	1.75	2.26	0.20	0.88	1.93	0.62	0.18	0.24	0.97	0.12	0.12	0.30	1.39	0.42	15.90	12.85	13.25	10.13	30.83	69.17
To	143.68	131.12	57.67	21.04	38.84	98.15	23.48	21.79	23.67	92.80	54.12	20.14	24.62	88.86	24.82	110.35	82.21	105.31	79.93	49.43	64.60

86.45%和76.72%，一定程度上反映了长三角地区与这些发达国家间创新水平的差距。

其次，可以从 N×N 矩阵部分分析单个长三角城市和单个国家两两之间的创新溢出效应。从其他国家角度来看，5 个国家所接收的来自长三角城市的创新溢出效应中，最大的创新溢出效应均来自上海市，分别为 6.95%、6.01%、7.61%、5.54%、5.64%。5 个国家对长三角城市输出的创新溢出效应中，美国、日本、韩国、法国均对上海市输出最大的创新溢出效应，分别为 7.94%、5.30%、7.45%、3.73%，而德国对苏州市输出的创新溢出效应最大，为 5.29%。可见上海市作为长三角城市中创新能力和对外开放水平较强的城市，与其他国家的创新联系更为紧密。从长三角城市角度来看，美国和韩国接收创新溢出效应最大的长三角城市数量分别为 7 和 6，对美国和韩国输出创新溢出效应最大的长三角城市数量分别为 4 和 9，大部分长三角城市与美国和韩国的创新联系要更强。这一方面是由于美国和韩国在 ICT 行业的创新能力在其他国家中名列前茅，尤其是与美国在 2015～2019 年的合作专利总数占其他国家合作专利总数的比例高达 35% 以上。另一方面是因为以上国家与长三角地区存在较多的创新合作，比如韩国在 2015～2019 年与长三角地区的合作专利数量排名第一位，而这可能是因为长三角地区与韩国之间具有地理上的邻近和贸易关系上的重要联系。

最后，将创新溢出效应按照长三角区域内和国外区域进行划分，得到主要城市和各国家来自长三角、对长三角、来自国外和对国外的四类创新溢出效应（见表 7－8）。在所有长三角城市中，接收来自国外创新溢出效应最多的城市和对国外输出创新溢出效应最多的城市均为上海市。在所有国家中，接收来自长三角城市创新溢出效应最多的国家和对长三角城市输出创新溢出效应最多的国家均为韩国。这一结论与两两之间创新溢出效应的分析结果相符合。此外，长三角城市来自长三角地区和对长三角地区的创新溢出效应都要高于来自国外和对国外的创新溢出效应，其他国家来自国外和对国外的创新溢出效应同样地高于来自长三角和对长三角的创新溢出效应。可见，相较于与其他国家间的国际创新联系，长三角区域内城市间具有更紧密的创新联系。

表 7-8 长三角主要城市的国际创新溢出分布　　　　单位:%

区域	来自长三角	对长三角	来自国外	对国外
上海市	70.76	132.80	29.24	31.75
南京市	84.73	137.60	15.28	17.08
无锡市	84.79	76.83	15.20	11.24
徐州市	97.41	81.51	2.58	1.08
常州市	85.06	72.58	14.94	6.24
苏州市	79.08	103.27	20.92	15.80
南通市	91.15	66.72	8.86	3.32
扬州市	95.16	75.75	4.85	0.84
镇江市	95.84	73.69	4.16	1.32
杭州市	84.71	103.06	15.30	11.32
宁波市	93.04	88.17	6.98	4.58
温州市	94.33	71.85	5.68	1.90
嘉兴市	93.09	70.56	6.90	3.13
合肥市	88.75	104.55	11.25	11.52
芜湖市	95.04	74.00	4.97	2.33
美国	26.81	44.82	73.17	85.57
日本	21.19	26.59	78.82	78.97
韩国	31.82	45.39	68.19	80.87
德国	26.61	36.15	73.38	65.00
法国	17.02	14.16	82.96	66.11

接着对 5 个国家创新溢出效应的动态变化趋势进行分析,图 7-11 给出了预测期为 5 周,滚动窗口期为 52 周的各国动态创新溢出净效应。除法国外,其余 4 个国家在大部分时间的创新溢出净效应为正数,为创新溢出的净输出者,并且这些国家的创新溢出净效应在 2017 年 7 月之前都存在不同程度的下降趋势,此后波动上升。法国的创新溢出净效应在大部分时间都为负数,且总体上呈现下降趋势,这与静态分析中法国相对较小的对外创新溢出效应相符合,即更多作为创新溢出的净接收者。这可能是因为法国受到更多来自其他发达国家的创新溢出所导致的。具体而言,一方面,法国作为发达

国家，由于与其他四个国家的技术水平邻近性而受到其他发达国家创新的影响更大。从静态分析结果中可以看到，法国来自国外和对国外的创新溢出效应均在60%以上，而来自长三角和对长三角的创新溢出效应均在20%以下。另一方面，法国的创新能力在所有五个发达国家中相对较弱，法国2015～2019年的专利产出数为3122件，小于其他国家专利产出数且不到专利产出数量最多的美国的1/10。

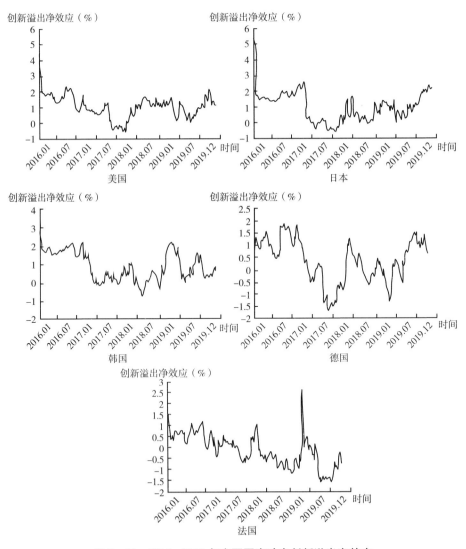

图7-11　2016～2019年主要国家动态创新溢出净效应

7.5　小　　结

　　本章运用新近发展起来的社会网络分析法以及在 VAR 模型框架下基于方差分解构建创新联动和溢出效应指数，以 ICT 行业为例，对长三角城市间科技创新联动及其溢出效应进行了系统研究，分析了长三角城市间创新联动的结构、溢出的方向、强度和动态演变。本章对长三角城市间科技创新联动与溢出效应的研究结果表明，长三角地区城市间具有显著的创新联系，但同时也存在发展不协调、局限于省域内部和区域内部等问题，这无疑会阻碍长三角地区创新一体化的进程。因此，在制定有效的长三角协同创新政策时，需要将创新联系作为重要决策变量纳入考虑。对此，本章结合研究结论和长三角一体化现状提出以下建议：

　　首先，要推进长三角创新发展更加平衡与协调。长三角地区各城市的经济实力、产业发展基础、资金和人力资源等科技创新要素存在一定差距，创新能力的差距导致长三角地区形成了中心—边缘的创新溢出格局，不利于整体创新联动水平的提升。因此，要推进长三角地区创新一体化发展需要补齐短板、加强合作、以强带弱。一方面要继续巩固和维持直辖市、省会城市和经济强市等中心城市的创新能力，扩大它们的创新溢出能力，充分发挥其对于边缘城市的辐射带动作用；另一方面要加强边缘城市的科技创新能力，促使它们能更好地融入创新网络中，加强与区域内其他城市之间的创新联系。此外，也要为中心城市与边缘城市之间的创新合作搭建平台，在创新合作中促进共同发展，缩小发展差距。

　　其次，要加强跨省域的创新合作。归属不同省份的城市之间可能由于地理距离、行政壁垒和政绩考核制度等因素而较少开展创新合作，甚至可能因为产业上的同质化而存在竞争关系，这无益于长三角地区的创新一体化。因此，应进一步推进长三角地区层面的协调机制和省际合作平台的建设，如推进知识产权交易场所和集成信息服务平台的建设等；加强政府层面的交流合作，依托现有的区域合作平台开展协商、对接等工作。这样一来可以在区域层面实现对创新资源的调配并且畅通创新要素在省份之间的流动渠道，从而加强跨省域的创新联系。

再次，要拓宽国际创新合作。全球化趋势不可逆转，国际知识和技术的交流对于推动创新具有重要作用。但目前长三角地区的国际创新联系主要集中在少数部分城市和发达国家之间，不利于对国际创新溢出效应的吸收和利用。因此，一方面要进一步提升长三角地区的对外开放水平以加强国际创新合作与交流；另一方面则可以依托"一带一路"等国际平台或组织，积极开拓与更多国家的、更大范围的国际创新格局。

最后，加强对 ICT 行业的科研投入。鉴于 ICT 行业在经济发展和国际竞争中越发重要的战略地位，加强 ICT 行业发展势在必行。但由于国内外经济政策的不稳定性导致长三角地区 ICT 行业的创新联动水平表现出下降的趋势。因此，为了改变下行的趋势，各城市政府都有必要针对 ICT 行业创新出台相关激励政策，提升创新主体进行创新研究的主动性与积极性，减少科研人员和研发资本等创新要素在城市间的流动障碍，促进长三角地区 ICT 行业的创新发展。

Ⅲ 产业篇

第 8 章

半导体产业创新主体之间的技术溢出效应

半导体产业作为现代信息技术产业的基础，已成为社会发展和国民经济的基础性、战略性和先导性产业，是现代日常生活和未来科技进步必不可少的重要组成，也是各种高新技术升级的基础，渗透于各种顶尖技术领域。半导体产业作为我国新兴产业如何能够做到自立自强，其核心领域的技术进步和创新成为被普遍关注的话题。

技术溢出作为创新的重要动力来源，一直是各方关注的重要问题。然而长期以来，关于技术溢出效应这个论题的研究主要集中在对国际贸易技术溢出效应、对外直接投资（FDI）技术溢出效应以及外向 FDI 对母国技术溢出效应的研究。有关创新主体之间技术溢出效应的研究却十分罕见。我们知道，创新主体是具有创新能力并实际从事创新活动的人或社会组织，是创新实践活动的承担者，自始至终参与管理创新全过程。如何提升创新主体之间的技术溢出效应、加强创新主体间的联系无疑对于提高创新主体创新能力，进而增强我国半导体产业创新力和竞争力具有重要意义。本章在前面章节的 VAR 模型框架下基于方差分解构建科技创新联动和溢出效应指数，对半导体产业创新主体之间的技术溢出效应进行考察。

8.1 半导体产业创新主体分析

我们以技术含量最高的发明专利为例，采用大数据处理分析技术，从国家知识产权局发明专利数据库中提取最新的2015～2019年全国所有授权的发明专利数据，根据每条专利的申请人信息统计得出半导体产业中央企业、本土其他企业、高校和科研院所、部队、港澳台主体、个人与其他组织和外国主体六大创新主体的发明专利数。

图8－1给出半导体产业2015～2019年发明授权专利总量的时间趋势。从图8－1中可以发现，2015年发明授权专利的总数量处于低位水平，共有9679个发明授权专利。2016年发明授权专利数量显著上升，并达到极大值水平13748个，相较于2015年，发明授权专利数量增长42.04%。从2016～2017年，增速放缓，下降至0.62%，但总量水平仍略有提升，达到13833个。2017～2018年，半导体产业发明授权专利数量迎来高速增长阶段，增速上升至94.27%，达到近五年来历史高峰，发明授权专利总量达到26874个。2019年全年发明授权专利数量则下滑至14786，增速为－44.98%。

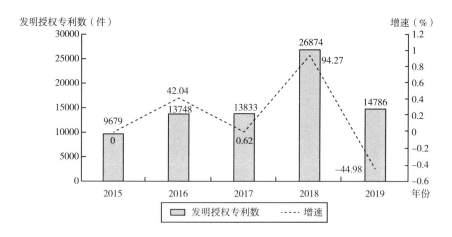

图8－1　2015～2019年半导体产业发明授权专利总量

资料来源：国家知识产权局发明授权专利数据。

进一步从发明授权专利的创新主体角度来分析半导体产业中发明专利授权数量的演变趋势。本章根据发明授权专利数量来对创新主体的创新能力排序。从表8－1可以发现，在2015～2019年，我们可以将半导体产业的创新主体分为三个梯队。第一梯队为本土其他企业和外国主体，这一梯队在 2015～2019 年发明专利授权数量稳高于第二梯队和第三梯队。同时，本土其他企业在 2015～2019 年，发明专利授权数量始终保持正向增长速度，尤其在 2016 年，增速达到 44.83%。外国主体在 2016 年以后，发明专利授权数量一直处于负向增长状态。第二梯队为高校和科研院所及港澳台主体。较之第一梯队创新主体的发明授权专利平均每年产出来 5000 个说，第二梯队创新主体的发明专利授权数量较少，整体平均水平徘徊在 1500 个左右。第三梯队为中央企业和个人与其他组织。相较于前两个梯队创新主体的发明专利授权数水平，第三梯队主体的发明专利授权数量是最少的，平均每年有 200 个左右。但是值得注意的是，在 2016 年，中央企业的发明专利授权数增速高达 91.38%，为六大创新主体中增速最快的创新主体。进一步对细分梯队里的各创新主体进行比较分析。第一梯队里，本土其他企业和外国主体虽在发明专利授权绝对数量水平方面不相上下，但是 2017 年之后，本土其他企业赶超外国主体，表现出强劲增长的趋势，2016 年增长率为 44.83%，2017 年增长率为 15.88%，2018 年增长率为 2.92%，2019 年增长率为 19.60%。相反的，外国主体除了在 2016 年发明专利授权数量增长率为 46.04% 外，在接下来的 2017 年、2018 年和 2019 年的增长率均为负数，分别为 –13.24%、–4.41% 和 –4.94%。所以本土其他企业与外国主体的发明授权专利数量差距在 2016 年之后持续扩大。第二梯队里高校和科研院所和港澳台主体在 2015～2019 年的发明专利授权数量整体平稳，近年有稳步增长的趋势。值得注意的是，高校和科研院所在 2017 年发明专利授权数量的增长速度为 16.01%，而在同年港澳台主体发明专利授权数量的增长率为 –19.07%。接下来的 2018 年，高校和科研院所的发明专利授权数量的增长率为 –12.96%，而港澳台主体的相关增长率为 2.71%。故在第二梯队里，高校和科研院所和港澳台主体的发明专利授权的绝对水平表现出近似相同的趋势，并且高校和科研院所的发明专利授权数量的绝对水平略高于港澳台主体。第三梯队里，中央企业在 2015～2019 年的发明专利授权数量的增长率分为 91.38%、15.77%、–13.62% 和 6.31%。而个人与其他组织对应的增长率为 64.71%、29.17%、–42.86% 和 12.10%。

表 8 - 1　　　　　**2015～2019 年六大创新主体发明专利授权数量**

2015 年		2016 年		2017 年		2018 年		2019 年	
主体	发明专利授权数量(件)	主体	发明专利授权数量(件)	主体	发明专利授权数量(件)	主体	发明专利授权数量(件)	主体	发明专利授权数量(件)
本土其他企业	3261	本土其他企业	4723	本土其他企业	5473	本土其他企业	5633	本土其他企业	6737
外国主体	3827	外国主体	5589	外国主体	4849	外国主体	4635	外国主体	4406
高校和科研院所	1358	高校和科研院所	1630	高校和科研院所	1891	高校和科研院所	1646	高校和科研院所	1946
港澳台主体	1015	港澳台主体	1416	港澳台主体	1146	港澳台主体	1177	港澳台主体	1322
中央企业	116	中央企业	222	中央企业	257	中央企业	222	中央企业	236
个人和其他	102	个人和其他	168	个人和其他	217	个人和其他	124	个人和其他	139

资料来源：国家知识产权局。

　　根据上述分析，从不同创新主体的发明专利授权的数量和增长率来说，在 2015～2019 年全球摩尔定律步伐放缓的背景下，全球的芯片技术有所放缓，中国半导体产业创新主体尤其是本土其他企业的发明专利授权数仍然保持着较高的增速，使得在半导体制造产业链上的各个相关公司和企业趁机进行追赶，以便为全球范围内的半导体制造产业向中国市场转移提供新型技术和方法。因此，研究半导体产业的技术溢出路线、方向和中心性的问题能够更加了解技术信息的交换，使得我国国内创新主体在后摩尔定律时代里，更加有效率地提高企业的技术水平。

8.2　创新主体之间的技术溢出效应

　　我们从国家知识产权局发明专利数据库中提取 2015～2019 年全国每周所有授权的发明专利数据，根据每条专利的申请人信息统计得出中央企业、本土其他企业、高校和科研院所、港澳台主体、外国主体、个人与其他组织六大创新主体的发明专利授权数。由于溢出效应分析是建立在 VAR 模型之上的，因此本章对六大创新主体发明专利授权数据进行了平稳性检验，PP统计量均在 1% 的水平上拒绝存在单位根的原假设，然后基于 SC 准则（Schwarz Criterion）为 VAR 模型选择滞后阶数，最优滞后阶数为 1。

表 8-2 为中央企业、本土其他企业、高校和科研院所、港澳台主体、外国主体、个人与其他组织六大创新主体在半导体产业中的技术溢出矩阵关联表，其中港澳台主体包含港澳台主体、港澳台高校和科研院所以及港澳台个人与其他组织，并且外国主体也包含同样的内容，预测期数为 5。对角线数值表示的是创新主体自身的溢出效应，不是本章的研究重点，故不做详细描述。本章将通过总溢出效应、两两创新主体之间的溢出效应、各创新主体之间定向溢出效应三个维度来分析该表。

表 8-2　　　　　　　　创新主体溢出网络矩阵　　　　　　单位:%

主体	中央企业	本土其他企业	高校和科研院所	个人和其他组织	港澳台主体	外国主体	From
中央企业	68.444	13.183	11.260	1.378	4.720	1.014	31.556
本土其他企业	4.486	53.771	19.394	4.259	9.958	8.131	46.229
高校和科研院所	4.186	26.235	48.271	3.163	11.424	6.720	51.729
个人与其他组织	1.181	5.722	6.737	75.508	3.294	7.558	24.492
港澳台主体	0.358	12.540	9.826	2.514	57.024	17.737	42.976
外国主体	0.183	10.938	5.745	6.929	15.272	60.933	39.067
To	10.395	68.618	52.962	18.244	44.669	41.161	**39.341**

注：(1) 样本数据范围为 2015 年 1 月 ~2019 年 12 月，预测期数 5。(2) 表中 6×6 的矩阵表示两两主体之间的科研溢出效应，矩阵中的元素 d_{ij} 表示由于 j 主体的冲击而引发 i 主体在预测期的误差方差百分比。(3) To 所在行的第 j 个元素，表示 j 主体对其他主体的影响，即 j 主体的总输出效应；From 所在列的第 i 个元素，表示其他主体对 i 主体的影响，即 i 主体的总接收效应。(3) 右下角的元素（粗体显示）衡量的是 6 个主体的技术溢出总效应。

To 所在行表示半导体产业中，某主体对其他主体的技术溢出总效应，From 所在列表示其他主体对某主体的创新溢出总效应。从各主体的溢出效应来看，即 To 所在行的数值，高校和科研院所、本土其他企业对网络中其他创新主体的溢出效应均大于 50%，外国主体以及港澳台主体对其他创新主体的技术溢出效应超过 40%，而中央企业和个人与其他组织对网络内其他创新主体的技术溢出效应不明显，在 20% 以下。从各创新主体的接收效应来看，即 From 所在列的数值，中央企业和个人与其他组织受其他创新主体技术溢出效应的数值最小，其数值分别为 31.56% 和 24.49%，本土其他企业、高校和科研院所受其他创新主体的技术溢出效应最强，分别为 46.23% 和 51.73%，港澳台主体和外国主体的相应数值分别为 42.98% 和 39.07%，这表明在技术溢出网络矩阵里，本土其他企业、高校和科研院所受其他创新主体技术溢出效应的影响比较大，中央企业和个人与其他组织受其他创新主体创新溢出效应影响最小。

非对角线元素表示两创新主体间的定向溢出效应。例如，表 8-2 中第 2 行第 3 列交叉处数值，表示高校和科研院所对本土其他企业的技术溢出效应为 19.39%。从两两创新主体之间的定向溢出效应分析中发现以下创新主体之间相互溢出效应明显：本土其他企业对高校和科研院所的溢出指数为 26.24%，说明本土其他企业对高校和科研的创新性技术产出具有较大的影响。高校和科研院所对本土其他企业的溢出指数为 19.39%。因此，本土其他企业以及高校和科研院所在创新方面具有紧密的联系。外国主体对港澳台主体的技术溢出指数为 17.74%，外国主体对港澳台的溢出指数在其溢出指数中排名第一，港澳台主体对外国主体的技术溢出指数为 15.27%，可见外国主体和港澳台主体之间的相互溢出效应也较为明显。此外，港澳台主体对高校和科研院所的溢出指数为 11.42%，高校和科研院所对港澳台主体的溢出效应指数为 9.83%，港澳台主体对高校和科研院所的溢出指数为 11.42%，在两两创新主体之间定向溢出水平中排名第三。

根据表 8-2 中六个创新主体的总溢出效应，可以计算出如表 8-3 所示的创新主体净溢出效应。Net 列表示某创新主体对其他主体的溢出效应（To）和受到其他创新主体的溢出效应（From）相减之后的净溢出效应，Gross 是 To 与 From 的加总。

表 8 – 3　　　　　　　　　创新主体净溢出效应　　　　　　　　单位:%

排序	创新主体	Net	To	From	Gross
1	本土其他企业	22.39	68.62	46.23	114.85
2	外国主体	2.09	41.16	39.07	80.23
3	港澳台主体	1.62	44.67	42.98	87.65
4	高校和科研院所	1.23	52.96	51.73	104.69
5	个人和其他组织	-6.25	18.24	24.49	42.74
6	中央企业	-21.16	10.40	31.56	41.95

下面来看六大创新主体之间的净溢出效应，Net 所在列表示某个创新主体的净溢出效应，当净溢出为正时，表示该创新主体对其他创新主体的溢出效应大于其他创新主体对该创新主体的影响，该创新主体为输出性主体，当净溢出为负时，表示该创新主体为接收性主体。表 8 – 3 显示，本土其他企业是净溢出效应最大的创新主体，这表明本土其他企业在本国主要六大创新主体网络中是净输出性主体且占据主导地位。除本土其他企业以外，高校和科研院所、港澳台主体和外国主体的净溢出效应也为正，因此这些创新主体也是净输出性主体。在半导体产业中，中央企业的净溢出指数一直为负，因此中央企业为净输入性创新主体，主要是吸收来自本土其他企业、高校和科研院所、港澳台主体和外国主体的创新性成果来保持自身技术的进步和创新。

总体来看，可以发现在六大创新主体中，本土其他企业的技术净溢出效应最强，并且对高校和科研院所的定向溢出最强，其次是港澳台主体，这和技术的创新主要发生在产学研结构上的结论相吻合，当本土其他企业与高校和科研院所相结合的时候，本土其他企业的技术创新离不开高校和科研院所的技术溢出，同时高校和科研院所的知识和技术的进步能够较大程度上影响本土其他企业在技术上的创新，增强企业自身研究与开发的实力，优化自身科技资源配置，充分利用高校和科研院所的科研成果，从而使得自身快速成长。同时，本土其他企业自身技术和优化资源的能力快速扩大的同时，能够带动相关高校和研发机构的理论知识研究和分析能力，从而使高校和科研机构进一步提高自己的研究试验能力，为本土其他企业技术进步提高更多的理论和试验依据，进而进入双向促进的正循环过程。

中央企业在半导体产业中为净接收创新主体，说明国家政策的导向使得中央企业没有更多的机会和资源向高科技行业发展，中央企业的创新活力值得进一步提高，并且因为有国家背书的原因，中央企业在创新方面应该借助自己的比较优势，积极从事一些创新性的研究，努力使中央企业在技术溢出网络中承担更多创新输出性的角色。由于研发成本比较高，如果没有政策的倾斜，靠本土其他企业投入的资金去承担一些成功率低且成本高昂的项目，很可能就会使得整个行业的发展陷入资源流向低廉劳动力、简单劳动力和简单扩大再生产的重复制造的困境，所以在技术溢出关联矩阵中，中央企业应该努力做好创新和技术进步的领头作用，带领整个行业的创新主体努力克服艰难的技术问题，并且优化配置自身资源、增强相应竞争意识和危机意识、高度重视技术进步对整个行业发展的关键作用、高度重视创新活动，将科研经费和成本的增加作为一个长期的战略性导向。

在上述全样本静态分析的基础上，这里采用滚动估计法计算出半导体产业每年总的溢出指数，从动态分析的角度考察主要创新主体整体溢出效应的演变过程，分析结果见图 8－2，预测期数为 5，滚动窗口为 62 个月。图 8－2显示，中央企业、本土其他企业、高校和科研院所、港澳台主体、外国主体、个人与其他组织六大创新主体之间的整体溢出指数低于 70%，2016～2017 年该溢出指数呈现上升趋势，并于 2017 年达到顶峰，接近 70%，表明创新主体之间的溢出关联效应明显增强，2017 年之后该溢出指数呈现明显下降趋势，2018 年以后则维持在较低水平，且相对平稳。

图 8－2　创新主体之间技术溢出效应动态分析

注：预测期数为 5，滚动窗口为 62 个月。

接着进一步考察各个创新主体的技术净溢出效应。从图 8 - 3 中可以看出，除个别时间段外，本土其他企业净溢出效应在大部分时间内为正，高校和科研院所的净溢出效应在 2018 年之前一直为正，之后则下降为负，港澳台主体也是如此。外国主体以及个人与其他组织净溢出效应的方向处于波动状态。具体来讲，外国主体、个人与其他组织的净溢出效应在大部分时间处于 0 以下水平，中央企业则在整体研究时间段上基本为负，其中中央企在 2016～2019 年技术净溢出水平一直为负，2019～2020 年初净溢出水平逐渐由负转为正，并在 2019 年底净溢出水平大幅提高。本土其他企业 2016 年以来净溢出效应水平持续为正，并持续到 2017 年，净溢出效

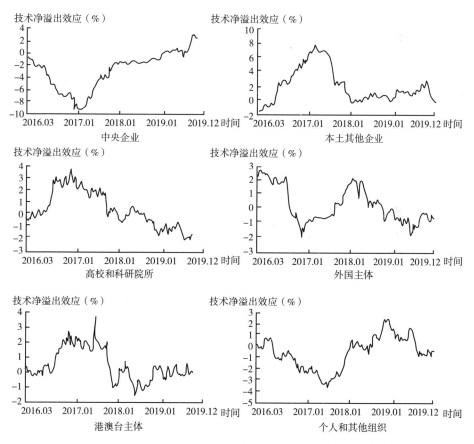

图 8 - 3　2016～2019 年六大创新主体的技术净溢出效应动态分析

注：预测期数为 5，滚动窗口为 62 个月。

应逐渐达到峰值。2017 年以后本土其他企业净溢出水平逐渐下降，并在低位波动。高校和科研院所净溢出效应在 2016～2017 年底，净溢出水平一直处于正值，2018 年开始至 2019 年，净溢出水平由正转负，并逐年负向扩大。港澳台主体和外国主体净溢出效应在零水平附近波动较大。

除了采用预测期数为 5，滚动窗口为 62 个月进行分析外，本部分还考虑预测期数为 5 和 10，滚动窗口为 52 个月和 72 个月的总溢出效应，结果如图 8－4 所示。随着滚动窗口长度的增加，总溢出效应的变化趋势基本一致，随着预测期的增加，总溢出指数波动幅度逐渐减小，总溢出指数整体有所上升。但是，对比 9 幅图可以发现，随着预测期数和滚动窗口长度的变化，总溢出的变化趋势和波动范围基本一致，不同预测期数及滚动窗口的设定并没有改变本部分的实证结果。

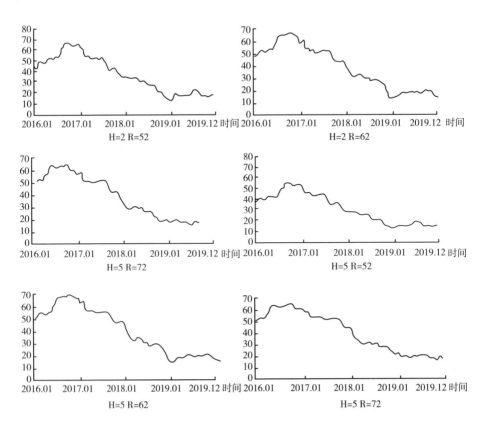

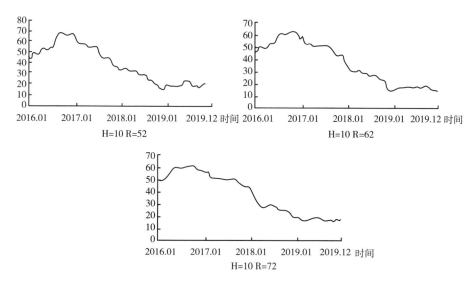

图 8－4　2016～2019 年六大创新主体间技术溢出效应的稳健性检验

8.3　我国创新主体与主要境外创新主体溢出效应分析

这里进一步对中央企业、本土其他企业、高校和科研院所、个人与其他组织与主要（地区）创新主体之间的溢出效应进行考察。对我国中央企业、本土其他企业、高校和科研院所、个人与其他组织、港澳台主体，以及日本主体、美国主体、韩国主体和德国主体九大主体发明专利授权数据进行了平稳性检验，PP 统计量均在 1% 的水平上拒绝存在单位根的原假设，然后基于 SC 准则为 VAR 模型选择滞后阶数，最优滞后阶数为 1。

表 8－4 为我国中央企业、本土其他企业、高校和科研院所、个人与其他组织、港澳台主体，以及日本主体、美国主体、韩国主体和德国主体九大创新主体在半导体产业中的技术溢出矩阵表，预测期数为 5。

表 8 – 4 国内外创新主体技术溢出网络矩阵 单位:%

主体	中央企业	本土其他企业	高校和科研院所	个人和其他	港澳台主体	日本主体	美国主体	韩国主体	德国主体	From
中央企业	64.19	12.28	10.10	2.00	4.41	0.42	0.63	3.62	2.36	35.81
本土其他企业	3.71	45.28	16.14	4.38	7.97	4.19	5.75	9.70	2.89	54.72
高校和科研院所	3.43	22.59	41.83	3.32	9.60	4.49	4.50	7.07	3.17	58.17
个人和其他	1.45	5.65	6.28	60.68	3.09	5.24	6.93	4.56	6.12	39.32
港澳台主体	0.27	9.09	7.18	2.25	43.32	12.24	7.64	12.06	5.94	56.68
日本主体	0.51	3.91	2.58	3.50	8.37	35.00	18.71	17.46	9.97	65.00
美国主体	0.11	5.62	2.98	4.58	4.83	18.38	34.17	19.19	10.13	65.33
韩国主体	0.04	8.06	3.03	3.41	7.41	16.43	16.82	34.67	10.16	65.33
德国主体	0.24	5.26	3.35	5.21	5.37	13.20	13.41	15.85	38.12	61.89
To	9.75	72.45	51.63	28.65	51.00	74.59	74.39	89.51	50.74	**55.86**

注：（1）样本数据范围为 2015 年 1 月~2019 年 12 月，预测期数 5。（2）表中 9×9 的矩阵表示两两主体之间的科研溢出效应，矩阵中的元素 d_{ij} 表示由于 j 主体的冲击而引发 i 主体在预测期的误差方差百分比。（3）To 所在行的第 j 个元素，表示 j 主体对其他主体的影响，即 j 主体的总输出效应；From 所在列的第 i 个元素，表示其他主体对 i 主体的影响，即 i 主体的总接收效应。（4）右下角的元素（粗体显示）衡量的是 9 个主体的技术溢出总效应。

To 所在行表示半导体产业中，某主体对其他创新主体的技术溢出总效应，From 所在列表示其他主体对某创新主体的溢出总效应。从各创新主体的溢出效应来看，即 To 所在行的数值，韩国主体溢出总效应最为明显，其数值为 89.51%。其次是日本主体、美国主体和本土其他企业，分别为 74.59%、74.39%、72.45%。在不同的境外创新主体中，德国主体的溢出效应最弱，为 50.74%。可以看出，本土其他企业的溢出能力较强，但相较于境外创新主体仍存在差距。从各创新主体的接收效应来看，即 From 所在列的数值，境外创新主体均有较强的吸收效应，日本主体、美国主体、韩国主体和德国主体的吸收效应指数分别为 65%、65.33%、65.33%、61.89%。相较于境外主体的吸收效应，我国国内主要创新主体的吸收效应则较弱，其中吸收效应居于较高水平的创新主体有高校和科研院所、港澳台主体以及本土其他企业，其数值分别为 58.17%、56.68%、54.72%。这说明我国国内创新主体整体吸收创新能力不足，受外界创新溢出效应影响较小。

非对角线元素表示创新主体之间的定向溢出效应，其中日本主体、美国主体、韩国主体和德国主体对本土其他企业的溢出效应指数分别为 4.19%、5.75%、9.70% 和 2.89%，对港澳台主体的溢出效应指数分别为 12.24%、7.64%、12.06% 和 5.94%。可以看出整体水平上，港澳台主体更容易受到外国主体的技术溢出影响。具体来说，韩国主体对本土其他企业的定向溢出指数最高，为 9.70%。日本主体对港澳台主体的定向溢出指数最高，为 12.24%。反过来，国内创新主体对外国主体的溢出效应，从整体水平上看，港澳台主体对外国创新主体的定向溢出效应最强。具体来说，港澳台主体对日本主体的定向技术溢出指数为 8.37%，对美国主体的定向溢出指数为 4.83%，对韩国主体的定向溢出指数为 7.41%，对德国主体的定向溢出指数为 5.37%，其中对日本主体的定向溢出指数水平最高。本土其他企业对外国创新主体的定向溢出水平位列第二。具体来说，本土其他企业对韩国主体的定向溢出水平最高，为 8.06%，本土其他企业对美国主体的定向溢出指数为 5.62%，本土其他企业对德国主体的定向溢出指数为 5.26%，本土其他企业对日本企业定向溢出指数最小，为 3.91%。可以看出，国内创新主体中，以本土其他企业和港澳台主体为代表，主要与外国主体产生溢出效应。在境主体中，以日本主体和韩国主体为首，与我国国内创新主体进行技术溢出活动。其中，韩国主体与我国本土其他企业间的技术溢出双向效应最为明显，日本主体则与港澳台主体之间的技术溢出双向效应明显。

根据表 8 - 4 中 9 个创新主体的技术溢出矩阵，可以总结得到表 8 - 5 所示的境外创新主体细分的技术净溢出效应。境外创新主体大部分都为净输出性主体，韩国主体、日本主体和美国主体净溢出效应指数为正值，其中韩国主体净溢出效应指数为 24.17%，日本主体净溢出效应指数为 9.59%，美国主体净溢出效应指数为 9.06%。但是在境外创新主体当中，德国主体为主要的接收性主体，其净溢出效应为 - 11.14%，主要吸收来自其他创新主体的技术溢出效应来完善自身的发展。值得注意的是，韩国主体在创新网络中溢出水平最高，为 154.84%。美国主体和日本主体位居其后，分别为139.72% 和 139.59%，德国主体排名最后，为112.63%。由此可以看出，韩国主体在半导体产业中，技术溢出效应最明显，活跃度最高，并且作为最大的创新型输出主体，吸收其他创新主体的创新性溢出的能力也居首位。

表 8-5 　　　　　　　　境外主体的技术净溢出效应　　　　　　　单位:%

序号	创新主体	Net	To	From	Gross
1	韩国企业	24.17	89.51	65.33	154.84
2	日本企业	9.59	74.59	65.00	139.59
3	美国企业	9.06	74.39	65.83	139.72
4	德国企业	-11.14	50.74	61.88	112.63

对境外主体进行细分之后我们可以发现，在半导体产业中，作为主要创新主体的境外主体以韩国主体为代表，美国主体和日本主体为输出性主体，并且韩国主体与我国本土其他企业主体之间的技术溢出作用明显，日本主体则主要是与我国港澳台主体进行频繁的创新交流。韩国主体作为外资主体技术溢出的中心与我国国内各大创新主体发生溢出作用。这也验证了韩国主体近年来的出口导向性经济策略对我国创新结构体系产生了重要影响，而我国的本土其他企业作为创新体系的中心和主要源头之一，也承接了这部分来自韩国出口政策的影响。

8.4　小　　　结

从本章的分析来看，我们应该积极利用和开发六大创新主体里中央企业的创新资源，实现创新资源互补，同时应该进一步深化六大创新主体之间的创新合作，打造与主要创新主体之间创新协同的共同体，并且积极融入与境外主体在半导体行业的创新交流之中。

首先，建立常态化的创新合作机制。现今，创新、分化日益细致，跨行业、跨地域和跨空间的合作不断兴起与发展，创新性合作项目变得越来越复杂，越来越需要创新主体之间共同完成，每个创新主体科技技术的进步，都离不开各个创新主体的合作，要加强人员的技术和管理交流、项目合作和学术的沟通合作等。创新主体之间的流动能够快速实现知识和技术共享，创新主体之间需要建立常态化的创新机制，促进企业管理人员的培养和成长，开阔人才的视野。本章研究结果表明，本土其他企业与韩国主体的技术合作相对频繁，并且港澳台主体与日本主体的合作往来较多，应该继续巩固这方面的优势，营造良好、健康、可持续的合作机制。常态化的创新机制对从业者、企业和国家都十分有利，有利于提高创新效率与高质量产出。

其次，加大创新主体之间合作的创新投入。主要创新主体应该加大对跨主体的创新项目的投入，鼓励本企业人员积极加入合作网络中，加大对创新人员的支持与培养，从而使得各主体创新网络联系更加紧密。创新人员分布于不同的企业和地区，不利于创新资源的共享。同时，由于各企业的管理制度、经济水平和企业文化背景等的差别，导致各企业的创新发展水平不尽相同，应该加强高校、科研单位、企业等各类创新科研机构的交流。促进人员流动，建立人员互访机制，改变技术溢出网络中发明专利授权的规模偏低、合作对象同质化的局面。创新主体之间应该搭建资源共享平台，实现主体之间创新资源的互联互通。

最后，对于我们国家而言，应继续坚持"和平合作、开放包容、互学互鉴、互利共赢"的外交精神，继续巩固和加强与不同企业之间的创新合作。作为创新网络中一大主体的中央企业，要进一步发挥其在网络中对创新资源的影响能力，运用自身的资源优势和人才优势，进一步提升发明专利授权的数量与技术溢出效应。中央企业也应充分挖掘与其他创新主体企业之间的互补性优势，以合作促发展，通过合作进一步提高中国创新能力，积极开拓与其他主体的合作新模式，广泛开展学术、人才交流活动，与其他创新主体共同打造合作共赢的创新共同体。

| 第 9 章 |

高技术服务业与工业企业合作创新：
模式特征与动态演进

　　知识对于企业构建国际竞争力的重要性不言而喻，尤其是在全球化与知识经济背景下，企业的学习与创新能力决定了其在国际竞争中的相对地位。全球化不仅提高了市场竞争程度，而且还把它转变成为越来越基于知识与学习的市场竞争。随着市场竞争的加剧、产品周期的缩短以及个性化产品需求的激增，对相关知识与信息的可获得性在企业发展独有的竞争优势中变得至关重要。作为提升企业创新潜能的重要战略合作伙伴，高技术服务业的快速发展也成为知识经济的一个显著特征。

　　从我国高技术服务业发展现状来看，无论是高技术服务业的法人单位数比重还是增加值或就业比重，都呈现出持续上升、快速发展的态势，反映出全社会对高技术服务需求和使用量的增长。客观地来看，相较于西方发达国家，我国高技术服务业尚处于发展初期，对于该行业的研究也刚刚起步，大部分研究仅停留在简单的数据指标分析层面，缺乏系统的理论研究和经验性检验。而有关高技术服务业对工业企业创新影响的理论分析与实证研究更是鲜见。因此在很大程度上可以说，这个论题在国内还是一个较新的论题。

　　鉴于上述认识，本章将从高技术服务业发展阶段演进的视角切入，对比考察不同阶段下高技术服务业为工业企业所提供的创新服务模式及其特征，由此揭示出高技术服务业对工业企业创新影响的动态变化本质，以期填补现有研究中的空白。

　　研究的基本思路如下：首先，运用成本收益分析法研究工业企业与高技术服务业合作创新过程中产生的创新收益与成本问题；其次，在此基础上，将合作创新的成本收益分析与高技术服务业发展阶段相结合，构建一个高技术服务业与工业企业创新的综合分析框架，从动态演进角度考察每一个阶段下合作创新的收益成本变化与消长，以及由此产生的高技术服务业与工业企业创新之间非线性关系；最后，借助知识生产方程（knowledge production function，KPF）构建计量模型，采用负二项回归模型方法对理论分析框架所得出的推论进行实证检验。

9.1　高技术服务业与工业企业合作创新：一个综合理论分析框架

9.1.1　合作创新的价值收益分析

　　高技术服务企业与工业企业之间可以双向学习、协同创新，这种模式如同一种互动的形式。一方面，高技术服务企业可以在向客户（工业企业）提供服务和解决方案的过程中来不断地了解客户需求、使用过程中存在的问题以及客户的意见等重要信息，这些信息都可以成为高技术服务企业进行再次创新的基础。另一方面，工业企业客户在接受高技术服务企业所提供的专业化服务时，也会从中获取新的外部知识和资源，弥补自身的不足，从而有利于自身创新能力的提高。由此来看，高技术服务企业和工业企业客户都可以通过合作来彼此受益，增强自身的知识积累和创新能力。

　　穆勒和泽克（Muller and Zenker，2001）进一步地指出，由于高技术服务业的知识库发展与其为客户所提供的服务活动紧密相连，因此高技术服务业和客户间的互动有助于彼此的创新。这就构成了一个图 9 - 1 所示的正反馈效应：双方互动导致各自知识库的扩张，继而引发创新。

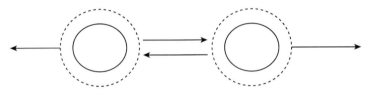

图 9 - 1 高技术服务业与工业企业的互动创新

总之，在知识经济背景下，生产和利用知识处于工业企业竞争力的核心地位。从这个层面上讲，高技术服务业在推动工业企业创新方面起着重要的战略性作用。它是创新系统中传播新知识的驱动力，通过在科技信息、高技术服务业的经验能力、客户内在的缄默型知识三者之间提供结合点，为提升企业客户的竞争力和创新力贡献力量。

9.1.2 合作创新的问题成本分析

虽然工业企业能够从高技术服务企业那里获得创新支持服务，但这种服务并非是无成本的，而是需要为此付出相应的金钱、时间、精力等方面的代价。与此同时，作为服务业中技术知识密集度较高的一个行业，高技术服务业所提供的服务具有非实物性、高度互动性、主观性、信息不对称性、结果不确定性等特征，这些特性决定了在高技术服务生产和交易过程中存在着比其他产业交易中更为复杂的问题与矛盾，从而对高技术服务企业与工业企业合作创新构成障碍。

（1）协调问题。创新活动具有周期长、投入大、风险高、结果不确定等特点，这就决定了在推动工业企业创新的合作过程中，高技术服务提供者与企业客户会面临一系列的矛盾冲突，其中较有代表性的是两者的利润—成本目标冲突：服务提供者的目标无疑是利润最大化，通过为客户提供专业化服务来盈利，而客户的目标则是成本最小化，希望尽可能地减少成本，以较少的费用支出获得高质量的服务（Miozzo and Grimshaw，2005）。这种目标间的冲突显然不利于创新。一方面，新技术、新系统的应用需要客户一定的资源投入，如果客户过于强调成本，不愿意做出足够的努力或承担相应的风险，就会妨碍新技术的引入；另一方面，服务提供者为了获取更多的利润，则会隐瞒服务的真实成本，夸大费用，显然这种机会主义行为也会给客户带来不必要的资金损失。

除了上述目标间的冲突需要协调以外，为了更广泛地获取外部创新资源，同时也为了避免被有实力的大型高技术服务公司控制或"锁定"（lock-in），企业客户会与多个高技术服务公司进行合作，通过服务提供者之间的竞争来降低成本。在这种情况下，如何处理好与多重服务提供者之间的关系、确保与这些服务提供者之间的有效沟通配合和信息流动、调动他们的创新积极性无疑是客户需要协调解决的重要问题。事实上，这种一对多的合作关系，还会导致客户的"短视"行为：一旦现有服务出现没有回报的结果或未达预期，客户就会立刻转向另一个服务提供者，甚至转向企业内部，依靠自己的资源能力来创新，这种频繁更换不可避免地给企业带来时间、人力、信息、金钱、物品等资源损失。

（2）不完全合同与产权分配问题。当工业企业通过与高技术服务企业合作进行创新时，其中涉及的研发经费投入、研发过程管理以及创新成果所有权的分配问题要比工业企业独立研发创新复杂得多，而且这些问题也很难在合同中说清楚，即存在着不完全合同（incomplete contracts）问题。确保上述问题的妥善解决对创新产出的频率和数量起着举足轻重的作用（Aghion and Tirole，1994）。

以创新成果的产权分配为例，由于新知识、新技术是双方共同开发应用的，因此谁拥有创新成果的所有权并不明了，但可以肯定的是，无论是高技术服务的提供者还是企业客户都能从所有权中受益：服务提供者可以把这一创新成果（如解决方案或者研发设计）应用到其他客户上；客户则可以将这一创新成果应用到其他生产活动中，或者至少可以避免泄露给竞争对手，以保持自身基于创新的竞争优势。如果客户拥有创新成果的产权，那么高技术服务提供者学习与创新的动力和积极性，相较其拥有创新成果而言，难免会削弱，反之亦然。这就意味着，能否处理好创新成果产权分配问题直接影响到双方创新的动力。

（3）过度搜寻问题。搜寻在企业创新中的重要性不言而喻。高技术服务企业能够为客户提供广泛的、多渠道的外部搜寻服务，来帮助企业获取更多的新知识、新方案以及创新机会。然而值得注意的是，搜寻并非是无成本的，搜寻的创新效应也非持续收益递增，一旦企业过度搜寻（over-search），就会对其创新产生负面影响。科普特（Koput，1997）对此给出了三个原因：第一，太多的创新想法让企业无法管理和选择（吸收能力问题）；第二，许多想法出现在错误的时间和错误的地点（时机问题）；第三，虽然有许多创新想法，但真正受到重视或投入运行的却没几个（注意力分配问题）。因此，创新搜寻活动的程度必须与企业处理、执行这些搜寻结果的能力相匹配。

事实上，过度搜寻还会引发整合新知识的动态成本上升问题，阻碍工业企业创新。已有研究表明（Katila and Ahuja，2002），随着外部搜寻范围、数量的不断扩大，需要整合到企业现有知识库（knowledge base）的新知识比重不断上升，这就会给企业带来技术上和组织上的整合挑战。具体来讲，技术方面，不同知识间的共同界面需要建立；组织方面，新知识需要企业内部和外部的关系网络、沟通网络发生改变。于是，需要整合的外部新知识越多，建立和管理整合的问题就越复杂。最终，整合的成本会超过获取新知识的收益，从而阻碍创新的开展。

（4）信息不对称问题。高技术服务业促进工业企业创新是一个复杂并且耗时的过程，涉及问题诊断、解决方案的设计与执行、方案结果的评估等环节。在这一过程中存在着显著的服务提供者与客户之间信息不对称问题，服务提供者的高度专业化使得提供者与客户之间经验、知识和技能上的不对称凸显出来。

例如，在最初的需求问题诊断阶段，服务提供者需要客户明晰他们的需求和应用的环境，而客户可能因为欠缺相关的专业知识和技能无法对此清晰表达，造成模糊的价值取向，进而导致所提供的服务产品不是客户想要的。在服务过程中，由于服务提供者比客户掌握更多的信息技术知识，这种信息和力量的不对称让客户很难通过监督、控制服务提供者的行为，管理服务过程来实现最优的服务结果，也就是所谓的委托—代理问题（principal-agent conflicts）。而且，由于服务的不可触摸性和客户缺乏相关的专业知识技能，也很难准确理解和评估服务结果的质量与潜在价值。此外，出于信息保密原因，高技术服务提供者和企业客户都不愿过多地暴露有关自身资源、组织构架、发展战略等敏感的商业"隐私"信息以及所拥有的关键技术，以免流失泄露到竞争对手那里，这显然不利于双方资源知识共享和创新平台构建。因此，高技术服务特有的信息不对称问题导致该服务的高度不确定性和高风险，阻碍高技术服务提供者与客户间的有效沟通，约束了高技术服务业在企业客户创新过程中的作用发挥。

9.1.3　基于高技术服务业发展阶段的动态演进分析

值得注意的是，前面关于高技术服务业对工业企业创新促进效应的分析仅仅是从一个静态视角切入。要判断高技术服务业为工业企业所提供的创新服务模式的动态变化，则需要考察高技术服务业的发展过程。鉴于此，接下来的部分将从高技术服务业发展阶段切入，对比考察每一个阶段下高技术服务业促进工业企业创新的模式、特征及其演进，由此揭示出高技术服务业对工业企业创新影响效应的动态变化本质。

在高技术服务业发展初期（幼稚期），高技术服务市场不够成熟，服务提供者通常单向地为企业客户提供信息技术知识，这一服务和相关的知识转移是一个单独实体，独立于企业客户创新过程，而非嵌入其中。此时的服务多为标准化服务（standardized services），服务提供者在整个服务过程中占主动地位，向客户推销、介绍自己的服务产品，而客户则像是一个相对被动的听众，关注于服务提供者所采用的工具、技术和方法，仅仅采纳和使用服务提供者带来的创新（Hislop，2002）。就知识交易途径和类型而言，高技术服务业通常是在市场交易基础上，向客户传递现成的、没有通过双方互动产生的新知识，也就是所谓的"静态知识转移"。

从服务提供者与客户之间关系类型来看，这一时期两者之间的关系更像是托尔多瓦（Tordoir，1995）提到的销售关系（sales relations）和工作关系（jobbing relations）。就前者而言，此时的服务带有实物产品特性：专业化服务是卖给客户的，而非定制，服务或是解决方案通常是在事前已经做好，寻找客户来购买。这种服务可以反复销售很多次，例如，一个发明的蓝图、一个信息管理系统或者是商业信息报告等。就后者来说，客户明确提出问题（需求），将这一问题或项目外包给专业化服务提供者，同时也或多或少地表明其所想要的解决方案，服务提供者执行的基本上是一个标准化任务，与客户之间的互动交流也不多，仅限于任务布置阶段和结果报告阶段。

随着高技术服务业的发展，客户数量和服务需求不断上升，高技术服务业进入成熟期，高技术服务业所提供的服务种类、服务方式以及与客户之间的关系发生了显著改变。面对越来越复杂的创新问题，客户主动性和服务提供者与客户之间的互动程度逐渐提高。原因在于，高技术服务业属于知识密集型、高附加值的生产性服务业，所拥有的是与客户问题相关的专业知识或者说是领域知识（domain knowledge），这就意味着，双方之间的互动交流越多，客户获取的领域知识就越多。从认知的角度来看，互动有助于知识的共同生产和创新；从产出的角度来看，互动能够生产出客户所需的满意的服务。因此，前面所提到的高技术服务业单向为客户提供信息知识的"静态知识转移"，演变为与客户互动学习、协同生产知识和创新的"动态知识转移"，服务形式也在前面的标准化服务基础上增加了模块化（modular services）①或定制化服务（customized services）来更好地全面满足客户需求。

从服务提供者与客户之间关系类型改变来看，这一时期两者之间的关系发展到了托尔多瓦（Tordoir，1995）所说的互动关系（sparring relations）阶段。服务提供者与客户之间是互惠的、协商的关系。服务提供者的专业技术知识和经验固然重要，但其与客户彼此间的信任、忠诚和亲密关系也非常重要。这种互动关系需要双方经过长时间的合作孕育才会形成，而且一旦形成就具有可持续性。此时高技术服务业所提供的服务不再独立于企业客户创新过程，而是嵌入其中，从技术和市场机会层面支持提升客户的创新潜能，成为客户的战略合作伙伴。

就知识来源的管理战略而言，随着高技术服务提供者社会关系网络的不

---

① 服务模块化属于定制化服务的一种，是指通过与客户之间的互动和根据客户个体需求，将具有标准界面的几个模块进行组合，服务提供者就能够提供多样化的服务方案。通过模块化定制服务，提供者既可以实现标准化生产的成本优势，又能因满足不同客户需求而实现范围经济（Feitzinger and Lee，1997）。

断发展，高技术服务提供者不仅仅与客户保持着密切的合作创新关系，而且还与其他的高技术服务企业、大学、研究院等组织建立合作关系，拓宽知识来源，获取创新要素。

通过上述分析不难看出，在高技术服务业发展的不同阶段，其所提供的创新服务形式、服务内容、与客户之间的关系等方面存在着显著的差异（见表9-1），这意味着高技术服务业对工业企业创新的影响并非静止不变，而是动态变化的。

表9-1　　　不同阶段下高技术服务业创新服务的模式、特征及其演进

项目	幼稚期	成熟期
知识转移特征		
传播方向	单向	双向互动
转移类型	市场交易　静态知识转移	嵌入式交易　动态知识转移
知识来源	单一	多元化
高技术服务特征		
服务形式	标准化	标准化　模块化　定制化
服务生产特征	规模经济	规模经济　范围经济
在客户创新中的地位	独立支持	嵌入其中　协同创新
服务提供者与客户的关系	销售关系　工作关系	互动关系

9.1.4　高技术服务业与工业企业合作创新：非线性论题

前已论及，工业企业在从高技术服务业那里获得创新收益的同时，也面临着一系列比其他产业更为复杂的交易问题与交易成本。也就是说，工业企业获得的创新服务净价值取决于创新收益与问题成本之间的权衡（trade-off）。由此引入的问题是，在高技术服务业发展的不同阶段上，合作创新的收益与成本如何变化，以及这些因素如何相互作用来影响工业企业创新。

针对上述问题，我们将前面的收益成本分析与高技术服务业发展阶段相结合，构建一个高技术服务业与工业企业创新的综合分析框架，从动态角度对比考察每一个阶段下合作创新收益与问题成本的大小，揭示出高技术服务

业与工业企业创新之间的非线性关系。

如前所述，在高技术服务业发展初期，通常是以标准化服务形式单向地为企业客户提供现成的、未经双方互动产生的新知识，来推动客户创新。在这个创新支持过程中，高技术服务业的服务供给是作为单独实体独立于客户的创新过程，双方之间的合作深度、关系亲密程度、互动交流度均有限，因此在企业客户与高技术服务业合作创新中所产生的沟通协调等问题成本要小于创新收益，使得高技术服务业对企业客户创新的影响为正效应。

随着高技术服务业的发展，行业内公司数量和规模随之扩大，服务的客户数量也不断增加，所提供的服务形式与内容逐渐丰富起来，服务产品的复杂度也有所提高。高技术服务提供者逐步嵌入客户的创新环节中，与客户共同研发生产新知识。在这个相对复杂的互动创新过程中，面对激增的业务量和涌现出的多样化的新型服务形式，服务提供者和企业客户的经验欠缺以及相关法律法规制度的不完善，使得高技术服务业在促进客户创新过程中已有的老问题和潜在的新问题凸显出来，包括前面提到的创新成果产权分配问题、知识产权保护问题、高技术服务提供者与多重客户和其他组织机构间的沟通协调问题以及客户过度搜寻与"短视"行为问题等。于是服务提供者与客户不可避免地进入一个痛苦的调整转型期。不难推断，这一阶段的矛盾问题及其相关成本费用会快速上升，超过合作创新收益，导致高技术服务业对企业客户创新的影响变为负。

随着高技术服务业进一步发展成熟、优化升级，服务提供者与客户间的合作次数不断增加、合作程度不断深化，双方建立了长期、忠诚、信任、亲密的战略合作伙伴关系，创新产出的频率、规模与质量也随之不断提高，高技术服务业创新服务的规模经济和范围经济得以实现。与此同时，伴随着外部制度环境的改善、市场监管和相关法律法规不断健全，合作创新过程中存在的问题及其相关费用也得到了有效控制。于是，这一阶段上的创新收益又超过问题成本，高技术服务业对企业客户创新的影响也再次变为正。

如若将上述三个阶段中高技术服务业与企业客户合作创新之间的关系变化用图予以描述，则其演进态势呈现出 S 型曲线（见图 9－2）：在高技术服务业发展初期，关系曲线斜率为正，意味着高技术服务业有助于企业客户创新；在调整转型期，关系曲线斜率变为负，意味着企业客户从高技术服务业那里获得的创新净收益为负；当高技术服务业进一步发展成熟时，关系曲线斜率又变为正，意味着高技术服务业再次对企业创新产生促进效应。这一理论推论成立与否，可通过构建计量模型进行实证检验。

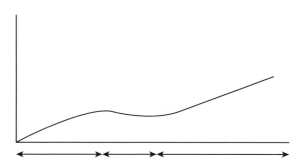

图 9 - 2　高技术服务业与工业企业合作创新关系的"三阶段"演进轨迹

9.2　高技术服务业与工业企业合作创新：实证检验

用于实证检验高技术服务业与工业企业合作创新之间关系动态变化的计量模型如下：

$$INNO_{i,j,t} = a_{i,j} + b_1 lnhs_{j,t} + b_2 lnrd_{i,j,t} + b_3 lncapital_{i,j,t} + b_4 lnX_{i,j,t} + u_{i,j,t}$$

$$(9-1)$$

其中，$a_{i,j}$ 表示工业企业 i 的未观察因素；$u_{i,j,t}$ 是误差项；$INNO_{i,j,t}$ 代表 j 地区工业企业 i 在 t 年的新产品开发项目数；$hs_{j,t}$ 为各省份的城镇单位高技术服务业就业人数占全国的比重；$rd_{i,j,t}$ 是工业企业 R&D 经费内部支出占其主营业务收入的比重；$capital_{i,j,t}$ 表示工业企业人均固定资产净值，并用地区固定资产投资价格指数将固定资产净值折算成以 2000 年为基期的不变价；$X_{i,j,t}$ 代表其他影响创新产出的控制变量，主要包括企业规模（size），即企业员工人数；人力资本（hc），用企业科技人员数占从业人员数比重来表示；区域竞争环境（comp），用本地区工业企业比重与全国工业企业比重的商来衡量。

所有数据来源为《中国统计年鉴》《中国工业经济统计年鉴》《中国科技统计年鉴》。由于《中国统计年鉴》从 2003 年才开始对高技术服务业有系统统计，与此同时《中国科技统计年鉴》在 2010 年之前对工业企业研发创新数据的系统记载是以大中型工业企业作为统计口径，而在 2011 年之后，该口径变为规模以上工业企业，因此考虑到数据分析的可获得性及其可比性等因素，我们选取了 2003～2010 年 31 个省份（不含港澳台地区）的大中型工业企业和高技术服务业数据作为本章的样本数据，表 9 - 2 是统计性描述。

表 9 - 2　　　　　　　　　　变量统计性描述

变量	均值	标准差	最小值	最大值	中位数	样本数
INNO	3513.685	4106.6	0.000	24443	2148	248
hs	3.226	2.82165	0.218	18.298	2.489511	248
rd	0.708	0.286	0.000	1.682	0.7225455	244
capital	22.201	9.759	8.971	58.453	19.87542	240
size	0.134	0.038	0.056	0.257	0.1280132	248
hc	4.202	1.621	0.000	8.000	4.12841	248
comp	1.010	0.304	0.526	2.437	0.963416	248

注：新产品开发项目数（INNO）的单位为个，资本投入密度（capital）的单位为亿元/万人，企业规模（size）的单位为万人。高技术服务业发展水平（hs）、研发支出（rd）、人力资本（hc）和区域竞争环境（comp）的单位均为比值。

鉴于新产品开发项目数不服从普通最小二乘法（OLS）的正态分布，因此我们采用负二项回归模型。考虑到解释变量与因变量之间可能存在的内生性问题，所有解释变量都滞后一期，以减少与因变量之间的往复影响。将样本数据代入到式（9 - 1）中分别进行 OLS、负二项回归模型的随机效应和固定效应回归，结果如表 9 - 3 的第（1）至第（3）列所示。由于 Hausman 检验拒绝了固定效应模型，因此选择随机效应模型。不难看出，无论是 OLS 估计还是随机效应估计，高技术服务业对工业企业创新的促进效应都是非常显著的。这就是说，我们前面关于高技术服务业对工业企业创新的价值收益理论考察，在这里得到了更可靠的实证支持①。

表 9 - 3　　　　　高技术服务业与工业企业创新动态关系实证

变量	（1） OLS	（2） NBR - RE	（3） NBR - FE	（4） NBR - RE	（5） NBR - FE	（6） NBR - RE	（7） NBR - FE
hs	2256. 9 *** （5. 69）	0. 235 * （1. 81）	－ 0. 00742 （－0. 06）	1. 063 *** （4. 29）	0. 655 ** （2. 26）	1. 369 *** （4. 41）	1. 0288 * （2. 50）
rd	1316. 5 ** （2. 19）	0. 266 *** （3. 77）	0. 274 *** （3. 99）	0. 313 *** （4. 30）	0. 295 *** （4. 23）	0. 270 *** （3. 73）	0. 253 *** （3. 58）
capital	－ 3299. 6 *** （－4. 71）	－ 0. 178 （－1. 24）	－ 0. 0408 （－0. 30）	－ 0. 193 （－1. 42）	－ 0. 0296 （－0. 23）	－ 0. 120 （－0. 87）	0. 0389 （0. 29）
size	－ 18417. 5 *** （－4. 56）	－ 3. 635 *** （－11. 45）	－ 3. 325 *** （－10. 61）	－ 3. 475 *** （－11. 61）	－ 3. 208 *** （－10. 73）	－ 3. 421 *** （－11. 50）	－ 3. 177 *** （－10. 69）
hc	－ 299. 4 （－0. 19）	0. 421 *** （3. 39）	0. 354 *** （2. 90）	0. 422 *** （3. 38）	0. 368 *** （3. 00）	0. 414 *** （3. 41）	0. 365 *** （3. 04）
comp	－ 15479. 0 *** （－3. 70）	－ 3. 945 *** （－11. 42）	－ 3. 799 *** （－11. 00）	－ 3. 754 *** （－11. 36）	－ 3. 726 *** （－11. 25）	－ 3. 743 *** （－11. 44）	－ 3. 737 *** （－11. 36）
hs square				－ 0. 461 *** （－3. 90）	－ 0. 385 *** （－2. 68）	－ 1. 007 *** （－3. 25）	－ 0. 949 ** （－2. 45）
hs cube						0. 205 ** （2. 21）	0. 211 ** （1. 93）
constant	－ 24513. 6 *** （－3. 06）	－ 4. 140 *** （－6. 61）	－ 3. 576 *** （－5. 84）	－ 3. 849 *** （－6. 57）	－ 3. 438 *** （－5. 94）	－ 3. 928 *** （－6. 71）	－ 3. 624 *** （－6. 21）
R^2	0. 4584						
Wald chi2		389. 15	374. 25	454. 47	418. 85	471. 84	435. 74
Log likelihood		－ 1627. 116	－ 1289. 8947	－ 1619. 1394	－ 1286. 0237	－ 1617. 824	－ 1285. 2595
Hausman 检验值		－ 47. 73		12. 18		－ 31. 87	
观测值	210	210	210	210	210	210	210

注：括号中的值为 z 值，* 、** 、*** 分别表示10%、5%和1%的显著水平。

---

① 为了对实证结果进行稳健性检验，我们采用了新产品产值占工业总产值的比重作为因变量，代替原有的因变量（新产品开发项目数）进行了回归，所得结果并未发生显著性改变。

　　为了对前面高技术服务业与工业企业创新之间非线性关系的理论推论进行实证检验，我们在实证模型中引入了高技术服务业二次项和立方项，对样本数据进行再次回归。实证结果如表 9-3 第 (4) 至第 (7) 列所示。高技术服务业一次项的系数依然显著为正，二次项的系数显著为负，立方项系数显著为正，表明高技术服务业与工业企业创新之间存在着 S 型关系。图 9-3 模拟描绘了这种关系，其中，高技术服务业对工业企业创新作用方向的两个转折点分别为 2.616 （即 lnhs = 0.96） 和 10.124 （即 lnhs = 2.31）。如果高技术服务业发展水平低于 2.616，那么高技术服务业会对工业企业创新产生促进作用；当高技术服务业发展水平超过 2.616 临界值时，高技术服务业与工业企业创新之间的关系由正转变为负；随着高技术服务业进一步发展到突破第二个临界值 10.124 时，高技术服务业又将对工业企业创新产生加速递增的作用。这一回归结果与我们的理论推论一致：在两端的高技术服务业发展初期和成熟期，曲线斜率为正，意味着高技术服务业对工业企业创新产生促进效应；在中间的调整转型期，曲线斜率变为负，意味着工业企业客户从高技术服务业那里获得的创新净收益为负。

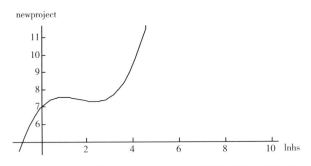

图 9-3　高技术服务业与工业企业创新的 S 型曲线关系

　　进一步地，我们以 S 型曲线的两个转折点作为划分依据，从总样本的 31 个省份中选出高技术服务业发展水平平均值低于 2.616 的 17 个省份作为低发展水平地区的子样本，挑出高技术服务业发展水平平均值高于 2.616 但低于 10.124 的 13 个省份作为调整转型地区的子样本，将高技术服务业发展水平平均值超过 10.124 的北京市作为较高发展水平地区的子样本（见图 9-4）。对这三个子样本分别进行回归，以再次验证不同发展阶段下高技术服务业对工业企业创新影响的动态变化，实证结果如表9-4所示。由于Hausman检验拒绝了固定效应模型，因此选择了随机效应模型。

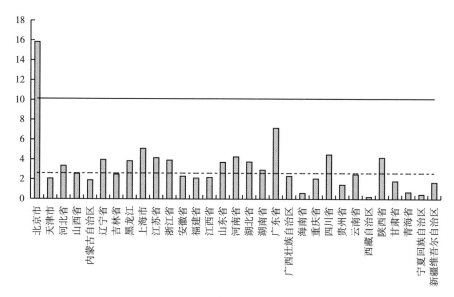

图9-4 各地区高技术服务业发展水平

与上面的总体样本非线性回归结果一致，对于高技术服务业发展水平较低的子样本而言，高技术服务业对工业企业的创新效应明显；对于高技术服务业发展水平处于两个临界值中间的子样本来说，高技术服务业系数为负，意味着当双方合作进入调整转型期时，工业企业从高技术服务业那里获得的创新收益出现递减趋势。由于高技术服务业发展水平超过10.124的省份只有一个，样本数量太小以至于无法用同一模型进行回归，因此我们仅对高技术服务业与工业企业创新之间作了单独回归。高技术服务业的系数显著为正，表明对工业企业创新产生积极的推动作用（见表9-4）。至此不难看出，无论是总体样本的非线性回归还是子样本回归，都较为清晰地印证了前已提出的高技术服务业对工业企业创新影响变化的"三阶段"演进轨迹，综合分析框架的理论推论得到了实证模型的进一步论证。

表 9 – 4　　　　　高技术服务业与工业企业创新动态关系的分阶段实证

	低			中			高	
	(1) OLS	(2) NBR – RE	(3) NBR – FE	(4) OLS	(5) NBR – RE	(6) NBR – FE	(7) OLS	(8) NBR – FE
hs	388.1 * (1.76)	0.711 *** (4.09)	0.363 * (1.84)	6561.8 *** (3.56)	– 0.299 (– 1.09)	– 0.587 ** (– 2.26)	11422.7 ** (3.30)	3.790 *** (3.16)
rd	780.5 *** (3.42)	0.555 *** (5.09)	0.466 *** (4.90)	5691.5 *** (3.18)	0.231 * (1.82)	0.190 (1.55)		
capital	– 369.7 (– 1.03)	– 0.380 ** (– 2.10)	– 0.0421 (– 0.24)	– 4979.9 *** (– 3.83)	– 0.0948 (– 0.40)	0.0879 (0.40)		
size	– 2624.0 (– 1.50)	– 3.059 *** (– 7.87)	– 2.677 *** (– 6.52)	– 27864.0 *** (– 4.51)	– 3.663 *** (– 8.31)	– 3.399 *** (– 8.07)		
hc	2653.9 *** (3.84)	0.426 *** (2.75)	0.312 ** (1.99)	– 3271.2 (– 1.02)	0.391 * (1.71)	0.458 ** (1.96)		
comp	– 1348.1 (– 0.74)	– 3.356 *** (– 7.99)	– 3.350 *** (– 7.79)	– 24258.3 *** (– 3.81)	– 3.620 *** (– 7.29)	– 3.694 *** (– 7.39)		
constant	– 4279.5 (– 1.27)	– 2.066 ** (– 2.89)	– 2.089 ** (– 2.91)	– 39876.3 *** (– 2.95)	– 3.602 *** (– 4.19)	– 3.256 *** (– 3.82)	– 28402.1 (– 2.98)	– 7.985 ** (– 2.39)
R^2	0.5496			0.5845			0.6231	
Wald chi2		230.12	200.37		225.31	237.63		10.00
Log likelihood		– 764.18487	– 605.81677		– 774.76472	– 623.81784		– 47.806922
Hausman 检验值		1.17			– 5.94			
观测值	112	112	112	91	91	91	7	7

注：括号中的值为 z 值，* 、** 、*** 分别表示 10% 、5% 和 1% 的显著水平。

9.3　小　　结

本章从高技术服务业发展阶段演进的视角切入，从理论和实证两个层面探讨了高技术服务企业与工业企业合作创新问题，主要结论如下。

　　高技术服务业与工业企业合作创新过程中既存在着创新收益，也存在着创新成本。就高技术服务企业促进工业企业创新的模式、特征及其演进来看，在高技术服务业发展初期，服务提供者通常单向地为企业客户提供信息知识和标准化服务；当其发展成熟时，所提供的服务则会嵌入企业创新过程中，与企业合作互动协同创新。这种创新服务模式的演进表明高技术服务业对工业企业创新的影响并非静止不变，而是动态变化的。

　　进一步地，将合作创新的成本收益分析与高技术服务业发展阶段相结合，构建出高技术服务业与工业企业创新的综合分析框架。研究揭示，在高技术服务业发展初期和成熟期，合作创新的收益超过成本，高技术服务业对工业企业创新产生促进效应；而在中间的调整转型期，成本费用快速上升超过创新收益，导致高技术服务业的合作创新效应下降。高技术服务业与工业企业创新之间存在着 S 型的三阶段动态演进关系。这一理论推论也得到了中国工业企业现实数据的实证检验支持，而且高技术服务业与工业企业合作创新的收益递减现象已渐次显现。

　　从本章的研究不难看出，高技术服务业对工业企业创新的影响并非是简单的线性关系，而是存在明显的 S 型非线性关系。这就意味着，如何运用政府的调控手段，在充分发挥高技术服务业创新支撑效应的同时，减少合作创新过程中出现的问题成本，缩短中间的调整转型期，无疑是中国未来高技术服务业发展面临的另一个挑战。

|第10章|

高技术服务业与工业企业内部研发：
互补促进还是替代挤出

前已提及，在全球经济进入知识经济的大背景下，为其他企业提供高知识附加值（high intellectual value-added）服务的高技术服务业已成为近年各方关注的一个焦点行业。无论是政府决策层还是学术界，就高技术服务业对提升工业企业创新能力的重要性已形成普遍共识：工业企业不再是一个独立的创新者，其创新越来越需要高技术服务业的渗透、支撑与带动。

然而值得注意的是，作为企业获取外部技术知识资源的重要途径，高技术服务业所提供的高知识附加值服务与工业企业内部研发一样，也是重要的创新投入要素。由此产生的问题是，高技术服务业所提供的外部创新资源对工业企业自主研发会产生怎样的影响，在促进工业企业创新过程中，高技术服务业与企业内部研发之间存在着怎样的互动关系，是与企业内部研发相互促进形成互补关系，共同提高企业创新绩效，还是与企业内部研发形成替代关系，产生挤出效应（crowding out effect），导致企业研发的缩减？本章的宗旨就在于对这一问题进行系统的理论与经验分析。

10.1 高技术服务业与工业企业内部研发
关系的理论分析

高技术服务业是现代服务业的重要内容和高端环节，相较于传统服务业而言，它具有创新性、高技术性、专业性、高渗透性、高增值性、强辐射性等特点（王仰东等，2007），能够运用信息手段和高新技术，为工业企业提供外部技术支持，搭建知识交流创新平台和运营服务平台，加快企业信息化建设，降低运营成本，促进工业企业创新与优化升级。前已提及，我国政府大力发展高技术服务业的重点就是高技术的延伸服务和支持科技创新的专业化服务。由此引出的问题是，作为企业获取外部知识资源和创新支持的重要途径，在促进工业企业创新过程中，高技术服务业与企业内部研发之间存在着怎样的关系。接下来的部分将对此进行理论研究。

（1）互补促进关系。我们的早先研究（张萃，2012）揭示，高技术服务业是新知识的生产者、使用者与传播者，可以通过将自身掌握的技术信息直接传递给客户，或者通过搭建不同产业企业间知识经验交流平台的方式，为工业企业研发提供外部信息技术资源支持，成为企业研发的催化剂，分摊企业研发风险和成本；也可以为企业提供包括人员技能培训、商业战略、知识产权、新技术获取、外部资源管理等在内的一系列多元化的专业服务，协助和推动工业企业研发创新活动的开展。同时，高技术服务业可以利用基于对市场、技术和用户信息掌握较多的识别创新机会的优势地位，帮助企业发掘、利用研发新机会，提高企业创新成功的可能性。而且，高技术服务公司能够为工业企业尤其是中小企业厘清目前存在的问题，明晰企业具体的创新需求，继而为企业构建出创新战略框架，并给出研发过程中现存问题的解决方案。因而，高技术服务业有助于工业企业以较低的成本快速有效地获取外部技术知识资源，提高企业对研发创新过程的管理能力和创新绩效。

从资源基础论（the resource-based view）的角度来看，当高技术服务业帮助工业企业获取外部知识资源时，这一特殊外部资源与工业企业内部资源相结合，便构成了企业独有的能力，而这种独特的资源与能力恰是工业企业创新和维持竞争优势的源泉。

事实上，高技术服务业对工业企业创新的影响在很大程度上还取决于工业企业自身的能力。罗斯韦尔（Rothwell，1992）认为，只有在企业拥有高技能的研发人员和愿意接受外部思想的条件下，与外部资源的对接才会有效。而科恩和列文塔尔（Cohen and Levinthal，1989）则指出研发具有两面性，在促进企业创新的同时，还能提高企业的吸收能力，包括对外部技术知识的识别、消化和利用能力。并且，内部研发还能够创造出企业特有的知识资源，不易被外部竞争对手模仿和获取，具有隔离机制的特征。于是，一个企业拥有的特有资源越多，与外部知识资源结合后所形成的资源就越具独特性和价值性（Grimpe and Kaiser，2010）。从这个层面上讲，内部研发有助于提高工业企业对高技术服务的利用效率。

此外，高技术服务业与工业企业研发之间还存在着一种双向学习、合作互动的协同创新模式。高技术服务业在为工业企业提供专业化服务的同时，也不断地从企业客户那里获得反馈意见，从而加深对客户所在行业的理解，并从中获取经验信息，有助于高技术服务业的进一步创新（Hertog，2000）。而在高技术服务业与企业客户一起寻求问题解决方案的互动过程中，客户的知识库（knowledge base）也得以充实，增加了自身知识储备，继而推动企业客户的研发创新。因此，双方之间的知识流动是双向的、动态的，这种合作互动关系包含着知识溢出外部性，构成了相互促进、协同创新的正反馈机制（见表10－1）。

表10－1　　　　　　　　高技术服务业与工业企业内部研发的关系

	互补关系	替代关系
高技术服务业与工业企业内部研发的关系	外部资源支持（传递新知识、发掘新机会、研发风险成本分摊、提高企业研创能力）	make or buy（内外部研发费用对比）
	资源基础论与研发两面性	挤出效应（研发成本上升、人力资本流失）
	双向学习、合作互动（知识双向流动溢出、正反馈效应）	合作创新存在的问题（创新成果分配、信息不对称、无力发明症等）
工业企业创新模式	协同创新	内部创新或外部获取

（2）替代挤出关系。然而值得注意的是，高技术服务业所提供的外部知识资源与工业企业内部研发之间也存在着相互替代挤出的可能性。我们知道，创新活动具有周期长、投入大、风险高、结果不确定等特点，这些特点

使得企业对创新研发的投入比其他投资更具风险性，这就会导致一些风险厌恶型企业，尤其是中小企业，放弃内部研发而依赖于外部研发以减少独自创新的时间和风险。这一点也可以从交易费用的视角做进一步诠释。根据威廉姆森（Williamson，1975；1985）的交易费用理论，企业对于研发环节应放在自己内部进行还是从外部市场购买之间的选择，取决于企业内部交易费用与外部交易费用之间的比较：当内部交易费用小于外部交易费用时，企业会选择研发内部化；而当企业内部研发成本相对过高时，企业将会放弃自己研发而选择从外部市场购买。这就意味着，高技术服务业所提供的外部技术知识资源与企业内部研发之间存在着替代关系。卡特和威廉姆斯（Carter and Williams，1957）等学者的研究也表明，在企业所处行业的发展超过了自身技术能力的情况下，可通过外包给专业化公司的途径来强化自身的技术创新优势。

运用成本收益分析法，我们早先的研究（张萃，2014）揭示，高技术服务业在与工业企业合作创新时不仅仅产生创新收益，还存在许多问题和矛盾，包括创新成果分配问题、协调问题、知识整合问题、信息不对称问题、无力发明症等。合作创新的净效应最终取决于创新收益与问题成本之间的权衡。如果创新收益小于问题成本，那么企业就会放弃高技术服务业所提供的创新服务，转向内部研发，依靠自己的资源能力来创新。

事实上，作为服务业中的技术知识密集型行业，不同于传统服务业，高技术服务业的创新密度较高（Miles et al.，1995；Hertog，2000）。特瑟和希普（Tether and Hipp，2000）的研究发现，高技术服务业在创新方面的支出要高于其他知识密集型行业，研发支出是其创新支出中尤其重要的组成部分。由此不难推断，高技术服务业较强的研发需求和较大力度的创新支出无疑会提升全社会的研发成本。面对日益上升的研发成本，工业企业无疑会减少研发，将资金从研发活动转移到其他活动中，于是就产生所谓的"挤出效应"。而且，古尔斯比（Goolsbee，1998）指出，研发支出的绝大部分是用于支付研发人员的工资。因此，当高技术服务业提高研发支出时，很大程度上会直接导致高工资。高技术服务业的高工资无疑会吸引工业企业的研发人员，造成人才流失，进而对工业企业内部研发产生负面影响（见表 10 – 2）。

表 10 - 2　　　　　　　　高技术服务业与工业企业内部研发的关系

变量	信息传输、计算机服务和软件业				科学研究、技术服务和地质勘查业			
	(1) NBR – RE	(2) NBR – FE	(3) NBR – RE	(4) NBR – FE	(5) NBR – RE	(6) NBR – FE	(7) NBR – RE	(8) NBR – FE
rd	0.314 *** (4.77)	0.272 *** (4.26)	0.310 *** (4.74)	0.268 *** (4.21)	0.295 *** (4.58)	0.255 *** (4.07)	0.774 *** (5.83)	0.738 *** (5.56)
ict	0.161# (1.59)	0.158# (1.55)	0.103 (0.95)	0.0922 (0.83)				
ts					0.297 ** (1.97)	0.305 ** (2.01)	– 0.0417 (– 0.25)	– 0.0407 (– 0.24)
capital	– 0.222 * (– 1.63)	– 0.0591 (– 0.45)	– 0.198 (– 1.47)	– 0.0406 (– 0.31)	– 0.230 * (– 1.68)	– 0.0710 (– 0.54)	– 0.182 (– 1.39)	– 0.0391 (– 0.31)
emscale	– 3.377 *** (– 10.73)	– 3.218 *** (– 10.20)	– 3.315 *** (– 10.60)	– 3.164 *** (– 10.11)	– 3.504 *** (– 11.50)	– 3.346 *** (– 10.95)	– 3.360 *** (– 11.45)	– 3.227 *** (– 10.95)
hc	0.404 *** (3.27)	0.332 *** (2.75)	0.439 *** (3.56)	0.373 ** (3.08)	0.399 ** (3.25)	0.324 ** (2.69)	0.418 *** (3.50)	0.350 *** (2.98)
emcompe	– 3.720 *** (– 10.58)	– 3.677 *** (– 10.44)	– 3.617 *** (– 10.18)	– 3.574 *** (– 10.04)	– 3.844 *** (– 11.26)	– 3.788 *** (– 11.08)	– 3.688 *** (– 11.21)	– 3.648 *** (– 11.09)
ict × rd			– 0.299 * (– 1.79)	– 0.316 ** (– 1.92)				
ts × rd							– 0.635 *** (– 4.10)	– 0.636 *** (– 4.09)
constant	– 3.180 *** (– 5.91)	– 3.288 *** (– 6.12)	– 3.145 *** (– 5.89)	– 3.260 *** (– 6.11)	– 3.604 *** (– 7.21)	– 3.703 *** (– 7.43)	– 3.156 *** (– 6.36)	– 3.260 *** (– 6.59)
Wald chi2	396.96	383.56	401.27	388.11	399.38	388.13	443.91	429.29
Log likelihood	– 1627.5354	– 1288.7162	– 1625.9413	– 1286.8803	– 1626.9636	– 1288.0197	– 1619.1913	– 1280.2469
Hausman 检验值	4.16		– 7.58			339.33	10.39	
样本组数	30	30	30	30	30	30	30	30

注：括号中的值为标准误差，＊、＊＊、＊＊、#分别表示10%、5%、1%和12%的显著水平。

资料来源：历年《中国统计年鉴》《中国工业经济统计年鉴》和《中国科技统计年鉴》。

（3）高技术服务业对工业企业内部研发影响模型。在前面互补替代关系的研究基础上，我们还可以用一个简单的企业投资行为模型来直观分析高技术服务业对工业企业内部研发支出的影响。戴维等（David et al.，2000）曾用该模型研究了公共研发如何影响企业研发。假定在每一个时间点上都有一系列潜在的研发投资项目，对于每一个投资项目，企业都会理性考虑预期收益和成本，计算出预期收益率，并用此对投资项目进行降序排序，形成企业的边际收益率曲线（MRR）。一条向下倾斜的 MRR 曲线如图 10 - 1 所示，其中纵坐标是边际产出（和资本的边际成本），横坐标是企业沿着投资项目列表进行投资的累计投资量。图 10 - 1 中的资本边际成本曲线（MCC）反映在不同的研发投资水平上所投资金的机会成本。随着研发投资量的上升，企业不得不从自有资金转移到借助成本相对较高的外部资金，由此导致 MCC 曲线斜率向上。用自有资金进行研发体现在 MCC 曲线左侧平滑部分，而采用成本较高的外部融资则使得资本边际成本上升，MCC 曲线向上倾斜。

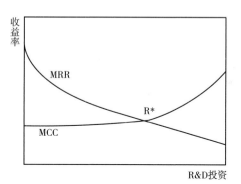

图 10 - 1　企业内部研发投资模型

图 10 - 1 也可以用下面的方程描述：

$$MRR = f(R, X) \tag{10 - 1}$$

$$MCC = g(R, Z) \tag{10 - 2}$$

其中，R 是企业研发支出量，X 和 Z 分别代表其他决定投资项目的回报率和资本边际成本分布的变量。如图 10 - 1 所示，在企业利润最大化条件下，最优的研发投资水平为 R^*，此时 MRR 与 MCC 相等：

$$R^* = h(X, Z) \tag{10-3}$$

现在我们可以结合前面的互补替代关系研究，利用这一模型分析高技术服务业如何影响工业企业内部研发。如果把高技术服务业所提供的一系列创新服务看作外生的，那么它对企业内部研发的影响将表现为 MRR 和 MCC 曲线的移动。

前面的互补促进关系分析表明，高技术服务业为工业企业研发提供外部信息技术资源支持、与企业分摊研发风险和成本，这就等同于推动 MCC 曲线向右移动；而高技术服务业为工业企业提供包括人员技能培训、商业战略、知识产权、研发资源管理等在内的一系列多元化专业服务，帮助企业发掘、利用研发新机会，以及其对企业所产生的知识溢出外部性，都有助于提高工业企业研发创新管理能力和效率，可以通过提高企业研发项目的预期收益或降低预期成本的途径来推动 MRR 曲线向右移动。

就前面所分析的替代挤出关系而言，高技术服务业与工业企业合作创新过程中存在的问题和矛盾，会提高企业研发创新成本，导致 MCC 曲线向左移动；而高技术服务业因较高的研发需求和创新支出导致研发投入上升，产生"挤出效应"，则会使得 MRR 曲线向下移，在其他条件不变的情况下，工业企业研发支出随之减少。

客观来说，上述模型简单直观地分析了高技术服务业对企业内部研发的影响及其内在影响渠道，但却未能反映出两者在促进工业企业创新中的关系，尤其是在中国工业企业创新中的关系。鉴于此，接下来将通过构建计量模型和利用中国现实数据对该问题进行实证研究。

10.2　高技术服务业与工业企业内部研发关系：实证研究

用于实证检验高技术服务业与工业企业内部研发在促进工业企业创新中的关系的计量模型可以通过知识生产方程构建。具体来讲，创新产出来自创新投入和其他要素投入，用模型表示为：

$$newproject_{i,j,t} = a_{i,j} + \beta_1 lnrd_{i,j,t} + \beta_2 lnhs_{j,t} + \beta_3 lncapital_{i,j,t} + \beta_4 lnemscale_{i,j,t}$$
$$+ \beta_5 lnhc_{i,j,t} + \beta_6 lnemcompe_{i,j,t} + \beta_7 (lnhs \times lnrd)_{i,j,t} + u_{i,j,t}$$

$$(10-4)$$

其中，$a_{i,j}$ 表示与 j 地区特定工业企业 i 相关的未观察因素；$u_{i,j,t}$ 是误差干扰项；$newproject_{i,j,t}$ 代表 j 地区工业企业 i 在 t 年的创新产出，具体可用新产品开发项目数衡量；$rd_{i,j,t}$ 是工业企业 i 的研发支出，可以用企业的 R&D 经费内部支出占其主营业务收入的比重来表示。鉴于高技术服务业中的信息传输、计算机服务和软件业，科学研究、技术服务和地质勘查业两个子行业间的差异性，我们将单独考察。因此，j 地区高技术服务业发展程度 $hs_{j,t}$ 包括信息传输、计算机服务和软件业（ict）与科学研究，技术服务和地质勘查业（ts）两个部分，分别用各省份这两个行业的城镇单位就业人数占本地区城镇单位就业人数的比重来衡量；$capital_{i,j,t}$ 表示工业企业的资本投入密度，用人均固定资产净值衡量，并用地区固定资产投资价格指数将固定资产净值折算成以 2000 年为基期的不变价；$emscale_{i,j,t}$ 代表企业规模，与现有文献一致，我们采用工业企业的员工人数来衡量。

人力资本（$hc_{i,j,t}$）用工业企业科技人员数占从业人员数的比重来衡量。由于《中国统计年鉴》对 2009 年和 2010 年的大中型工业企业科技人员数没有记载，只有研发人员数的统计。因此，我们参照朱平芳和徐伟民（2003）的做法，通过设置虚拟变量 d，并在上述模型式后面加入 $\beta \times d \times hc$ 的方法，来消除统计口径不统一的影响。

$$d = \begin{cases} 1, & if \quad 2002 < T \leqslant 2008 \\ 0, & if \quad 2008 < T \leqslant 2010 \end{cases} \qquad (10-5)$$

$emcompe_{i,j,t}$ 表示区域竞争环境，计算公式为 $emcompe = (n_j/l_j)/(n/l)$，其中，$n_j$ 代表地区 j 的工业企业个数，l_j 代表地区 j 工业企业的就业人数，n 代表全国工业总的企业个数，l 代表全国工业企业总的就业人数。该值越大，意味着一个地区的竞争程度越高，根据波特的竞争理论，企业持续创新的动力越强。

为了考察高技术服务业与企业内部研发在促进工业企业创新过程中的关系，我们分别引入了信息传输、计算机服务和软件业（ict），科学研究、技术服务和地质勘查业（ts）与企业内部研发的乘积交互项（lnict × lnrd，lnts × lnrd），通过观察这两个交互项系数的显著性和符号，来判断两者之间是互补促进关系还是替代挤出关系。

考虑到数据分析的可获得性及其可比性等因素，我们选取了 2003～2010 年 31 个省份（不含港澳台）的大中型工业企业和高技术服务业数据作为本章的样本数据。上述变量的所有数据均来自历年的《中国统计年鉴》《中国工业经济统计年鉴》《中国科技统计年鉴》。

鉴于新产品开发项目数不服从普通最小二乘法的正态分布，因此我们采用负二项回归模型。表 10 - 2 给出了回归结果。其中第（1）、第（2）、第（5）、第（6）列是不包含交互项的回归。虽然 Hausman 检验支持第（1）和第（6）列的结果，但无论是随机效应还是固定效应回归都表明，高技术服务业（ict 和 ts）与企业内部研发对工业企业创新都起到积极的促进作用。第（3）、第（4）、第（7）、第（8）列是分别引入信息传输、计算机服务和软件业与企业内部研发的乘积交互项（lnict × lnrd），以及科学研究、技术服务和地质勘查业与企业内部研发的乘积交互项（lnts × lnrd）的回归结果。虽然 Hausman 检验支持第（3）和第（7）列的结果，但无论是随机效应估计还是固定效应估计，交互项系数都显著为负，表明高技术服务业（ict 和 ts）与企业内部研发在促进工业企业创新中呈现出替代关系；而且此时高技术服务业（ict 和 ts）的系数变得不显著，企业内部研发系数依然显著为正，意味着中国工业企业目前仍是以内部研发作为主要的创新途径。这一结果可能与我国高技术服务业发展水平不高、尚未对工业企业创新产生显著的支撑带动效应有关。

为了对上述解释进行验证，我们分别计算并比较了工业企业内部研发和高技术服务业的边际收益率。也就是说，工业企业内部研发和高技术服务业每投资一个单位，能够带来多少新产品开发项目数的回报（见表 10 - 3）。先看信息传输、计算机服务和软件业与企业内部研发回报率的比较。由于 Hausman 检验支持表 10 - 2 第（1）列的回归结果，因此基于该回归系数所计算出来的边际回报率显示，企业内部研发的每一单位投资能够带来 0.442 个新产品开发项目的回报，而信息传输、计算机服务和软件业的回报率则仅有 0.132，相当于企业研发的 1/4。

表 10 - 3　　　　高技术服务业与工业企业内部研发的创新回报率对比

项目	信息传输、计算机服务和软件业与企业内部研发的比较		科研、技术服务和地质勘查业与企业内部研发的比较	
	企业内部研发	信息传输、计算机服务和软件业	企业内部研发	科学研究、技术服务和地质勘查业
1/X	1.408	0.820	1.408	0.444
半弹性系数 β	0.314	0.161	0.255	0.305
以创新衡量的回报率	0.442	0.132	0.359	0.136
回报率差额	0.310		0.224	

注：X 分别代表企业研发，信息传输、计算机服务和软件业，科研、技术服务和地质勘查业，取总样本的平均值衡量；半弹性系数 β 分别取自表 10 - 4 的第（1）和第（6）列；以创新衡量的回报率计算公式为：$\beta_X \times 1/X$。回报率差额是企业研发回报率减去高技术服务业回报率。

再看科学研究、技术服务和地质勘查业与企业内部研发回报率的比较。由于 Hausman 检验支持表 10 - 2 第（6）列的回归结果，因此基于该回归系数所计算出来的边际回报率显示，企业内部研发的每一个单位投资能够带来 0.359 个新产品开发项目，而科学研究、技术服务和地质勘查业的回报率为 0.136，相当于企业研发的 1/3。通过以上比较不难发现，高技术服务业的创新收益率远低于企业内部研发的收益率，这在一定程度上解释了由表 10 - 2 得出的中国工业企业仍以内部研发作为主要创新途径的结果，同时也反映出我国高技术服务业发展水平不高、创新收益率低的现实。

在其他主要控制变量中，企业规模的系数显著为负，表明企业规模对创新产生负效应。这可能与大中型企业扩大到一定规模后，内部组织的复杂僵化、对外部市场变化的敏感性降低以及创新的惰性等因素都会阻碍企业创新有关（张杰等，2007）。人力资本的系数显著为正，表明人力资本有助于工业企业创新。区域竞争程度的系数显著为负，表明波特的竞争外部性并未对工业企业创新产生促进作用，这与我国工业企业间存在低成本低价格的恶性竞争和欠缺良好的区域竞争环境有关。

鉴于各地区高技术服务业发展水平存在较大的差异，我们将总样本中高技术服务业（信息传输、计算机服务和软件业以及科学研究、技术服务和地质勘查业）发展水平超过全国平均值的地区作为发展水平较高的子样本，将高技术服务业发展水平低于全国平均值的地区作为发展水平较低的子样本。对这两个子样本分别进行回归，以考察不同发展水平的高技术服务业与工业企业内部研发之间的关系，实证结果如表10-4、表10-5所示。

表10-4　　　　　不同发展水平的高技术服务业与企业内部研发关系

（信息传输、计算机服务和软件业）

变量	低水平		高水平		低水平		高水平	
	(1) NBR-RE	(2) NBR-FE	(3) NBR-RE	(4) NBR-FE	(5) NBR-RE	(6) NBR-FE	(7) NBR-RE	(8) NBR-FE
rd	0.414 *** (5.32)	0.330 *** (4.46)	0.407 *** (2.50)	0.436 *** (2.71)	0.403 *** (5.21)	0.320 *** (4.34)	0.391 ** (2.35)	0.408 *** (2.44)
ict	0.131 (1.26)	0.127 (1.20)	0.403 * (1.78)	0.343# (1.55)	0.0631 (0.56)	0.0442 (0.38)	0.446 * (1.87)	0.414 * (1.74)
capital	-0.348 *** (-2.53)	-0.208 (-1.58)	1.521 *** (3.76)	1.822 *** (5.08)	-0.303 ** (-2.25)	-0.171 (-1.32)	1.557 *** (3.94)	1.842 *** (5.30)
emscale	-3.514 *** (-11.17)	-3.507 *** (-11.14)	0.470 (0.47)	1.121 (1.23)	-3.420 *** (-10.95)	-3.419 *** (-10.96)	0.567 (0.58)	1.185 (1.33)
hc	0.388 *** (2.62)	0.284 ** (1.95)	0.424 ** (2.26)	0.391 ** (2.18)	0.425 *** (2.93)	0.333 ** (2.33)	0.402 ** (2.14)	0.361 ** (2.01)
emcompe	-3.870 *** (-9.83)	-3.948 *** (-10.00)	-0.323 (-0.41)	-0.0880 (-0.12)	-3.753 *** (-9.44)	-3.820 *** (-9.56)	-0.382 (-0.48)	-0.197 (-0.26)
ict × rd					-0.340 ** (-2.04)	-0.368 ** (-2.24)	0.338 (0.55)	0.482 (0.81)
constant	-2.856 *** (-4.72)	-3.168 *** (-5.21)	-0.716 (-0.55)	-0.255 (-0.21)	-2.803 *** (-4.68)	-3.115 *** (-5.16)	-0.577 (-0.45)	-0.125 (-0.10)
Wald chi2	379.96	365.37	97.94	111.49	391.50	377.02	100.70	114.62
Log likelihood	-1238.3652	-958.85496	-384.74931	-267.8041	-1236.3002	-956.34776	-384.59545	-267.46773
Hausman 检验值	-22.39		-26.22		6.50		-2.05	
样本组数	26	25	11	9	26	25	11	9

注：表中的发展水平分类标准是：将总样本中高技术服务业（信息传输、计算机服务和软件业以及科学研究、技术服务和地质勘查业）发展水平超过全国平均值的地区作为高发展水平样本，将高技术服务业发展水平低于全国平均值的地区作为低发展水平样本。括号中的值为标准误，＊、＊＊、＊＊＊、#分别表示10%、5%、1%和12%的显著水平。

表 10 - 5　　　不同发展水平的高技术服务业与企业内部研发关系

（科学研究、技术服务和地质勘查业）

变量	低水平		高水平		低水平		高水平	
	(1) NBR - RE	(2) NBR - FE	(3) NBR - RE	(4) NBR - FE	(5) NBR - RE	(6) NBR - FE	(7) NBR - RE	(8) NBR - FE
rd	0.656 *** (6.82)	0.530 *** (5.85)	0.103 (0.79)	0.139 (1.07)	0.894 *** (7.32)	0.845 *** (6.93)	0.318 (0.85)	0.270 (0.72)
ts	0.352 ** (2.46)	0.396 *** (2.70)	-0.188 (-0.55)	-0.284 (-0.84)	0.188 (1.24)	0.174 (1.12)	-0.311 (-0.78)	-0.354 (-0.92)
capital	-0.532 *** (-4.21)	-0.404 *** (-3.28)	0.774 ** (2.00)	1.108 *** (3.11)	-0.446 *** (-3.63)	-0.325 *** (-2.76)	0.744 ** (1.90)	1.089 *** (3.02)
emscale	-3.650 *** (-12.32)	-3.625 *** (-12.06)	-1.787 ** (-2.32)	-1.268 * (-1.71)	-3.563 *** (-12.42)	-3.540 *** (-12.24)	-1.857 ** (-2.38)	-1.310 * (-1.74)
hc	0.459 *** (3.83)	0.390 *** (3.27)	0.468 ** (2.17)	0.371 * (1.80)	0.439 *** (3.79)	0.366 *** (3.18)	0.495 ** (2.25)	0.389 * (1.83)
emcompe	-3.724 *** (-11.09)	-3.738 *** (-11.05)	-1.974 ** (-2.53)	-1.657 ** (-2.16)	-3.637 *** (-11.15)	-3.626 *** (-11.09)	-2.117 ** (-2.57)	-1.739 ** (-2.17)
ts * rd					-0.429 *** (-2.84)	-0.518 *** (-3.40)	-0.252 (-0.61)	-0.157 (-0.38)
constant	-2.441 *** (-4.58)	-2.753 *** (-5.13)	-3.152 *** (-3.20)	-3.000 *** (-3.13)	-2.335 *** (-4.60)	-2.587 *** (-5.09)	-3.138 *** (-3.16)	-2.991 *** (-3.11)
Wald chi2	588.49	557.03	83.64	89.34	624.03	597.46	82.26	88.59
Log likelihood	-1139.2765	-881.03332	-462.71752	-339.61635	-1135.3234	-875.25046	-462.53293	-339.54672
Hausman 检验值	-10.71		-3.93		-1.49		3.45	
样本组数	24	23	11	11	24	23	11	11

注：表中的发展水平分类标准是：将总样本中高技术服务业（信息传输、计算机服务和软件业以及科学研究、技术服务和地质勘查业）发展水平超过全国平均值的地区作为高发展水平样本，将高技术服务业发展水平低于全国平均值的地区作为低发展水平样本。括号中的值为标准误，*、**、***、#分别表示10%、5%、1%和12%的显著水平。

先看信息传输、计算机服务和软件业。就发展水平较低的地区而言，信息传输、计算机服务和软件业对工业企业创新并未产生显著的促进作用。它与企业内部研发的交互项系数显著为负，表明信息传输、计算机服务和软件业与企业内部研发在促进工业企业创新中表现为替代关系，这与前面总体样本的回归结果一致。相比之下，对于发展水平较高的地区而言，信息传输、计算机服务和软件业对工业企业创新起到了积极的促进作用。而且它与企业研发的交互项系数为正，表明发展水平较高的信息传输、计算机服务和软件业与企业内部研发在促进工业企业创新中的关系开始出现由替代向互补转变的迹象，这与前面总体样本中对于替代关系的解释一致。

再看科学研究、技术服务和地质勘查业。对于发展水平较低的地区而言，它与企业研发的交互项系数显著为负，表明在促进工业企业创新中，科学研究、技术服务和地质勘查业与企业内部研发也呈现出替代关系，与前面总体样本的回归结果一致。对于发展水平较高的地区来说，它与企业研发的交互项系数虽然为负，但不显著，意味着在促进工业企业创新中，科学研究、技术服务和地质勘查业与企业内部研发的替代关系显著性程度有所降低。

值得注意的是，科学研究、技术服务和地质勘查业的系数之所以没有像表 10－4 中信息传输、计算机服务和软件业的系数一样显著为正，与企业研发交互项的系数（ts * rd）也没有为正的原因，我们认为是科学研究、技术服务和地质勘查业的发展水平和生产率低于信息传输、计算机服务和软件业，这一点可以从前面的人均附加值（生产率）、投资比重等统计指标对比中看出。这也再次表明，高技术服务业发展水平越高，越有可能与企业内部研发形成互补关系。

综合以上实证结果不难看出，高技术服务业与企业内部研发之间的关系在高技术服务业发展程度高低两端的地区有所不同：在高技术服务业发展水平较低的地区，它与企业内部研发存在着显著的替代关系，内部研发仍是工业企业创新的主要方式。在高技术服务业发展水平较高的地区，它与企业内部研发的替代关系变得不再显著，甚至出现向互补关系转变的迹象。

10.3　小　　结

作为工业企业获取外部知识资源的重要途径，高技术服务业与企业内部研发一样，也是工业企业创新的重要投入要素，但两者却通过不同的渠道对工业企业创新产生影响。由此就产生了在促进工业企业创新过程中，高技术服务业与企业内部研发之间是互补关系还是替代关系的问题。本章从理论和实证两个层面对此问题进行了探讨，得出如下结论：

无论是绝对指标还是相对指标的统计分析均表明，中国高技术服务业发展迅速，并呈现出持续上升的趋势，这显然与政府政策的大力支持密切相关。然而，与美国、欧盟等先行工业化国家的国际比较则显示，我国高技术服务业发展水平相对较低，具有高投入、低生产率的特征，与先行工业化国家存在较大差距。

基于外部资源支持、研发风险分摊、资源基础论、研发两面性以及双向学习合作互动等视角的理论研究表明，高技术服务业与工业企业内部研发之间存在互补促进的关系；但基于交易费用理论、合作创新问题以及挤出效应的分析又揭示出两者之间也存在替代关系的可能。将上述互补替代关系的研究与企业投资行为模型相结合，能够简单清晰地考察高技术服务业对工业企业内部研发的影响。

利用中国工业企业现实数据的实证检验表明，在工业企业创新过程中，高技术服务业与企业内部研发之间的替代关系超过了互补关系，中国工业企业目前仍以内部研发作为主要的创新方式。这一结果可能与我国高技术服务业发展水平不高，尚未对工业企业创新产生显著的支撑带动效应有关。该解释得到了高技术服务业与工业企业内部研发之间创新回报率的对比分析支持。

按照高技术服务业发展水平将总样本分为发展水平较高和较低两个子样本，对子样本的拓展回归分析表明，高技术服务业与企业内部研发之间的关系在高技术服务业发展程度高低两端的地区有所不同：在发展水平较低的地区，高技术服务业与企业内部研发存在着显著的替代关系，内部研发仍是工业企业创新的主要方式。在发展水平较高的地区，高技术服务业与企业内部研发的替代关系变得不再显著，甚至出现向互补关系转变的端倪。这意味着，只有在高技术服务业发展水平达到一定程度后，与企业内部研发的互补促进关系才会渐次显现并不断强化。

从本章的研究不难看出，要最大化实现高技术服务业与工业企业内部研发的协同创新效应以及两者之间的互动互补关系，需着眼于以下两个层面：一方面，大力发展高技术服务业的政策着力点，应以提升高技术服务业创新能力与效率、优化其专业化服务模式与质量为主，从而促进对工业企业创新支撑带动效应的发挥；另一方面，还应注重工业企业自身研发水平和技术能力的提高，只有工业企业具备较强的技术能力，才能对高技术服务业所提供的知识密集型服务有效吸收与利用。反之，其有限的技术能力将会制约与高技术服务业间的合作互动与融合。此外，还应提供一系列的制度安排，创造一个良好的区域创新环境，促进两者间的合作与融合，增强工业企业对高技术服务的依赖度，推动两者建立长期、信任、忠诚、亲密的战略合作伙伴关系，这将有助于缓解高技术服务业与工业企业内部研发之间的替代挤出效应。

IV 企业篇

| 第 11 章 |

创新合作类型与企业技术创新：
以京东方为例

当今时代是知识经济时代和网络经济时代，也是数字经济时代。数字经济发展速度之快、辐射范围之广、影响程度之深前所未有，使其正成为新一轮科技革命和产业变革的主导力量，在重塑全球经济格局和重构全球创新版图中发挥着重要作用。数字技术广泛应用于现代经济活动中，催生了数字经济，正在成为全球经济复苏的重要驱动力。数字经济既是中国经济转型增长的新变量，也是中国经济提质增效的新蓝海；建设数字中国是构筑国家竞争新优势的有力支撑，也是数字时代推进中国式现代化的重要引擎。

科技创新是数字经济企业发展的重要依托和主要支撑，也是建设数字经济的主要内容。2021 年 12 月国务院印发的《"十四五"数字经济发展规划》强调，要"以数字技术与各领域融合应用为导向，推动行业企业、平台企业和数字技术服务企业跨界创新，优化创新成果快速转化机制，加快创新技术的工程化、产业化。鼓励发展新型研发机构、企业创新联合体等新型创新主体，打造多元化参与、网络化协同、市场化运作的创新生态体系"。因此，如何营造一个充满活力的创新生态系统，持续激发数字经济企业创新的内在潜力，无疑是当前研究中值得关注的一个重要现实问题。

创新是一个企业能否稳定、长久、可持续发展的关键。然而，由于不断变化的顾客偏好、广泛的竞争压力以及快速且彻底的技术变革，企业创新变得越来越复杂、昂贵，风险也在变大（Griffin，1997）。因此，企业发现越来越难以将创新内部化（Moorman and Rust，1999），没有一家企业能够自给自足地提供研发创新活动所需的所有知识，开放式合作创新已经成为 21 世纪企业在世界经济快速发展中实现生存和可持续发展的重要途径。然而值得注意的是，关于不同创新主体间的合作对数字经济企业创新的影响研究却十分鲜见。本章以数字经济代表性公司——京东方科技集团股份有限公司（以下简称"京东方"）为例，采用案例分析和实证分析相结合的方法，对"什么样的合作更能促进数字经济企业技术创新"的问题进行研究。

11.1 不同类型创新合作与企业创新：理论分析

近年来，企业创新模式发生了根本性的改变，其中一个重要特征就是社会网络在知识创造过程中日益重要。知识生产不再仅依赖于企业自身的发明者，社会网络使得信息在不同创新主体之间越来越多地流动和交换，网络式合作创新成为企业创新发展的新趋势（Breschi and Lenzi，2016）。

本章所涉及的网络式合作创新，是指目标企业同上下游企业、集团内部母子公司、研究机构和高校、国外企业高校等创新行为主体，通过合作方式开展创新活动。本章将对不同类型创新合作如何促进企业创新问题进行理论分析。

（1）与上下游企业的创新合作。产业链是指各个产业部门之间基于一定的技术、经济关联，并依据特定的逻辑关系和时空布局关系客观形成的链条式关联关系形态。在当前经济环境下，企业为了在市场上保持竞争优势，开始展开与供应链上下游企业的合作创新，以此增强创新内外部扩大效应（Louise et al.，2016；张萃，2018）。例如，通过与下游客户进行技术、知识、信息交流来获得产品和市场信息，企业可以更精准地把握创新需求；通过与上游供应商进行研发协作获取创新的关键信息、原料设备和产品技术知识，有助于助力企业辨别技术层面存在的潜在问题，提升企业技术创新绩效。供应商参与产品创新可以加快产品创新进程（Feng et al.，

2010)，是制造业企业增强自主创新能力的重要方式之一（李随成和姜银浩，2010）。

例如，美国波音公司一直与全球范围内的供应商保持合作创新关系，通过让国际供应商参与到公司内部的技术创新过程中，保持持续创新的动力，奠定自己"航空霸主"的地位。此外，日本的丰田公司、我国的宝钢集团和海尔集团等国内外著名企业都通过与供应商合作创新去形成"双赢"局面。一方面，供应链中的企业之间的纵向合作创新能够在帮助企业快速获取与整合内外部创新资源的同时，有效增加合作创新项目；另一方面，供应链企业间的创新活动存在纵向知识溢出效应，知识共享的合作研发能使创新合作成果利益最大化（张喜征等，2017）。全球家电业巨头惠而浦公司，除了在实验室内进行新产品的测试，还会收集消费者的意见以及第三方的研究成果，从而研发出更为智能、更为高效的设备。让客户参与创新，是惠而浦产品保持低失败率的秘诀。全球消费日用品巨头宝洁公司借助"让消费者决定创新"的创新理念和创新手段，花费大量精力做消费者调研和产品调研，大大减低了新品牌进入新兴市场的风险，保持其在全球市场的地位。因此，与上下游企业合作创新，是企业保持创新活力的一个重要源泉。

（2）与高校和科研机构的创新合作。产学研合作是指企业与高等院校和科研机构的合作。首先，高校和科研机构是知识创造、技术产生和人才培养的重要载体，是新知识和新技术的重要来源。为了在不断变化的市场竞争中取得竞争优势，企业必须从外部获得更多样化的知识，一个重要且有效的途径是获取高校的专业前沿知识（Agrawal，2001）。高校和科研机构通常拥有最前沿的技术和知识，产学研合作能为企业提供更多的机会了解这些前沿技术和知识，进而促进企业新产品和新工艺的创新。其次，高校和科研机构往往探索着当今科学和技术的发展方向，与之合作有利于企业及时洞察当今技术的发展趋势，进而有利于获取先发优势，开发新产品，并提升自身的创新绩效（路畅和于渤，2021）。

产学研合作不仅能为企业提供技术、知识，还能为企业提供人才，企业通过与高校和科研机构的人才交流能够获得一些隐性知识，从而提升企业的创新绩效（林春培等，2019）。校企之间的知识转移存在多种方式，包括专利授权和研发合作（Siegel and Phan，2005）。不同于其他合作类型，高校和科研机构具有更广泛的知识基础，并且比从其他创新合作主体中获取知识的壁垒更低。高校内多学科的存在提供了比其他合作主体更多领域的知识，从而为企业获取和整合知识提供了特有的机会（Henard and McFadyen，2006）。但也有研究认为，与其他创新合作主体相比，企业在与高校和科研机构进行合作时需要付出更多的资源和精力，成本更高，见效更慢，有以下两点原因：一是高校和科研机构提供的知识偏向于理论知识，与市场距离较远；二是校企在组织目标、组织文化和制度等方面存在差异，是合作过程中存在的障碍（梁杰等，2020）。

（3）与集团内部公司的创新合作。大部分企业都需要通过与其他企业合作实现资源整合，来从事广泛的研发活动（Scott，2000）。相比其他企业而言，企业集团是一个强关系网络，能够给成员企业带来资源效应（Peng et al.，2019）。信息沟通和知识溢出也更为容易，企业集团网络在促进内向开放式创新方面具有重要作用。通常来说，由于内部的信息沟通和知识溢出效应，集团内企业的研发活动在提高本企业创新水平的同时，对集团内部其他成员企业的技术创新也会产生正向的促进作用（胡韬等，2020）。

首先，集团内部企业的研发投资存在内部知识溢出效应，因而有利于知识创新，促进了企业研发，同时集团内部资本市场可以缓解内部成员企业的融资约束，有利于进行更多的研发投资，而集团内其他成员企业的技术创新会对企业技术创新产生正向影响（黄俊和陈信元，2011）。其次，通过企业集团的内部知识市场可以缓解创新的"信息匮乏"难题（蔡卫星等，2019）。母子公司之间存在知识协同，可以划分为知识转移、知识整合和知识创新这三个维度，知识协同能提升母子公司的创新绩效（许强和郑晓丹，2010）。因此，企业集团内部公司之间的合作也是提升企业创新水平的另一种重要方式。

（4）与国外主体的创新合作。在经济全球化和科技全球化的背景下，技术创新能力的增长与提升不仅依赖于国内创新主体之间的合作，也依赖于各

个国家间的技术合作与知识流动。开展国际创新合作对促进国内企业的技术
创新越来越重要，通过国际合作引进国外先进技术是许多发展中国家实现技
术追赶与创新增长的重要方式（Teece，2003；蒋殿春和张宇，2008；陈继
勇和雷欣，2009）。

一方面，与国外主体的创新合作过程中存在技术溢出效应，不仅可以丰
富国内企业的技术资源库，还可能使国内企业已有的相关技术获得互补资
源，从而促进国内外企业技术能力的提升。进一步，企业通过学习、消化、
吸收国外技术，在自己研究开发能力的基础上进行技术创新活动，从而促进
企业创新能力的增长（Blumenthal，1976；Lall，1987；Freeman，1997）。另
一方面，与国外主体的合作过程也是企业吸收创新资源的过程，通过国际合
作，企业能获得国外企业、高校等合作伙伴的知识溢出效应（Dunning，
2006），从而为国内企业的技术创新带来所需要的多样化的新知识资源，最
终促进本土企业的创新（Hall and Oriani，2006）。因此，与国外主体合作也
是提升国内企业技术创新水平的重要方式之一。

图 11 - 1 给出了上述不同创新主体与企业创新之间的关系示意图。

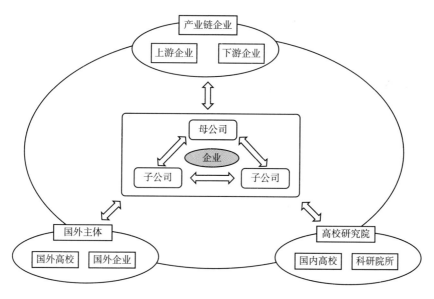

图 11 - 1　不同创新主体与企业创新之间的关系

11.2　京东方案例资料[①]

本章不仅要考察数字经济企业创新发展的过程与路径，还要探究与不同创新主体的创新合作对数字经济企业创新的影响效果。综合考虑案例的典型性、企业合作关系代表性、创新动态性和研究数据可得性等多方面因素后，本章最终选择数字经济代表性企业——京东方科技集团股份有限公司（以下简称"京东方"）作为案例研究对象，深入探究其在创新合作方面的行为与过程并进行理论归纳与分析。

京东方是一家领先的为信息交互和人类健康提供智慧端口产品和专业服务的物联网创新企业。历经多年专业深耕，京东方已发展成为全球半导体显示行业龙头企业及物联网领域全球创新型企业，形成了以半导体显示为核心，物联网创新、传感器及解决方案、MLED、智慧医工融合发展的"1+4+N+生态链"业务架构。物联网是数字经济时代的重要基础设施之一，京东方在"屏之物联"战略推动下，正加速"显示技术+物联网应用"的深度融合，不断开拓与耕耘物联网细分应用场景。作为全球物联网创新企业，京东方近年来以"屏之物联"战略为核心，持续深耕物联网创新事业。2018年，京东方入选福布斯全球数字经济100强榜。2021年，京东方在年报中指出，将围绕数字化转型及智能化发展趋势，持续促进产业生态融合，构建起链接全产业的智能制造网络，创新打造智慧系统、智慧医工、工业互联网等一系列企业成长新赛道。2022年3月24日，京东方在深交所发行全市场首单"数字经济"主题公司债券，募集资金将主要用于加快数字经济基础设施建设，加快向物联网领域全面转型发展。2022年7月，第五届数字中国建设成果展上，京东方向公众全方位展示"屏之物"发展战略赋能数字经济的领先成果，具体包括多款尖端科技产品，领先的AIoT技术以及智慧金融、智慧零售、工业互联网等数字经济应用场景解决方案。展会期间，

[①]　根据京东方公司网站、路风（2016）以及相关媒体报道等资料整理而来。

京东方还首度对外解读了其基于"屏之物联"发展战略赋能数字经济的"核心三力"，即领先的技术创新能力、智能制造能力和生态协同共创能力，打造数智融合新模式，全面加速数字经济创新发展。2022 年 8 月，在中国国际智能产业博览会上，京东方带来了智慧园区、智慧出行、智慧办公、智慧金融、工业互联网等一系列物联网解决方案，赋能数字经济的建设与发展。因此，对于本案例的研究目的而言，京东方具有典型性。在合作关系代表性上，京东方与企业协同创新网络中的各类型主体都有专利合作，除了集团内部公司之间的研发协作，京东方与产业链上下游企业、国内高校和科研机构、国外企业、国外高校都有合作申请专利的经历。因此，探究与各个创新主体的合作对京东方创新发展的影响有利于形成普适化结论。在创新动态性上，京东方自成立以来就坚持以创新驱动高质量发展的经营理念，不断探索创新转型之路。2021 年度新增专利申请超 9000 件，其中发明专利超 90%，海外专利超 33%；新增专利授权超 6000 件，其中海外专利授权超 2000 件。2022 年京东方以 1884 件 PCT 专利申请量位列世界知识产权组织公布的 2022 年全球 PCT 国际专利申请排名中的第七位，连续 7 年进入全球 PCT 专利申请前十位的榜单，以强劲的研发水平和创新实力成为中国科技企业中的创新"翘楚"，连续 5 年位列美国专利授权排行榜全球前二十位名单（2021 年与2022 年全球排名第 11 位），为数字经济及产业的长期高质量发展释放源源不绝的创新动能。因此，选择京东方作为本章的案例研究对象，具有典型性和代表性。

本章中使用的京东方专利数据主要来源于谷歌专利数据库网站（Google Patents）。谷歌专利数据库目前涵盖了提供超过 8700 万项专利的 17 个专利局，全文检索包括了美国专利商标局（USPTO）、欧洲专利局（EPO）、中国国家知识产权局（SIPO）、日本专利局（JPO）、韩国知识产权局（KIPO）、世界知识产权组织（WIPO）等主要的专利局。本章所使用的数据包含了京东方 1997 年1 月 1 日至 2022 年 2 月 15 日申请和授权的所有专利，共 25000 条。我们利用每一条专利申请人信息，手工统计得到不同类型的合作专利申请数和授权数。其中，专利申请人包含了京东方母公司和 47 家子公司，12 所国内高校和科研院所，8 家国内上下游企业，以及 1 个国外高校和 1 家国外企业。

此外，我们还通过多种渠道和多元化方式收集资料，包括公司官网、案例企业的信息披露报告、案例企业的公司年报、企业公众号、企业及高层管理者微博、新闻报道、文献查询、手动检索和网络爬虫所得的外部网络资料以及关于京东方公司的相关著作。综上，本章的数据收集过程以多种来源和多种形式的数据进行交叉验证，以确认事件的真实性和表达的妥当性，从而能够让本研究的构念和假定获得更坚实的事实依据。

11.3　京东方创新发展史

通过对所搜集的资料进行整理和结合历年来京东方申请与授权的专利情况，我们对京东方的创新发展史进行了系统梳理，并根据京东方各阶段的发展状况，将其分为以下四个创新发展阶段。

（1）老国企的奠基期（1956～1992 年）。

京东方的前身是电子部所属的北京电子管厂，曾是中国最大、最强的电子元器件厂，也是 20 世纪 60 年代亚洲最大的电子管厂。到了 80 年代，随着半导体技术对电子管技术的替代以及军用订单的下降，北京电子管厂的市场份额迅速缩减，走向衰弱。这一阶段的发展历程参见图 11 - 2。但这个老国企的物质资产和"组织基因"都深深影响着京东方的发展道路，今天京东

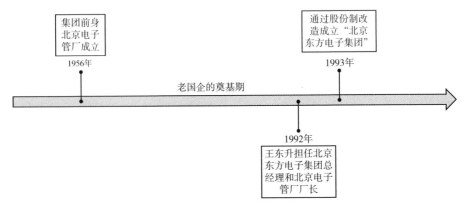

图 11 - 2　京东方发展历程之老国企的奠基期（1956～1992 年）

方从产品到工业设施的物质面貌已经与北京电子管厂完全不同，但它的思维方式、战略倾向和组织行为等方面都有北京电子管厂的影子。

（2）改革创新转向期（1992～2001 年）。

京东方以股份制改革的 1993 年作为自己的"元年"，但"京东方"的名称却是到了 2001 年才正式启用，在此期间的企业名称是"北京东方电子集团"。从 1992 年到 2001 年这十年是京东方从北京电子管厂改革创新的第一个阶段（见图 11－3）。

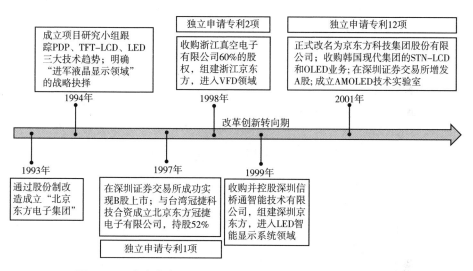

图 11－3　京东方发展历程之改革创新转向期（1992～2001 年）

1992 年，王东升担任北京东方电子集团总经理和北京电子管厂厂长，通过股份制改造，北京电子管厂开始向竞争性企业转变。1993 年京东方创立，开启市场化、专业化、国际化的创业征程，进取性的战略转变使京东方把目光转向这个半导体工业之后的新兴工业——新型显示技术领域。1994 年，京东方成立了项目研究小组，跟踪 PDP、TFT－LCD、LED 三大技术趋势。随着 TFT－LCD 在全球平板显示技术中的优势逐渐明朗，京东方把它确定为重点。从此，进入 TFT－LCD 工业领域成为京东方的既定目标。此后，京东方开始在显示器工业布局。1997 年京东方在深圳证券交易所成功发行境内上市外资 B 股，并与台湾冠捷科技合资成立北京东方冠捷电子有限公司，为发展显示器件业务完成了下游产业布局。1998 年，京东方于 11 月收购浙江真空电子有限公司 60% 的股权，组建了浙江京东方，以此进入 VFD（小尺寸显示技术）领域；1999 年，京东方收购并控股深圳信桥通智能技术有限公司，组建深圳京东方，以此进入 LED 智能显示系统领域。并且当时京东方开始提供基于显示系统的行业解决方案，整合真空技术优势，真空灭弧室制造技术达国际领先水平。2001 年 6 月 18 日，北京东方电子集团正式改名为京东方科技集团股份有限公司。同年 11 月，收购了韩国现代集团的 STN - LCD 和 OLED 业务。在这一年，京东方在深圳证券交易所增发 A 股，成立 AMOLED 技术实验室，并开始布局移动显示产业领域。在这一时期，京东方集团共有 15 项专利申请，0 项专利授权。其中母公司京东方独立申请的专利有 6 项，子公司京东方显示器科技公司独立申请专利 9 项。

（3）自主创新转型期（2001～2008 年）。

到了 21 世纪初，伴随着"京东方"这个名字的诞生，也开启了其在液晶平板显示工业领域的道路（见图 11 - 4）。2002 年京东方开始生产 TFT - LCD 产业的重要元器件——显示光源产品，布局 TFT - LCD 产业上游。2003 年 1 月，京东方成功收购韩国现代集团的液晶显示器业务，随后马上在北京投建中国首条依靠自主技术建设的显示生产线——京东方北京第 5 代 TFT - LCD 生产线，以"海外收购、国内扎根"的方式填补了国内 TFT - LCD 显示产业的空白。TFT - LCD 工业是当时中国缺乏经验的高技术产业，中国工业发展的流行方式是引进生产线、引进外资或当组装厂，在同期所有进入 TFT - LCD 工业的中国企业中，京东方几乎是唯一走自主发展技术能力道路的企业。通过收购获得技术资源，然后自主建线，京东方不断进行技术学习和自主创新，成功走上后进者的赶超之路。2005 年京东方北京第 5 代线开始量产，京东方开展显示器、显示屏业务。2006 年京东方开始生产移动产品用液晶显示模组，并在新加坡和韩国首尔设立子公司。在这一时期，京东方共申请专利 649 项，授权专利 189 项。其中，独立申请的专利有 490 项，独立获得授权的专利有 140 项；与母公司合作申请的专利有 81 项，合作专利授权有 24 项；与子公司合作申请的专利有 75 项，合作授权专利有 24 项。2002 年首次与上下游关联企业（北京博迣工贸公司）合作申请专利 1 项，该项专利申请于 2005 年获得授权。2008 年首次与国内高校合作，与电子科技大学合作申请的专利有 2 项。

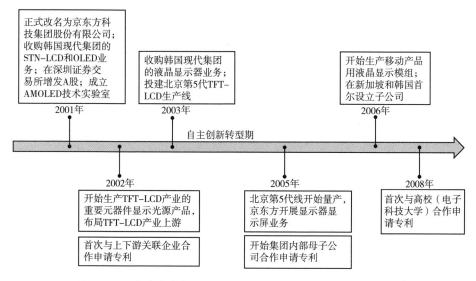

图11-4 京东方发展历程之自主创新转型期（2001~2008年）

（4）自主创新扩张期（2009~至今）。

京东方的自主创新扩张期从2009年开始（见图11-5）。2009年4月京东方投建中国首条高世代线——京东方合肥第6代TFT-LCD生产线，使中国彩电工业第一次获得了显示屏的本土供应来源；2009年4月，经国家发改委批准，中国第一个TFT-LCD工艺技术国家工程实验室在京东方设立；2009年10月，京东方投建的中国大陆首条8.5代线在北京亦庄经济技术开发区开工，带来了外资纷纷要在华设厂的"液晶热"；2010年京东方第6代线量产，结束了中国液晶电视屏全部依赖进口的历史，同时京东方北京先进显示技术实验室正式投入使用，这意味着京东方在自主创新的道路上又前进了一步。2011年京东方第8.5代线量产，结束了中国无大尺寸液晶显示屏的时代，真正实现中国全系列液晶屏国产化。

以成都4.5代线、合肥6代线和北京8.5代线为标志的第一次扩张浪潮尚未尘埃落定，京东方又开始了第二轮扩张——建设合肥8.5代线（2012年5月）、鄂尔多斯5.5代AMOLED生产线（2011年8月）和重庆8.5代线（2012年12月）。京东方在这些项目中明显增加了用于新技术竞争的内容，如AM-OLED面板和氧化物半导体、低温多晶硅等TFT技术，新生产线使用的新产品技术主要依靠京东方自主研发，而不再是大多依靠产业链中已有的技术，在这个阶段京东方的专利数量也激增。2012 年，京东方的专利获得了"中国专利奖"的最高荣誉——中国专利金奖，并且推出首款 110 英寸 4K 超高清 ADSDS 液晶电视，获吉尼斯世界纪录认证"世界最大的液晶电视"。

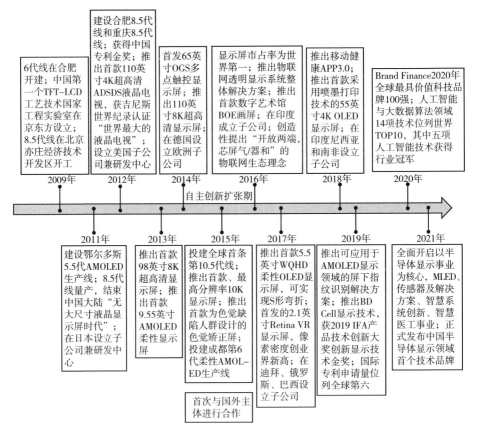

图 11－5　京东方发展历程之自主创新扩张期（2009 至今）

此后，京东方不断研发创新，推出了首款 98 英寸 8K 超高清显示屏、首款 9.55 英寸 AMOLED 柔性显示屏、首发 65 英寸 OGS 多点触控显示屏、首款最高分辨率 10K 显示屏——82 英寸 10K 超高清显示屏、为色觉缺陷人群设计的色觉矫正屏等创新型产品。截至 2021 年，京东方已经连续 6 年跻身全球国际专利申请排名前十位榜单，并连续 4 年位列美国专利授权排行榜全球前二十位名单，其中 2021 年位列世界知识产权组织专利申请榜全球第 7 位，美国专利授权排行榜全球第 11 位。2021 年 12 月，京东方正式发布了中国半导体显示领域首个技术品牌，这不仅是中国半导体显示产业发展的重要里程碑，更开创了"技术＋品牌"双价值驱动的新纪元。

这一阶段，京东方在创新合作的道路上加入越来越多的伙伴，也进行了越来越多的专利创新合作。2015 年首次开始与国外创新主体（肯特州立大学）进行合作专利申请，2016 年与国外创新主体（肯特州立大学、Ka 图像）合作申请的专利首次获得授权。这期间与国外主体合作申请和授权专利 7 项；与国内高校、科研机构合作申请专利 35 项，合作授权专利 37 项；与上下游关联公司合作申请和授权专利 116 项。

11.4　京东方的创新合作特征与动态演变

图 11－6 给出了 1997～2022 年京东方申请和授权专利的数量趋势图。由图 11－6 可以直观地看出，京东方的专利授权数量由 2010 年左右开始爆发式增加，新申请专利数量一年最多超过 3500 件左右。这一趋势与京东方的创新发展史相对应，2008 年京东方开始大规模扩张，新生产线使用的新产品技术也开始依靠自主研发，对技术引进的依赖程度开始降低。

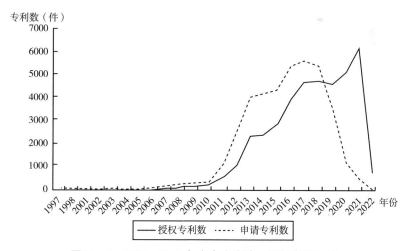

图 11－6　1997～2022 年京东方申请和授权专利趋势

资料来源：谷歌专利数据库网站（Google Patents）。

总体分析了京东方集团的专利创新发展趋势后，进一步对京东方集团子公司的专利合作情况进行考察。由于其专利授权从 2002 年开始，因此，从 2002~2022 年每隔五年（其中 2002~2007 年间按六年统计）统计一次其专利授权的合作情况。从图 11-7 不同阶段的京东方子公司合作专利授权情况的饼状图中可以看出，京东方子公司的专利创新合作模式从开始的以自主创新为主逐渐向多元化创新合作模式转变，其中与母公司合作的专利数占比变化较为明显，从第一阶段的几乎没有，到第二阶段的占比接近 1/2，再到第三阶段的占比约 5/6，到最后几乎都是与母公司合作的，可见京东方集团内部母子公司的专利创新合作越来越紧密。

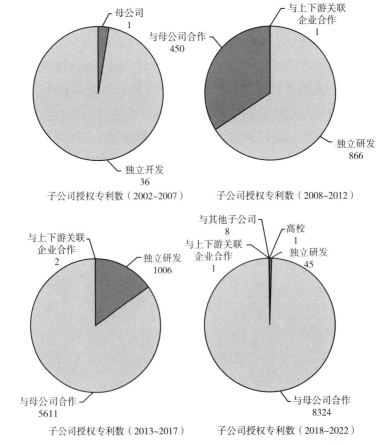

图 11-7 京东方子公司合作专利授权情况（1997~2022 年）

资料来源：谷歌专利数据库网站（Google Patents）。

已有研究表明，专利数量可以用于衡量创新主体的技术创新绩效，而专利合作单位间的网络关系可以反映出创新主体之间网络关系的逻辑演化（Baum and Singh，1994；Fischer and Leidinger，2014）。在此基础上，我们进一步利用社交网络分析和 Gephi 软件，基于专利授权单位的关联关系，绘制出京东方创新合作网络关系演化图（见图 11－8），分析京东方合作创新系统的要素构成和演化逻辑，并研究其合作创新网络结构对于创新力的影响。节点的大小表示该创新主体授权专利数的多少，节点间连线的粗细反映出相连两个节点主体之间的合作专利授权数量，线条越粗表示这两个主体之间的合作专利授权数量占京东方总的授权专利数的比重越大。

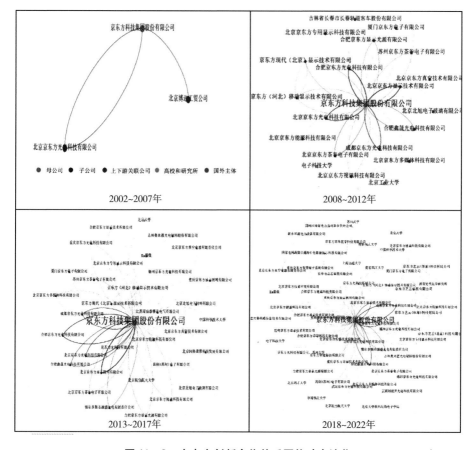

图 11－8　京东方创新合作关系网络动态演化

从图 11 - 8 可以看出，在创新合作前期，创新生态系统中覆盖较少的创新主体，以集团内公司和上下游企业为主。随着京东方合作创新范围的扩大，越来越多数量和类型的创新主体加入并形成合作创新网络。京东方（母公司）在合作创新网络中的网络节点较大，表明在京东方集团的授权专利中，京东方是授权专利数量最多的创新主体。另外，由节点间的连线粗细可以看出，其中母公司京东方与北京京东方光电科技有限公司、北京京东方显示技术有限公司、合肥京东方光电科技有限公司、合肥鑫晟光电科技有限公司、成都京东方光电科技有限公司、鄂尔多斯市源盛光电有限责任公司这几个子公司的专利合作关系更为密切，这可能与京东方最早在这几个城市建立生产线有关。

11.5　合作创新对京东方技术创新的影响：实证研究

（1）模型构建、变量设定和数据处理。为了研究不同合作类型对企业创新的影响，本章构建如下回归模型：

$$\ln \text{innovation}_{c,t} = \delta_0 + \lambda \ln \text{innovation}_{c,t-1} + \theta \ln \text{collaboration}_{c,t}$$
$$+ \beta' \text{Controls}_{c,t} + \alpha_c + \gamma_t + \varepsilon_{c,t} \qquad (11-1)$$

其中，c 和 t 分别表示京东方集团各个公司和年份。$\text{innovation}_{c,t}$ 代表京东方集团各公司的创新产出，用授权专利数衡量。考虑到创新具有时间可持续性，我们引入了上一期的授权专利数。$\text{collaboration}_{c,t}$ 表示创新合作，用合作专利数衡量。根据不同类型的合作主体，这一指标分别包括与母公司、其他子公司、上下游企业、国内高校研究所和国外主体的合作专利数。

$\text{Controls}_{c,t}$ 代表其他影响京东方各公司创新产出的控制变量。具体来讲，与现有文献一致（Asakawa et al., 2010），包括公司的创新年龄（$\text{age}_{c,t}$）和累计授权专利数（$\text{agn}_{c,t}$）。其中，公司的创新年龄用当年减去京东方各个公司第一次申请专利的年份衡量，累计授权专利数用各个公司当年所拥有的所有授权专利的数量衡量。最后，模型中 a_c 为公司固定效应，λ_t 为年份固定效应，$\varepsilon_{c,t}$ 为误差干扰项。各变量数据的描述性统计如表 11-1 所示。

表 11-1　　　　　　　　　　　　主要变量统计描述

Variable	Obs	Mean	Std. Dev.	Min	Max
授权专利总数	378	2.355	1.972	0	8.230
独立授权的专利	378	0.516	1.401	0	7.199
合作授权的专利	378	2.129	2.002	0	7.790
与母公司合作	378	1.866	1.861	0	6.399
与其他子公司合作	378	0.275	1.239	0	7.787
与国内高校研究所合作	378	0.042	0.249	0	2.197
与上下游企业合作	378	0.031	0.186	0	1.792
与国外主体合作	378	0.006	0.080	0	1.099
与国内主体合作	378	2.129	2.002	0	7.790
创新年龄	378	1.538	0.843	0	3.091
累计授权的专利	378	3.406	2.458	0	10.045

由于上述回归模型中的合作专利数 $collaboration_{c,t}$ 可能与观测不到的公司个体特征相关，从而使其估计系数有偏。解决此问题的一个办法就是采用面板数据，引入个体固定效应来控制每个公司所具有的无法观测到的个体特征，并利用固定效应回归来估计上述模型。为了控制公司内部可能存在的序列相关问题，标准误聚类（cluster）在公司层面。此外，本部分还利用广义矩估计法来估计上述模型，以此来解决内生性问题。

（2）固定效应回归结果与分析。表 11-2 呈现了模型的固定效应回归结果，其中，表格第（1）列是加入了独立授权专利数和合作授权专利数这两个解释变量的回归结果，同时加入了控制变量。其中，独立授权专利的估计系数与合作授权专利的估计系数都在 1% 的水平下显著为正。由回归结果的估计系数可知，独立授权专利数每增加 1%，将会对京东方的技术创新产生29% 的促进作用；合作授权专利数每增加 1%，将会对京东方的技术创新产生 49.4% 的促进作用。这说明，相比于独立创新，合作创新对京东方技术创新的促进作用更大。

表 11 - 2   固定效应回归估计结果

变量类型	（1）	（2）	（3）
独立授权的专利	0.290 *** (5.36)	0.297 *** (5.10)	0.423 * (2.22)
合作授权的专利	0.494 *** (4.84)		
与国内主体合作		0.497 *** (4.79)	
与国外主体合作		- 0.279 (- 1.35)	- 0.0592 (- 1.26)
与母公司合作			0.603 * (2.62)
与子公司合作			0.350 *** (8.73)
与高校研究所合作			- 0.0197 (- 0.27)
与上下游企业合作			0.0578 (0.43)
控制变量	YES	YES	YES
时间固定效应	YES	YES	YES
个体固定效应	YES	YES	YES
观测值	378	378	378

注：括号内的值为稳健性标准误。＊、＊＊、＊＊＊分别表示10%、5%、1%的显著性水平。

在此基础上，表格第（2）列是将合作授权专利分解为与国内主体合作和与国外主体合作两个部分后的回归结果。可以看出，与国内主体合作授权专利的估计系数在1%的水平下显著为正，与国外主体合作授权专利的系数为负且不显著。由此得出，相比于与国外主体的创新合作，与国内主体的创新合作更有利于促进京东方的技术创新。

进一步，我们将与国内主体的合作拆分为与母公司合作、与其他子公司合作、与高校研究所合作、与上下游企业合作四个部分，回归结果如表11 - 2第（3）列所示。独立授权专利的系数仍显著为正。与母公司合作授权专利的系数在10%的水平下显著为正，与其他子公司合作授权专利的系数在1%的水平下显著为正，与上下游企业合作授权专利的估计系数为正但不显著，与国外主体和高校研究所合作授权专利的系数为负但不显著。这个结果说明，与集团内部的母公司和其他子公司的创新合作能够显著促进京东方的创新，而与国外主体、国内高校研究所、上下游企业以及同行业企业的专利合作对京东方的创新影响不显著，可能的一个原因是京东方与这些主体的合作授权专利数量较少。

（3）GMM 回归估计结果与分析。前已提及，由于上述回归模型中的合作授权专利数可能与观测不到的企业特征相关，从而使其估计系数有偏。解决此问题的一个办法除了采用固定效应回归外，还可以利用 GMM 回归来估计上述模型。表 11-3 给出了对应的回归结果。其中，因变量滞后一期的回归系数显著为正，表明京东方各公司创新发展水平具有明显的时间持续性。

表 11-3　　　　　　　　　　　GMM 回归估计结果

项目	（1）	（2）	（3）
滞后一期的专利	0.273 * (2.27)	0.244 * (2.33)	0.242 * (2.55)
独立授权的专利	0.572 *** (3.69)	0.260 *** (7.49)	0.401 *** (4.86)
合作授权的专利	0.609 *** (4.38)		
与国内主体合作		0.539 *** (3.92)	
与国外主体合作		-0.233 (-0.82)	-0.0994 (-0.33)
与母公司合作			0.554 *** (3.52)
与子公司合作			0.347 *** (5.16)
与高校研究所合作			-0.239 (-1.68)

项目	（1）	（2）	（3）
与上下游企业合作			0.250 （1.34）
控制变量	YES	YES	YES
公司固定效应	YES	YES	YES
时间固定效应	YES	YES	YES
AR^2 p-value	0.707	0.678	0.707
Hansen p-value	0.440	0.330	1.000
观测值	316	316	316

注：括号内的值为稳健性标准误。*、**、***分别表示10%、5%、1%的显著性水平。

同表11-2，表11-3第（1）列分别是加入独立授权专利与合作授权专利的回归结果，并且两者都加入了控制变量。其中，独立授权专利的估计系数为0.572，且在1%的水平下显著为正，合作授权专利的估计系数为0.609，也在1%的水平下显著为正。根据两者的估计系数可知，独立创新和合作创新都会促进京东方的技术创新，相比独立创新，合作创新对京东方技术创新的促进作用更大。

表11-3第（2）列是用以区分与国内主体合作和与国外主体合作对京东方技术创新的促进作用，由估计结果可知，与国内主体合作对京东方的技术创新有显著的促进作用，但是与国外主体合作对京东方的技术创新没有显著的促进作用。这可能是因为国外的技术引进对本土技术创新增长有替代效应，一方面，企业的自身研发投入可能会因为技术引进的花费而有所减少，另一方面，企业通过国外引进获得所需的技术，可能会减少自身对这种技术创新的需求激励，形成对国外技术的依赖，不利于创新增长（Pillai，1979）。

同样地，我们进一步研究与哪一类主体的合作最能促进京东方的技术创新。表11-3的第（3）列是分别加入了独立授权专利数、与国外主体合作授权专利数、与母公司合作授权专利数、与其他子公司合作授权专利数、与高校研究所合作授权专利数、与上下游企业合作授权专利数这六种类型的解释变量和控制变量的结果。我们可以发现独立授权专利数、与母公司合作授权专利数、与子公司合作授权专利数的估计系数在 1% 的水平下显著为正，其中独立授权专利数的估计系数为 0.401，与母公司合作授权专利数的估计系数为 0.554，与子公司合作授权专利数的估计系数为 0.347。另外，与其他主体合作授权专利数对京东方创新水平的影响都不够显著，可能是因为在京东方的多元专利创新合作中，与这些主体的合作授权专利数量较少，这从京东方合作专利的数据中也可以看出来，与高校研究所、上下游企业、国外主体的合作授权专利有共 67 件，仅占所有合作授权专利的 0.2% 左右，所以与这些主体的合作对京东方各公司创新的促进作用不明显。

（4）稳健性检验。为了对表 11 – 3 的估计结果进行稳健性检验，我们主要从以下两个方面做进一步的讨论。

首先，我们将母公司从样本中去除，考察不同类型的创新合作对子公司创新的影响（见表 11 – 4）。其中，第（1）列是子公司样本下，区分独立授权专利数与合作授权专利数对企业技术创新的影响的回归结果。第（2）列是子公司样本下，区分独立授权专利数与四类合作授权专利数对企业技术创新影响的回归结果。由表 11 – 4 的结果可以看出，独立授权专利数、合作授权专利数以及与母公司合作授权专利数的估计系数都显著为正，与前面表 11 – 3 包含母公司的回归结果相同，表明该结果具有稳健性。

表 11 – 4　　　　　　　　去除母公司样本数据的稳健性检验

项目	（1）	（2）
独立授权的专利	0.368 ** (3.39)	0.384 *** (4.12)
合作授权的专利	0.513 * (2.42)	
与母公司合作		0.529 ** (2.90)
与子公司合作		– 0.138 （– 0.46）
与高校研究所合作		– 2.825 （– 1.74）

续表

项目	（1）	（2）
与上下游企业合作		0.455 （1.46）
控制变量	YES	YES
公司固定效应	YES	YES
时间固定效应	YES	YES
AR^2 p-value	0.715	0.803
Hansen p-value	0.666	1.000
观测值	295	295

注：括号内的值为稳健性标准误。＊、＊＊、＊＊＊分别表示10%、5%、1%的显著性水平。

其次，除了前面采用授权专利数的实证检验以外，这里将利用申请专利数进行稳健性检验。表11－5给出了GMM估计结果。第（1）列是区分独立申请与合作申请专利数对企业技术创新的影响的回归结果。第（2）列是区分独立申请专利数以及与国内主体合作和国外主体合作申请专利数的回归结果。进一步，第（3）列是区分独立申请、与国外主体合作以及与四类细分国内主体合作申请专利数的回归结果。

表11－5　　　　　　　　　　基于申请专利数据的稳健性检验

项目	（1）	（2）	（3）
独立申请的专利	0.462＊＊＊ （4.66）	0.463＊＊＊ （4.87）	0.915＊＊＊ （7.36）
合作申请的专利	0.672＊＊＊ （10.65）		
与国内主体合作		0.683＊＊＊ （12.55）	
与国外主体合作		－0.162 （－0.58）	0.238 （0.72）
与母公司合作			0.992＊＊＊ （10.63）
与子公司合作			0.260＊ （2.26）

续表

项目	(1)	(2)	(3)
与高校研究所合作			-0.0914 (-0.66)
与上下游企业合作			0.457 (1.17)
控制变量	YES	YES	YES
公司固定效应	YES	YES	YES
时间固定效应	YES	YES	YES
AR^2 p-value	0.909	0.957	0.403
Hansen p-value	1.000	1.000	0.998
观测值	316	316	316

注：括号内的值为稳健性标准误。*、**、*** 分别表示 10%、5%、1% 的显著性水平。

不难看出，无论是何种形式的回归，独立申请专利数的估计系数依然显著为正，且相较于独立申请，合作申请专利数对企业技术创新的促进作用更大，进一步来说，与国内主体合作申请专利数对京东方各公司技术创新的促进作用较与国外主体合作更显著。另外，与集团内母公司和子公司合作申请专利数的估计系数也显著为正，这意味着与集团内公司的合作促进了京东方各公司的技术创新，表明前面表 11-3 的实证结果具有较强的稳健性。

（5）与现有研究的进一步对比讨论。以上实证分析揭示，对于数字经济代表性企业京东方而言，合作创新对其技术创新的促进作用显著，而在各种类型的创新合作中，企业内部的创新合作对其技术创新的增长具有显著的促进作用，与外部主体的创新合作对企业技术创新的影响不显著。这一结论与现有文献对制造业企业合作创新的研究结论有所不同。

具体来讲，解学梅（2010）基于我国 188 家中小型制造企业的问卷调查数据，研究发现企业与其他企业、与研究组织之间的创新合作对企业创新有着显著的提升作用。进一步，解学梅（2015）基于长三角 316 家制造业企业合作创新的问卷调查数据进行实证分析，发现企业与其他企业、研究机构、政府之间的协同合作有利于推动企业的创新。由此可以看出，现有文献关于传统制造业企业创新合作的研究表明，与外部主体的创新合作更有利于提升企业的创新。

本章对数字经济代表企业京东方的实证研究结果则表明，企业集团内部的创新合作对企业技术创新的促进作用更显著。这意味着，不同于传统制造业企业，数字技术作为新兴技术，数字企业的创新过程更倾向于与集团内部其他企业之间的合作。首先，从数字技术创新所特有的属性来看，数字技术创新过程和一般创新过程的关键区别在于，它强调创新过程中对数字技术的应用。数字技术使得集团内各个公司之间的合作成本显著降低，合作双方的信息越来越对称，这使得数字经济企业集团内部的各个公司充满创新活力。而企业与高校等外部组织之间仍有明确的组织边界、固定的组织形态，相对来说存在更高的合作成本，这在一定程度上给合作造成了阻碍（魏江、刘洋，2021）。由于当前中国的企业数字化还在发展与普及，相较于传统制造业企业来说，数字经济企业的数字技术发展更为快速。先进的数字技术赋能数字经济企业集团内部的创新生态系统，使得其寻求内部合作相较于寻求外部合作的成本更低，机会更多，因此数字经济企业更倾向于内部之间的合作。

其次，合作创新的每一方参与者都是单独的利益主体，合作各方会担心自己在合作过程中的研发投入被合作伙伴"搭便车"，甚至导致技术泄露，不利于自身创新的发展，这会影响合作的进程并导致合作的破裂（Pastor and Sandonis，2002）。数字经济作为新兴技术，企业可能会为了保护自身技术创新不外泄，相较于与外部创新主体间的合作而言，更倾向于与集团内部其他公司之间的合作。

因此，上述原因使得不同创新主体间的合作对数字经济企业和传统制造业企业创新的影响不同。

11.6 小　　结

本章以数字经济代表性公司——京东方集团为例，采用案例研究和实证分析相结合的方法，基于专利数据深入探讨了什么样的合作更能促进数字经济企业技术创新的问题。首先，通过理论分析得出不同创新主体间的合作分别通过不同方式促进企业创新。其次，通过案例分析了数字经济代表企业京东方的创新发展史，并且基于京东方的相关专利数据，刻画其创新合作网络，分析其创新合作特征及其动态演化。最后，利用京东方专利数据构建包含所有创新合作类型的计量模型，进行实证分析。结果表明，与国内创新主体间的专利合作比与国外创新主体间的专利合作更能促进京东方技术创新。而且，在与国内不同类型创新主体的合作中，集团内部的母公司和子公司之间的专利合作对京东方技术创新的促进作用更为显著。

本章通过对京东方集团的合作创新案例进行分析，研究合作创新对数字经济企业技术创新的影响，并且实证分析得出什么样的合作更促进数字经济企业创新的结论。根据以上结论得出如下的启示：

首先，突破"孤岛式创新"对于促进数字经济企业的技术创新具有重大作用。实证结果显示，相较于独立创新，合作创新对京东方的技术创新具有更强的正向效应。案例分析表明，随着京东方创新合作范围的不断扩大，其专利申请和授权数量也快速激增。由此可知，良好的创新合作系统必须保证多样化的创新合作主体，即需要与来自各行各业、不同地域的创新主体一起积极参与到创新活动中，为实现技术创新贡献知识和技术资源，从而能为创新主体的技术创新带来更大的效益。因此，数字经济企业在创新发展过程中，要努力打破"孤岛创新"的状态，积极发展与不同主体的合作创新，不断拓展自己的创新合作网络，不断扩大自己的创新合作网络广度与深度和与其他创新主体的合作紧密度。通过与创新网络中成员的交流、学习、合作，利用各成员的技术创新资源，提高知识和资源的协同效应，使自身的技术创新提升到仅凭自身难以达到的水平。数字经济企业通过合作创新使自己的技术创新能力达到更高的水平，同时自身的创新资源也在不断积累，这进一步会吸引其他企业参与其中，共享技术创新网络带来的知识溢出和创新资源的溢出，从而为自身的创新合作网络扩展更多的合作伙伴，带来更多的创新活力，最终进入技术创新的良性循环。

其次，相较于与国外主体的技术创新合作，与国内主体的技术创新合作更有利于我国数字经济企业的创新发展。由于与国内主体的创新合作在地域、政策、语言等方面相较于与国外主体合作更有优势，这会导致与国内主体的技术创新合作远远多于与国外主体的技术创新合作，因此与国内主体合作对我国数字经济企业的技术创新促进作用更明显。数字经济还处于高速发展阶段，是世界各国经济发展的关注重点，越来越多的国际知名高科技企业、科研院所等主体都投入数字经济建设与创新中来。我国的数字经济企业在寻求与国内主体合作的同时，也要积极关注国外数字经济技术创新动向，努力扩展与国外主体的合作创新机会，从而能接触到国外先进的技术资源，为自身的技术创新积累更多的知识和技术储备。我国数字经济企业可以通过参加国际学术会议、科技论坛和人才交流会，设立国外分公司、办事处，引进国外技术人才等方式扩宽自身与国外主体合作的机会。另外，由于与国外主体合作中的技术创新替代效应大于技术创新促进效应，而这可能是企业对国外技术知识的吸收能力较弱导致的。因此，我国数字经济企业在与国外主体的创新合作发展过程中，要增强自身对先进技术的吸收和消化能力，要避免对国外先进技术产生依赖从而减少自身对该类技术创新的激励。只有有效的消化吸收国外技术引进过程中的隐性知识，将先进技术知识内化，并在此基础上进一步寻求突破创新，才能真正有利于自身技术创新能力的提升。

最后，通过细分国内合作主体发现，与集团内部的合作对企业技术创新的促进作用最大。企业集团内的母公司和各个子公司是资源共享、共生共长的关系，集团内部共享一套制度化的不断创新的知识体系，鼓励创新与合作的企业文化氛围对于发挥集团内部合作创新效应至关重要。因此，在数字经济企业的创新合作活动中要加强与集团内部母子公司的创新合作，在合作中提升自身创新绩效的同时，使集团内部共享创新合作溢出成果。并且数字经济企业所在的集团内部要建立一套完善的知识管理机制，确保技术知识这一宝贵的隐性资产能在共享共用中不断完善、不断创新、提升价值，从而更好地促进技术创新活动。集团内部的创新合作是凭借隐性知识和专有技术的共享来促进技术创新，而创新主体与集团外部主体的合作则能通过市场信息和异质资源的转移为其动态创新的发展提供方向和注入新的动力。因此，数字经济企业也要积极扩展自身的创新合作网络，加深与高校、研究院、上下游关联企业等创新主体的创新合作紧密度，更好地将外部显性知识和技术资源加入自身的创新过程中，为自身的技术创新提供前沿的发展方向和源源不断的动力源泉。

第 12 章

城市人力资本与企业创新：
社会交流网络视角

人力资本作为知识的载体，是促进创新的重要因素。继舒尔茨和贝克尔提出人力资本理论之后，以罗默、卢卡斯为代表提出的内生增长理论就开始将人力资本与创新的关系用于解释宏观经济增长。然而长期以来，有关人力资本与创新的研究主要集中在企业层面，忽视了企业所在城市的人力资本对企业创新的影响。

事实上，从外部性的角度来讲，城市人力资本对企业创新有着重要意义。首先，正如格莱泽（Glaeser，2011）在研究城市的学习效应时指出，城市是人力资本在空间集聚的结果，在集聚的城市中人力资本能够频繁地交流和学习。对于企业而言，企业内部的人力资本在与本地具有不同技能和教育背景的人力资本面对面互动的过程中，不仅能够分享有深度、多元化的思维，也有可能互相模仿学习，为企业带来外部的创新性知识。其次，从经典的劳动力需求与供给理论来看，人力资本是创新的重要投入要素，企业创新的成功在很大程度上也取决于合适劳动力的可获得性。城市人力资本形成的人力资本池，为企业提供了更多可以选择的高技能劳动力，能够满足企业创新对人才的需求，并提高了企业和人力资本间的匹配数量和质量（张萃，2019）。

鉴于上述认识，本章将从社会交流网络的视角切入，对城市人力资本与企业创新之间的逻辑关系进行理论分析。并在此基础上，对人力资本、社会交流网络与企业创新之间的关系进行实证研究。

12.1　理论分析

近年来在有关创新绩效的调查中，网络（network）、社区（community）、联系（linkage）开始成为越来越重要的指标。这些指标的共性就是在一定程度上强调了创新过程中人力资本间社会互动的重要性，包括与外部主要的用户、供应商以及创新体系中的机构的交流。实际上，人与人之间面对面接触、口头交流和直接互动，即交流的外部性（communication externalities）都是技术溢出的一种重要形式（Charlot and Duranton，2004）。鉴于此，本章将从企业员工社会交流网络的视角切入，对城市人力资本与企业创新之间的逻辑关系进行理论分析。

首先，企业员工与所在城市人力资本建立的社会交流网络有助于外部信息和知识流入企业，扩大企业获取新知识、新想法的范围与途径，从而促进创新。这一观点最早可以追溯到马歇尔，他在《经济学原理》中指出，来自不同企业的员工通过互相交流有关新产品、新技术的知识，彼此之间可以获得更多的行业信息，形成不同企业间的知识溢出。这种不同企业间的知识溢出现象也被称为马歇尔外部性。当这些溢出的知识从非企业员工向企业员工传播的时候，外部的知识也就转变为企业内部的知识，并被企业消化吸收，成为企业自身的创新基础。就如他在书中所说，"当一个人的新想法被他人采纳，并结合他人自己的意见后就会变成另一个新想法"。在劳森等（Laursen et al.，2003）看来，企业的搜寻战略正是基于员工对外交流形成的社会网络，因为企业在创新过程中需要从外部不断地搜寻有潜在商业价值的信息来判断创新投资、技术机会等，所以要获得这些外部知识，企业员工就需要通过与用户、客户、供应商、创新机构等外部渠道建立开放的交流网络去不断吸收这些外部资源。类似地，余和杭（Yu and Hang，2010）发现相较于以分析为主的企业战略部或业务部，从直接接触市场或技术的员工那里能够更加有效地获得新想法。这可能是因为这些一线员工与外部人员的面对面沟通更加频繁，互动交流中产生的新想法比纯粹分析所处的视野更加广阔，对行业信息变动更加敏锐。

　　而且，从获取信息的特点来看，企业员工与所在城市人力资本之间的面对面互动有利于复杂知识和缄默性知识的传播和交流（Storper and Venables，2004），提高沟通的效率。这是因为面对面接触的过程可以带来多种形式的沟通，诸如言语、动作、情境性的交流，相较于其他方式，这些方式有着高频互动和反馈及时、有深度的优势。因此，企业员工与城市外部人力资本通过面对面接触所形成的社会交流网络，有助于不同行业背景、不同教育水平的人之间信息、知识、经验的交叉流动和思维碰撞，从而增加学习新知识、组合新想法、了解新技术的机会，促进企业创新。

　　其次，企业员工与所在城市人力资本的交流有助于建立稳定的合作伙伴关系，进而形成较为牢固的协同创新网络。在科技飞速发展，各学科知识互相交融的当代社会，创新不再是闭门造车的过程，合作研发已经成为企业创新的重要方式。企业之间的协同创新能够显著提升企业的现有技术，在协同创新网络中处于核心位置的企业往往占有更大的市场份额（孙天阳、成丽红，2020）。但同时新技术的探索可能往往需要研发伙伴间保持长期稳定的合作关系，成员间首次或少数的研发合作可能难以在技术上实现重大创新。这是因为研发人员之间稳定的合作关系一方面可以提高减少组织冲突，从而使整个团队聚焦研发项目，另一方面还可以缩短知识距离，提升知识分享深度，并在先前已经积累的经验基础上进行更加复杂的创新活动（汤超颖、董品华，2020）。一个最典型的例子就是有着"中国硅谷"之称的深圳市。过去深圳的科研发展主要以产业发展拉动的应用研究为主，而从事基础研究的高校和科研所、实验室资源相较于北京市、上海市、香港特别行政区等地则显得弱势，建市之初，深圳市的科研所为零。近年来，为了建设具有全球影响力的科技产业高地，深圳市政府不仅开始从人才方面引进海内外高端人才，也开始通过合作共建提升城市基础研究短板——一方面通过吸引香港特别行政区、北京市、上海市的著名高校在深圳办分校，鼓励本土企业与这些科研高校共同成立实验室，另一方面还与诺贝尔奖得主团队合作在深圳相继建立了11家诺奖实验室，中外团队围绕基因组学、大数据、石墨烯等前沿领域展开面对面的研究。事实上，斯托珀和维纳布尔斯（Storper and Venables，2004）指出，在信息不对称的情况下，一方面，面对面交流能够帮助企业寻找合适的合作伙伴，并建立适合自己的社交网络，另一方面，面对面的交流也能够增加沟通的透明度，加强合作双方的信任，有助于合作关系的稳定。这种稳定牢固的合作研发关系无疑对于企业创新发挥着重要的作用。

　　除此之外，面对面交流也有助于企业筛选合适的合作伙伴，并在长期交流后形成适合自己的社交网络和行业圈子。例如企业在合作创新的过程中会首先寻找有价值的潜在合作伙伴。在这个过程中，企业的决策部门就需要与外界人力资本建立大量的联系来评价潜在的合作伙伴，通过与这些潜在合作人员面对面交流磋商来确定是否进一步合作。

　　最后，从长期的角度来看，企业员工在与城市人力资本交流互动过程中还能够产生学习效应，提升企业创新能力。建构主义学习理论认为，知识是个人经验的合理化，学习者不是被动地接收信息，而是根据自己已有的认知结构去主动、有选择地构建知识，同时在这个知识建构的过程中需要与他人不断地互动磋商，不断地调整修正（屈林岩，2008）。复杂深入的技能学习和经验积累是一个长期的学习过程，需要新旧知识与经验的反复双向作用——不仅需要将新知识变"旧"，融入已有的认知结构（消化）进行运用，还需要不断调整"旧"的认知结构以适应难以接受的新知识（转化），进而激发自己的创新意识。因此在人力资本集聚的城市，人与人之间更有机会频繁、稳定地接触学习，并在这个学习过程中积累创新能力。格莱泽（Glaeser，2011）在研究城市学习效应时也发现，城市相较于乡村更有利于创新的原因，并不是城市能够直接创造前沿技术，而是城市能够为每一个人创造学习的机会——城市人力资本在空间上的聚集增加了个人与周围高技能劳动者之间随机接触的机会，在互动和交流中，低技能劳动者能够通过模仿实现技能水平的提升，也能够观察其他人成功或失败的经验。也就是说，城市人力资本促进企业创新是一个依靠学习的渐进过程，这一观点得到了格莱塞和马尔（Glaeser and Mare，2018）研究的支持，他们发现城市移民的工资是随时间逐渐增长的，而不是在他们一来到城市时就立刻开始增长。因此对于企业而言，员工在与城市人力资本频繁互动中学习到的新技能，也能够渐进地影响企业创新的能力。

　　另外，面对面交流带来的竞争效应也可以促进企业创新。从社会学的角度来看，这是因为人能够从身份地位的自豪感中获得快乐，因此为了寻求这种快乐，人就有了模仿、攀比的动机来努力做得比他人更好。面对面交流强化了这些动机，增加了员工的竞争等意识（Storper and Venables，2004），对于企业而言，员工这种"努力做得比他人更好"的心态当然也会给企业都带来创新动力。

　　通过以上理论分析我们可以发现，企业员工与城市人力资本通过面对面接触所形成的社会交流网络，有助于企业创新。因此接下来的部分，我们将对城市人力资本对企业创新的影响以及上述这一作用机制展开实证研究。

12.2　实证检验

　　（1）模型构建与识别。我们构建如下计量模型，实证检验城市人力资本对企业创新是否存在影响：

$$Innovation_{ij} = c_0 + c_1 \ln HC_j + c_2 X_{ij} + c_3 X_j + c_4 ind_j + c_5 pro_j + \varepsilon_{ij} \quad (12-1)$$

其中，$Innovation_{ij}$ 代表城市 j 中企业 i 是否创新，是一个二元变量。根据世界银行对中国企业调查问卷中关于创新与技术的问题——"在过去三年里，企业是否引进任何新产品或服务？"，若企业回答是，则 Innovation 为 1，否则为 0。HC_j 代表城市 j 的人力资本，我们用城市拥有的本科及以上学历的人数占全市总人数的比重（%）来衡量。正如阿克斯和阿明顿（Acs and Armington，2004）所说，虽然大学里积累的知识并不能够完全代表工作中实际需要的知识，但是大学中培养的基本学识素质和分析能力有助于个人未来学习来自其他行业的新知识，拥抱新想法。因此高学历的人力资本相较于低学历的人力资本更具有创新优势。这一指标从结构维度衡量城市人力资本（刘智勇等，2018）。X_{ij}、X_j 分别代表企业层面和城市层面的控制变量；ind_j、pro_j 分别是行业和省份的虚拟变量，用来控制行业和地区的固定效应；ε_{ij} 是随机干扰项。

具体来讲，企业微观层面的控制变量 X_{ij} 如下：企业研发水平（rd）为虚拟变量，若企业过去三年有研发投入，则赋值为 1，若无则赋值为 0；企业年龄（firmage）用年衡量；企业竞争环境（competition）为虚拟变量，根据世界银行对中国企业调查问卷，我们将企业面临的主要竞争者以 10 个、50 个、100 个、500 个作为临界点，分别划分为 1~5 个等级，1 表示企业面临的主要竞争对手小于 10 个，具有一定的垄断竞争能力，5 表示企业面临的竞争者大于 500 个，可视为企业面临较大的竞争环境；企业互联网状况（highinternet）为虚拟变量，若企业有联网，则赋值为 1，否则赋值为 0；企业培训状况（training）为虚拟变量，若企业过去三年进行过员工培训，则赋值为 1，若无赋值为 0；企业技术人员比重（skillshare），用企业内部高技能员工占比（%）表示，用来衡量企业内部的人力资本水平；企业经营单位数（operatingunits）为虚拟变量，若企业经营单位超过 1 个，则赋值为 1，否则赋值为 0。

城市层面的控制变量 X_j 如下：城市产业结构比重（indusshare），用城市第二产业占该市 GDP 比重（%）来衡量；城市外资水平（FDIshare），用城市外资金额 FDI 占该市 GDP 比重（%）来衡量；城市人口年龄结构（age），用城市 65 岁以上老年人口占该市总人口比重（%）来衡量。

本章企业微观层面采用的数据均来自世界银行发布的 2012 年中国企业调查数据（Enterprise Surveys Data）。该调查报告从 2011 年 12 月持续至 2013 年 2 月，所有的问题都设定在 2011 年，涉及的问题主要包括企业基本信息、销售业绩、企业竞争情况、土地许可、创新和技术、劳动力雇员、企业和政府的关系等。从数据结构来看，参与本次调查的企业共 2848 家，包括 2700 家民营企业和 148 家国有企业，调查范围涵盖中国东、中、西三大区域，包括北京市、成都市、大连市、广州市、杭州市、合肥市、济南市、南京市、上海市、深圳市、苏州市等 25 个城市和制造业、零售业、电子工业、交通设备制造业等 26 个行业。值得一提的是，由于世界银行的此次调查报告采取的是分层随机抽样的方法，因此选取的企业具有较强的代表性。此外，本章城市层面的人口年龄结构及各层级受教育程度数据来自 2010 年第六次中国人口普查分县资料，各城市实际利用外资水平、产业结构等数据来自 2010 年《中国城市统计年鉴》。主要变量的统计性描述见表 12 - 1。

表 12 - 1　　　　　　　　　　　主要变量统计性描述

变量	样本数	均值	标准差	最小值	最大值
Innovation	2848	0.5369	0.4987	0	1
newproduct	1708	0.5293	0.4993	0	1
newprocess	2848	0.5313	0.4991	0	1
neworga	1712	0.4690	0.4992	0	1
lnHC	2848	1.8506	0.5752	0.8320	2.9640
lnemployee	2847	4.1819	1.3973	1.3863	10.8198
highinternet	2848	0.9912	0.0933	0	1
rd	1714	0.4172	0.4932	0	1
operatingunits	2846	0.5682	0.4954	0	1
lnfirmage	2767	2.5229	0.4761	0	4.8978
competition	1352	4.3913	1.3958	1	5
training	2843	0.8540	0.3531	0	1
lnskillshare	1715	3.3679	0.7147	0	4.5735
lnFDIshare	2848	1.1035	0.7414	-0.8996	2.5775
lnage	2848	2.9986	0.2131	2.3580	3.3379
lnindusshare	2848	3.9008	0.1957	3.1785	4.1380

　　在上述模型中，c_1 是本部分重点关注的变量，它衡量了城市人力资本对企业创新影响程度的大小，若 c_1 为正，则说明城市人力资本水平能够促进企业创新活动。但是内生性问题可能会导致 c_1 存在偏误，诸如城市人才政策等因素可能通过影响城市人力资本的集聚选择进而影响企业的创新活动，造成遗漏变量的问题。因此本部分在增加城市层面控制变量以及控制省份固定效应的基础上，还采用了工具变量方法来解决内生性问题。参照现有文献的做法（Ottaviano and Peri，2006；Bosetti et al.，2015），我们借助份额转移法来构建工具变量。为了进一步提高工具变量的外生性，考虑到低技能劳动力并不会直接对创新产生影响，因此我们用预测出来的城市低技能劳动者比重作为城市人力资本的工具变量（Bosetti et al.，2015）。具体而言，我们首先使

用 2000 年城市 j 低技能劳动者比重作为我们的基期比重，然后将 2000～2010 年全国低技能劳动者增长率作为城市 j 低技能劳动者的增长率，从而在此基础上预测出 2010 年城市 j 中的低技能劳动力比重。

（2）基准回归结果分析。在基准回归中，本部分首先使用 Probit 方法考察城市人力资本水平对企业整体创新的影响，回归结果如表 12－2 所示。第（1）列为仅添加了企业层面控制变量的回归结果，第（2）、第（3）、第（4）列为逐步增加了城市层面控制变量的回归结果。通过对比可以看出，增加城市层面的控制变量后，尤其是在增加 2 个以上的城市变量后，城市人力资本系数值明显提高，并且由最初的不显著变为显著。对比第（1）、第（4）列数值，城市的人力资本水平系数几乎翻了 1 倍，并且在 1% 水平上显著，这表明城市的人力资本确实能够促进企业的创新。此外我们还可以发现，不论是否增加城市层面的控制变量，企业内部的人力资本、研发投入、培训等始终是企业创新的重要来源。

表 12－2　　　　　　　　　　整体创新——Probit 回归结果

变量	（1）	（2）	（3）	（4）
lnHC	0.7062 (0.4456)	0.7295 (0.4652)	0.8494 * (0.4385)	1.5271 *** (0.3892)
highinternet	1.2332 *** (0.4527)	1.1938 *** (0.4383)	1.2838 *** (0.4616)	1.3537 *** (0.4783)
rd	1.6135 *** (0.2691)	1.5827 *** (0.2529)	1.5601 *** (0.2471)	1.5814 *** (0.2544)
operatingunits	−0.1151 (0.1758)	−0.0740 (0.1553)	−0.0829 (0.1640)	−0.0874 (0.1964)
lnfirmage	0.2309 ** (0.0998)	0.2398 ** (0.1003)	0.2160 ** (0.1011)	0.2409 ** (0.1071)
competition	0.0449 (0.0641)	0.0493 (0.0651)	0.0274 (0.0574)	0.0097 (0.0628)
training	0.7910 *** (0.2228)	0.8076 *** (0.2103)	0.9246 *** (0.1606)	0.9992 *** (0.1763)

变量	(1)	(2)	(3)	(4)
lnskillshare	0. 3630 *** (0. 1045)	0. 3643 *** (0. 1041)	0. 3151 *** (0. 1090)	0. 2101 * (0. 1224)
lnFDIshare		− 0. 1810 (0. 2099)	− 0. 0398 (0. 2083)	− 0. 2763 (0. 2393)
lnage			2. 0274 (1. 3555)	1. 9560 ** (0. 9369)
lnindusshare				5. 3557 ** (2. 1342)
常数	0. 0305 (1. 2890)	− 4. 2533 *** (0. 9940)	− 10. 5406 *** (4. 0474)	− 28. 4681 *** (8. 4541)
N	1204	1137	1137	1204
R^2	0. 3138	0. 3018	0. 3201	0. 3652

注：*、**、*** 分别表示在10%、5%、1%的水平上显著，括号内为聚类的稳健标准误。

除了对企业整体创新活动进行分析外，我们还进一步将企业的创新划分为产品创新（newproduct）、流程创新（newprocess）和组织创新（neworga）三类进行回归，以考察不同创新活动与城市人力资本水平的具体关系。参照经济合作与发展组织（OECD）与欧盟统计署（Eurostat）联合出版的奥斯陆手册（Oslo Manual）对创新活动的分类，我们对企业产品创新、流程创新、组织创新三种不同类型的创新活动具体界定和数据赋值如下：

产品创新：参考世界银行的企业调查问卷创新与技术问题——"在过去三年里，企业是否引进任何新的产品或新的服务？"若回答是，则定义产品创新虚拟变量为1，否则为0。

流程创新：参考世界银行的企业调查问卷创新与技术问题——"在过去三年里，企业是否在生产或运营过程中引进任何新的质量控制程序？"若回答是，则定义流程创新虚拟变量为1，否则为0。

组织创新：参考世界银行的企业调查问卷创新与技术问题——"在过去三年里，企业是否引进任何新的管理组织程序？"若回答是，则定义组织创新虚拟变量为1，否则为0。

城市人力资本对三种类型创新活动的回归结果见表 12 - 3。从表 12 - 3

中我们可以看到，城市人力资本水平对企业三类创新活动均具有正向促进作用，但是城市人力资本对不同类型创新的影响存在差异。流程创新受到城市人力资本的影响最为明显，系数达到 1.33，并在 1% 的水平上显著，基本接近整体创新水平；其次是产品创新，系数达到了 0.65，也是在 1% 水平上显著；而对于组织创新，城市人力资本的影响则不显著，系数只相当于流程创新的 1/5。这说明具有较高人力资本水平的城市，企业创新的形式可能更多依赖于引进新产品以及新的生产流程，而非组织管理方面的创新。这可以从两方面进行解释：第一，从微观的角度讲，企业引入新管理模式的决定往往直接取决于企业的战略规划，而非城市的人力资本环境；第二，一般来说，服务型企业可能更加注重组织创新，而生产型企业可能更加注重产品和流程创新。本部分由于数据样本限制，可能更多地关注了生产型企业。

表 12 - 3　　　　　　　　　　分类型创新——Probit 回归结果

变量	产品创新	流程创新	组织创新
lnHC	0.6545 *** (0.2268)	1.3328 *** (0.3438)	0.2473 (0.2246)
控制变量	YES	YES	YES
行业虚拟变量	YES	YES	YES
省份虚拟变量	YES	YES	YES
常数	- 7.4804 (3.1798)	- 22.1239 *** (5.4497)	- 4.1177 (2.7265)
N	1280	1200	1276
R^2	0.2085	0.3460	0.1760

（3）稳健性检验。这一部分我们将通过替换自变量指标和使用工具变量的方法对上文的结论进行稳健性检验。首先，我们使用城市中拥有大专及以上学历人口占城市总人口比重的对数（lncollehc）来代替之前的城市人力资本变量，回归结果见表 12 - 4。从表 12 - 3 中我们可以发现，城市中拥有大专及以上学历的劳动者比重越高，企业参与创新的概率也就越高，同时城市人力资本对三种创新活动的影响从大到小依次是流程创新、产品创新、组织创新。这与基准回归中使用城市中拥有本科及以上学历的劳动者比重来衡量

城市人力资本水平所得到的结果完全一致，说明我们的结果具有一定稳健性。

表 12 - 4　　　稳健性检验 1：lncollehc 替换自变量指标的回归结果

变量	整体创新	产品创新	流程创新	组织创新
lncollehc	2. 3441 *** (0. 447)	0. 9252 *** (0. 2441)	1. 9650 *** (0. 3931)	0. 3955 (0. 2517)
控制变量	YES	YES	YES	YES
行业虚拟变量	YES	YES	YES	YES
省份虚拟变量	YES	YES	YES	YES
常数	- 37. 1964 *** (9. 4817)	- 9. 6917 *** (3. 2624)	- 27. 8610 *** (5. 8075)	- 6. 0006 ** (2. 8923)
N	1200	1280	1200	1276
R^2	0. 3768	0. 2106	0. 3540	0. 1769

其次，我们使用城市人均受教育年限的对数 （lneduyear） 来对城市人力资本的指标 （lnHC） 进行再次替换。具体来讲，我们将完成不同学历所需的学制年数作为相应学历人口的受教育年限，按照城市中不同学历人口占该城市总人口的比重来对城市中 6 岁及以上人口受教育年限进行加权平均，从而得出城市人均受教育年限，该指标从规模维度衡量城市人力资本 （岳书敬、刘朝明，2006；朱承亮等，2011）。在我们的计算中，小学学制年数为 6 年，初中为 9 年，大专及以上文化程度 （包括大专、本科和研究生） 为 16 年，回归结果见表 12 - 5。可以看到，与我们之前得出的结论一致，城市人力资本仍然能够显著促进企业的整体创新、产品创新以及流程创新活动，同时对组织创新影响不显著。这也再次证明了我们的结果具有稳健性。

表 12 - 5　　　稳健性检验 2：lneduyear 替换自变量指标的回归结果

变量	整体创新	产品创新	流程创新	组织创新
lneduyear	13. 3928 *** (3. 5009)	5. 4368 *** (2. 0509)	11. 6314 *** (3. 0844)	1. 8986 (1. 9030)
控制变量	YES	YES	YES	YES
行业虚拟变量	YES	YES	YES	YES

续表

变量	整体创新	产品创新	流程创新	组织创新
省份虚拟变量	YES	YES	YES	YES
常数	-59.7929 *** (14.9952)	-19.7163 *** (7.3581)	-49.3825 *** (10.9220)	-8.1294 (6.6385)
N	1200	1280	1200	1276
R^2	0.3608	0.2065	0.3409	0.1755

最后，考虑到内生性问题，本部分还使用了工具变量的方法进行回归，结果如表 12-6 所示。工具变量回归的结果也证实了我们结果的稳健性：城市人力资本水平能够促进企业的创新活动。但是，工具变量得到的整体创新人力资本系数为 1.24，比固定效应回归所得到的数值小，显著性也有所降低。与之类似，通过工具变量得到的三种不同创新类型的人力资本系数也都比基准 Probit 回归结果偏小，并且只有流程创新的人力资本系数在 5% 水平显著，而产品创新、组织创新的系数都不显著。这在一定程度上说明了城市人力资本内生性问题的存在以及工具变量的有效。

表 12-6　　　　　　　　　稳健性检验 3：工具变量法回归结果

变量	IV-整体创新	IV-产品创新	IV-流程创新	IV-组织创新
lnHC	1.2429 ** (0.5270)	0.4943 (0.3088)	0.9753 ** (0.4606)	0.1676 (0.2857)
控制变量	YES	YES	YES	YES
行业虚拟变量	YES	YES	YES	YES
省份虚拟变量	YES	YES	YES	YES
常数	-33.3920 *** (11.9914)	-5.2421 (4.1097)	-19.6144 (6.6605)	-2.9496 (3.3422)
N	1200	1280	1200	1276

（4）企业异质性分析。对于所有企业，城市人力资本都能够同等程度地促进其创新吗？或者说，城市人力资本对创新的推动作用会因为企业自身的特点，如企业规模而呈现出显著的差异吗？为了弄清楚这个问题，本部分将企业分为两组：员工人数大于等于 100 人的大企业组和员工人数小于 100 人的中小型企业组，回归结果见表 12-7 和表 12-8。可以看出，

不论是大企业还是中小型企业，城市人力资本对整体创新水平都有明显的正外部性。同时，对于分类型的创新活动，大型企业和中小型企业的三类创新活动对城市人力资本的敏感程度从大到小都依次是流程创新、产品创新、组织创新，其中大企业的产品创新、流程创新和组织创新都显著受到城市人力资本的正向影响，而中小型企业组织创新的城市人力资本系数却不显著。

表 12 - 7　　　　　　　　大企业创新：Probit 模型回归结果

变量	整体创新	产品创新	流程创新	组织创新
lnHC	3.1643 *** (0.7147)	0.7844 *** (0.2122)	3.0099 *** (0.6823)	0.2990 * (0.1677)
控制变量	YES	YES	YES	YES
行业虚拟变量	YES	YES	YES	YES
省份虚拟变量	YES	YES	YES	YES
常数	-56.2142 *** (17.9693)	-3.0882 (3.6126)	-56.1658 *** (17.8694)	-9.8482 *** (2.1317)
N	411	564	411	560
R^2	0.4277	0.2405	0.4076	0.2095

表 12 - 8　　　　　　　　小企业创新：Probit 模型回归结果

变量	整体创新	产品创新	流程创新	组织创新
lnHC	1.5224 *** (0.4500)	0.5827 ** (0.2727)	1.3367 *** (0.4034)	0.2038 (0.2787)
控制变量	YES	YES	YES	YES
行业虚拟变量	YES	YES	YES	YES
省份虚拟变量	YES	YES	YES	YES
常数	-29.0498 *** (7.7164)	-10.4994 *** (3.5503)	-22.7955 *** (4.8026)	-1.6809 (3.7558)
N	663	706	663	709
R^2	0.3667	0.2360	0.3454	0.1870

　　此外，相较于中小型企业，大企业创新活动受到城市人力资本环境的影响更明显。从整体创新水平来看，大企业城市人力资本系数能够达到 3.16，而中小企业人力资本系数仅 1.52，两者之间存在近乎 1 倍的差距。类似的差距也体现在流程创新方面，大企业流程创新的人力资本系数为 3.01，而中小企业的人力资本系数仅为 1.34。对于组织创新和产品创新的人力资本系数，两种规模的企业并没有太大的差异。也就是说从创新角度而言，规模更大的企业从这种城市人力资本外部性中获益更多，当然这种异质性主要体现在整体创新或者流程创新上。造成这种结果的原因可能是目前国内大企业在人才招聘、合作交流等方面具有优势，能够更好地利用、消化外部人力资本，为企业创新提供动力。

　　表 12 - 9 给出了大、中小型企业基于整体创新的稳健性检验。可以看出，不论是通过替换自变量还是使用工具变量的方法，大企业的城市人力资本系数均大于中小企业，也就是说大企业从城市人力资本外部性中受益更多这一结论是稳健的。

表 12 - 9　　　　　　　　稳健性检验 4：整体创新水平的异质性检验

变量	lncollehc 替换自变量		lneduyear 替换自变量		工具变量	
	大企业 （1）	中小企业 （2）	大企业 （3）	中小企业 （4）	大企业 （5）	中小企业 （6）
lnHC	4. 1687 *** （0. 8192）	2. 3982 *** （0. 5137）	21. 2242 *** （4. 2198）	14. 1083 *** （3. 9321）	2. 8593 *** （0. 6645）	1. 1707 ** （0. 5600）
控制变量	YES	YES	YES	YES	YES	YES
行业虚拟变量	YES	YES	YES	YES	YES	YES
省份虚拟变量	YES	YES	YES	YES	YES	YES
常数	- 67. 3339 *** （18. 2176）	- 38. 0577 *** （8. 2076）	- 95. 3620 *** （24. 6102）	- 63. 4890 *** （14. 4379）	- 58. 3632 *** （18. 0662）	- 30. 0054 ** （11. 8483）
N	411	663	411	663	411	663
R^2	0. 4280	0. 3829	0. 4127	0. 3673	—	—

　　以上实证研究表明，在控制了企业人力资本的情况下，城市人力资本的确能够促进企业的创新。将创新活动进一步分类的研究表明，城市人力资本

主要对企业产品创新和流程创新产生影响，对组织创新的影响不显著。这一结论得到了一系列稳健性检验的支持。而且，相比中小企业，大企业创新从城市人力资本外部性中受益更多。

12.3　社会交流网络的作用机制检验

前面的理论分析指出，企业员工的社会交流网络是城市人力资本影响企业创新的一个重要作用机制，本章将采用中介效应模型对这一作用机制进行检验。参考萨拉维萨等（Salavisa et al.，2012）以及詹湘东和谢富纪（2019）对于交流网络规模的度量方式，我们采用企业全职员工人数（lnemployee）来衡量企业的交流网络规模，即认为企业员工越多，企业员工与城市外部人力资本所形成的社会交流网络规模越大，从而城市人力资本越有可能影响企业创新。本章采用逐步法构建的中介效应模型如下：

$$\text{Innovation}_{ij} = c_0 + c_1 \ln HC_j + c_2 X_{ij} + c_3 X_j + c_4 \text{ind}_j + c_5 \text{pro}_j + \varepsilon_{ij} \quad (12-2)$$
$$\text{lnemployee}_{ij} = \alpha_0 + \alpha_1 \ln HC_j + \alpha_2 X_{ij} + \alpha_3 X_j + \alpha_4 \text{ind}_j + \alpha_5 \text{pro}_j + \mu_{ij} \quad (12-3)$$
$$\text{Innovation}_{ij} = \beta_0 + \beta_1 \ln HC_j + \beta_2 \text{lnemployee}_{ij} + \beta_3 X_{ij} + \beta_4 X_j + \beta_5 \text{ind}_j + \beta_6 \text{pro}_j + \nu_{ij}$$
$$(12-4)$$

其中，lnemployee 为中介变量，其余变量含义不变。式（12-2）和我们的基准模型（12-1）相同，系数 c_1 仍然表示城市人力资本对企业创新的总效应。式（12-3）中，系数 α_1 捕捉了城市人力资本对企业员工社会交流网络规模的影响。式（12-4）中，系数 β_2 分离了企业员工社会交流网络规模对企业创新的影响，系数 β_1 为剔除了企业员工社会交流网络效应后，城市人力资本对企业创新的剩余效应。

由于在式（12-2）和式（12-4）中，我们的因变量是二元变量，因此我们根据方杰等（2017）提出的方法，对式（12-2）和式（12-4）采用 Logit 回归，对式（12-3）采用 OLS 回归，回归结果见表 12-10。从表 12-10 的回归结果可以看到，c_1、α_1、β_1、β_2 的系数都是显著的，这说明回归模型中存在中介效应，也就是说，企业员工的社会交流网络是城市人力资本影响企业创新的一个重要作用机制。

表 12 - 10　　　　　　　社会交流网络机制检验：整体创新

变量	Innovation	Inemployee	Innovation
InHC	2.83332 *** (0.7529)	0.3880 ** (0.1405)	2.7432 *** (0.7492)
Inemployee			0.4658 *** (0.1155)
$Z_{mediation}$		2.2323	
控制变量	YES	YES	YES
行业虚拟变量	YES	YES	YES
省份虚拟变量	YES	YES	YES
常数项	-43.9493 ** (18.2076)	-4.2020 ** (1.9049)	-44.8403 *** (16.8885)
N	1200	1294	1200
R^2	0.3648	0.2466	0.3866

接着我们验证中介效应是否显著。由于式（12 - 2）、式（12 - 4）和式（12 - 3）中所得出系数的量尺不同，我们不能通过广泛使用的 bootstrap 来检验，也不能通过 $\alpha_1\beta_2$ 的乘积或 $c_1 - \beta_1$ 的差值来确定中介效应大小（刘红云等，2013）。因此我们参照亚科布奇（Iacobucci，2012）的做法，通过标准化实现回归系数的等量尺化，若 $Z_{mediation} > 1.96$，则表明中介效应显著。等量尺化计算过程如下（S 代表标准差）：

$$Z_\alpha = \alpha_1/S_{\alpha1} \tag{12-5}$$

$$Z_\beta = \beta_2/S_{\beta2} \tag{12-6}$$

$$Z_{\alpha\beta} = Z_\alpha Z_\beta \tag{12-7}$$

$$\sigma_z = \sqrt{1 + Z_\alpha^2 + Z_\beta^2} \tag{12-8}$$

$$Z_{mediation} = Z_{\alpha\beta}/\sigma_z \tag{12-9}$$

表 12 - 10 给出了按照 Iacobucci（2012）方法所计算出的 $Z_{mediation}$。可以看出，由于 $Z_{mediation} = 2.2323 > 1.96$，进一步验证了企业员工社会交流网络这

一中介作用机制效应的显著性。由此可见，正如前面理论分析所揭示的，企业员工与所在城市人力资本建立的社会交流网络有助于外部信息和知识流入企业，扩大企业获取新知识、新想法的范围与途径，是城市人力资本促进企业创新的一个重要机制。

12.4 小　　结

本章从社会交流网络的视角切入，探讨了城市人力资本对企业创新的影响及其作用机制。我们认为，企业的创新除了受到自身人力资本投入的影响外，还受到所在城市人力资本外部环境的影响。具体来讲，本章将世界银行发布的中国企业数据与企业所在地的城市层面数据相匹配，使用 Probit 模型对城市人力资本的企业创新效应进行实证检验。结果表明，企业所在城市的人力资本水平越高，企业越有可能进行创新活动。通过将创新活动分类，我们还发现，城市人力资本主要能影响企业的产品创新和流程创新。这一结果说明，除了企业自身人力资本因素外，企业创新还能够从城市人力资本外部性中获益。进一步的异质性分析发现，无论是大企业还是中小企业，城市人力资本都能够促进企业的创新活动，只是大企业从城市人力资本中受益更大，而中小企业的受益相对较小。这一系列结果都得到了稳健性检验的支持，包括替换自变量和使用工具变量的方法得到的回归结果。此外，通过构建中介效应模型，本章还发现企业员工的社会交流网络是城市人力资本影响企业创新的一个重要作用机制。

对于城市化快速发展的中国而言，本章的研究结论可能为政府从政策层面进行教育投资、吸引人才提供一定的理论和实证支持。因此基于上述研究结论，本章提出的建议如下：

首先，政府尤其是中小城市政府应积极引进和培养高层次人才，同时加大地区教育投资力度，为企业构建良好的人力资本外部环境，从而提高本地企业的创新水平。本章的研究证明企业创新不仅仅依靠企业自身的研发、人才、培训等要素投入，也受到城市环境尤其是城市人力资本水平的影响。因此从鼓励企业创新和产业升级的角度讲，一方面，政府可以通过一系列人才优惠政策引进外地人才，留住本地人才，另一方面，还可以增加教育投资，例如通过对专科及以上的学历教育进行补贴等来提高本地区的人力资本整体水平。

其次，从政策层面鼓励企业之间开展交流活动，尤其是不同行业、不同规模之间的企业交流合作。例如产学研一体化是近年来高校、企业间互动交流的典型形式，合作教育、成果互引、开展研讨等都是促进企业、高校互相消化吸收外部的知识、提高创新能力的途径。政府可以以促进产学研合作为重点，鼓励企业通过从高校、科研所引进成果，共同技术攻关，共建研发中心等形式来实现不同行业或类型企业、高校的交流分享。此外政府还可以尝试建立或鼓励行业协会建立开放的人才交流论坛和信息发布平台，充分发挥互联网等技术手段的作用。

最后，政府应为中小型企业创新提供更多扶持，同时鼓励大企业与中小企业之间的技术合作与知识交流共享，形成城市人力资本对大中小企业均衡促进作用，提高不同规模企业的自主创新能力。由于大企业不仅在内部创新要素投入能力上优于中小型企业，同时在同一城市人力资本水平下，大城市也受益更多，因此政府的创新扶持应当向中小企业适当倾斜，如整合行业专家等资源为中小企业提供技术职能培训、为中小企业招聘提供支持政策等。

参 考 文 献

［1］蔡赤萌. 粤港澳大湾区城市群建设的战略意义和现实挑战 ［J］. 广东社会科学，2017 （4）：5 - 14.

［2］蔡卫星，倪骁然，赵盼，等. 企业集团对创新产出的影响：来自制造业上市公司的经验证据 ［J］. 中国工业经济，2019 （1）：137 - 155.

［3］柴攀峰，黄中伟. 基于协同发展的长三角城市群空间格局研究 ［J］. 经济地理，2014，34 （6）：75 - 79.

［4］陈继勇，雷欣. 基于知识溢出的外商直接投资在中国地区非均衡分布研究 ［J］. 经济管理，2009，31 （6）：23 - 28.

［5］陈建军，黄洁，陈国亮. 产业集聚间分工和地区竞争优势——来自长三角微观数据的实证 ［J］. 中国工业经济，2009 （3）：130 - 139.

［6］陈健雄，徐翔. 国际技术合作的动因及其理论解释 ［J］. 国际经济合作，2009 （12）.

［7］池仁勇. 区域中小企业创新网络形成、结构属性与功能提升：浙江省实证考察 ［J］. 管理世界，2005 （10）：102 - 112.

［8］范剑勇. 长三角一体化、地区专业化与制造业空间转移 ［J］. 管理世界，2004 （11）：77 - 84 + 96.

［9］方杰，温忠麟，张敏强. 类别变量的中介效应分析 ［J］. 心理科学，2017 （2）：471 - 477.

［10］付丙海，谢富纪，韩雨卿. 创新链资源整合、双元性创新与创新

绩效：基于长三角新创企业的实证研究［J］．中国软科学，2015（12）：176-186.

［11］辜胜阻，曹冬梅，杨嵋．构建粤港澳大湾区创新生态系统的战略思考［J］．中国软科学，2018（4）：1-9.

［12］郭文伟，王文启．粤港澳大湾区金融集聚对科技创新的空间溢出效应及行业异质性［J］．广东财经大学学报，2018，33（2）：12-21.

［13］郝威亚，魏玮，温军．经济政策不确定性如何影响企业创新？——实物期权理论作用机制的视角［J］．经济管理，2016，38（10）：40-54.

［14］侯赟慧，刘志彪，岳中刚．长三角区域经济一体化进程的社会网络分析［J］．中国软科学，2009（12）：90-101.

［15］胡韬，李丹，郭紫明．高管兼任与企业创新——来自集团型上市公司及其子公司的经验证据［J］．投资研究，2020，39（9）：34-64.

［16］黄俊，陈信元．集团化经营与企业研发投资——基于知识溢出与内部资本市场视角的分析［J］．经济研究，2011，46（6）：80-92.

［17］蒋殿春，张宇．经济转型与外商直接投资技术溢出效应［J］．经济研究，2008（7）：26-38.

［18］解学梅．企业协同创新影响因素与协同程度多维关系实证研究［J］．科研管理，2015，36（2）：69-78.

［19］解学梅．中小企业协同创新网络与创新绩效的实证研究［J］．管理科学学报，2010，13（8）：51-64.

［20］柯善咨、赵曜．产业结构、城市规模与中国城市生产率［J］．经济研究，2014（4）：77-88.

［21］李敬，陈旎，万广华，等．“一带一路”沿线国家货物贸易的竞争互补关系及动态变化——基于网络分析法［J］．管理世界，2017（4）：10-19.

［22］李敬，陈澍，万广华，等．中国区域经济增长的空间关联及其解释——基于网络分析法［J］．经济研究，2014（11）：4-16.

［23］李随成，姜银浩．供应商参与新产品开发对企业自主创新能力的

影响机理及案例研究［J］. 科学学与科学技术管理，2010（2）：53－58.

［24］梁杰，谢恩，邵鹏. 多类型伙伴研发合作对企业双元创新绩效影响的比较研究［J］. 中国科技论坛，2020（4）：103－110.

［25］梁琪，李政，郝项超. 中国股票市场国际化研究：基于信息溢出的视角［J］. 经济研究，2015（4）：150－164.

［26］林春培，沈鹤. 企业外部社会联系对破坏性创新的影响研究［J］. 2019，科研管理，40（5）：80－89.

［27］刘承良，桂钦昌，段德忠，等. 全球科研论文合作网络的结构异质性及其邻近性机理［J］. 地理学报，2017（4）：737－752.

［28］刘法建，张捷，陈冬冬. 中国入境旅游流网络结构特征及动因研究［J］. 地理学报，2010，65（8）：1013－1024.

［29］刘红云，骆方，张玉，等. 因变量为等级变量的中介效应分析［J］. 心理学报，2013（12）：1431－1442.

［30］刘军. 整体网分析——UCINET 软件实用指南［M］. 上海：格致出版社. 2014.

［31］刘军. 社会网络分析导论［M］. 北京：社会科学文献出版社，2004.

［32］刘向耘. 从粤港澳大湾区建设看金融如何支持经济转型升级［J］. 金融经济学研究，2018，33（1）：3－8.

［33］刘艳霞. 国内外湾区经济发展研究与启示［J］. 城市观察，2014（3）：155－163.

［34］刘智勇，李海峥，胡永远，等. 人力资本结构高级化与经济增长——兼论东中西部地区差距的形成和缩小［J］. 经济研究，2018（3）：50－63.

［35］龙小宁，王俊. 中国专利激增的动因及其质量效应［J］. 世界经济，2015，38（6）：115－142.

［36］路畅，于渤. 外部合作与中小企业创新绩效——基于企业家导向及合作经验的调节效应检验［J］. 技术经济，2021，40（10）：35－44.

［37］吕承超，宋洁. 金融发展缩小了我国地区经济差距吗［J］. 经济

学家，2020，1（9）：42-52.

[38] 马海涛，黄晓东，李迎成．粤港澳大湾区城市群知识多中心的演化过程与机理[J]．地理学报，2018，73（12）：2297-2314.

[39] 马海涛，徐楦钫，江凯乐．中国城市群技术知识多中心性演化特征及创新效应[J]．地理学报，2023，78（2）：273-292.

[40] 毛熙彦，贺灿飞．区域发展的"全球-地方"互动机制研究[J]．地理科学进展，2019，38（10）：1449-1461.

[41] 秦奇，吴良，李飞，等．基于社会网络分析的东南亚地缘关系研究[J]．地理学报，2018，73（10）：2014-2030.

[42] 丘杉．粤港澳大湾区城市群发展路向选择的维度分析[J]．广东社会科学，2017（4）：15-20.

[43] 邱风，张国平，郑恒．对长三角地区产业结构问题的再认识[J]．中国工业经济，2005（4）：77-85.

[44] 屈林岩．学习理论的发展与学习创新[J]．高等教育研究，2008（1）：70-78.

[45] 沈子奕，郝睿，周墨．粤港澳大湾区与旧金山及东京湾区发展特征的比较研究[J]．国际经济合作，2019（2）：32-42.

[46] 苏良军，王芸．中国经济增长空间相关性研究——基于"长三角"与"珠三角"的实证[J]．数量经济技术经济研究，2007（12）：26-38.

[47] 孙天阳，成丽红．协同创新网络与企业出口绩效——基于社会网络和企业异质性的研究[J]．金融研究，2020（3）：96-114.

[48] 汤超颖，董品华．研发人员专业异质性与合作稳定性对企业二元创新平衡的影响[J]．科学学与科学技术管理，2020，41（3）：47-62.

[49] 万向东，刘林平，张永宏．工资福利、权益保障与外部环境——珠三角与长三角外来工的比较研究[J]．管理世界，2006（6）：37-45.

[50] 汪莉，邵雨卉，汪亚楠．网络结构与银行效率：基于时变"银行—股东"网络的研究[J]．经济研究，2021，56（12）：60-76.

[51] 王仰东，杨跃承，赵志强．高技术服务业的内涵特征及成因分析

［J］．科学学与科学技术管理，2007（11）．

［52］王越，王承云．长三角城市创新联系网络及辐射能力［J］．经济地理，2018，38（9）：130－137.

［53］魏江，刘洋．数字创新［M］．北京：机械工业出版社，2021.

［54］魏守华，姜宁，吴贵生．内生创新努力、本土技术溢出与长三角高技术产业创新绩效［J］．中国工业经济，2009（2）：25－34.

［55］吴福象，刘志彪．城市化群落驱动经济增长的机制研究——来自长三角16个城市的经验证据［J］．经济研究，2008，43（11）：126－136.

［56］肖文，林高榜．产业集聚和外国直接投资区位选择——基于长三角地区经济发展的视角［J］．国际贸易问题，2008（7）：82－86.

［57］谢彩霞．国际科学合作研究状况综述．［J］．科研管理，2008（3）．

［58］熊丽芳，甄峰，王波，等．基于百度指数的长三角核心区城市网络特征研究［J］．经济地理，2013，33（7）：67－73.

［59］许强，郑晓丹．母子公司组织协同、知识协同与创新绩效的关系研究［J］．科技进步与对策，2010（16）：143－146.

［60］杨子晖，周颖刚．全球系统性金融风险溢出与外部冲击［J］．中国社会科学，2018（12）：69－90.

［61］姚先国，薛强军，黄先海．效率增进、技术创新与GDP增长——基于长三角15城市的实证研究［J］．中国工业经济，2007（2）：60－66.

［62］余淼杰，梁庆丰．全面开放新格局中的粤港澳大湾区建设研究［J］．国际贸易，2019（1）：4－11.

［63］岳书敬，刘朝明．人力资本与区域全要素生产率分析［J］．经济研究，2006（4）：90－96.

［64］约翰·斯科特．社会网络分析法［M］．刘军，译．3版．重庆：重庆大学出版社，2016.

［65］詹湘东，谢富纪．外部知识网络与企业技术能力：知识距离的调节作用［J］．科学学与科学技术管理，2019（4）：76－93.

［66］张杰，刘志彪，郑江淮．中国制造业企业创新活动的关键影响因

素研究 [J]. 管理世界, 2007 (6).

[67] 张喜征, 梁家莉, 曹帅, 等. 知识溢出效应下供应链合作创新博弈模型研究 [J]. 华东经济管理, 2017, 31 (10): 173 – 179.

[68] 张学良. 长三角地区经济收敛及其作用机制: 1993 ~ 2006 [J]. 世界经济, 2010, 33 (3): 126 – 140.

[69] 赵伟, 张萃. FDI 与中国制造业区域集聚: 基于 20 个行业的实证分析 [J]. 经济研究, 2007 (11): 82 – 90.

[70] 钟韵, 胡晓华. 粤港澳大湾区的构建与制度创新: 理论基础与实施机制 [J]. 经济学家, 2017 (12): 50 – 57.

[71] 朱承亮, 师萍, 岳宏志, 等. 人力资本、人力资本结构与区域经济增长效率 [J]. 中国软科学, 2011 (2): 110 – 119.

[72] 朱平芳, 徐伟民. 政府的科技激励政策对大中型工业企业 R&D 投入及其专利产出的影响 [J]. 经济研究, 2003 (6).

[73] 邹嘉龄, 刘春腊, 尹国庆, 等. 中国与 "一带一路" 沿线国家贸易格局及其经济贡献 [J]. 地理科学进展, 2015 (5): 598 – 605.

[74] 邹薇, 樊增增. 金融支持粤港澳大湾区建设的实证研究——基于城际面板数据 [J]. 国际经贸探索, 2018, 34 (5): 55 – 67.

[75] Acs, Z. J., C. Armington The Impact of Geographic Differences in Human Capital on Service Firm Formation Rates [J]. Journal of Urban Economics, 2004, 56 (2): 244 – 278.

[76] Aghion, P., Tirole, J. The Management of Innovation [J]. The Quarterly Journal of Economics, 1994, 109 (4): 1185 – 1209.

[77] Agrawal, A. University-to-Industry Knowledge Transfer: Literature Review And Unanswered Questions [J]. International Journal of Management Reviews, 2001, 3 (4): 258 – 302.

[78] Balland, P. A., Vaan, M. D., Boschma, R. The Dynamics of Interfirm Networks along the Industry Life Cycle: The Case of the Global Video Game Industry, 1987 ~ 2007 [J]. Journal of Economic Geography, 2013 (13): 741 – 765.

[79] Barnes, J. A. Graph Theory and Social Networks: A Technical Comment on Connectedness and Connectivity [J]. Sociology, 1969 (3): 215 – 232.

[80] G. A. Barnett. Encyclopedia of Social Networks [M]. Thousand Oaks: Sage Publications, 2011.

[81] Bathelt H., Malmberg A, Maskell P. Clusters and Knowledge: Local Buzz, Global Pipelines and the Process of Knowledge Creation [J]. Progress in human geography, 2004, 28 (1): 31 – 56.

[82] Baum J AC, Singh J V. Organizational Niches and the Dynamics of Organizational Founding [J]. Organization Science, 1994.

[83] Bell GG, Zaheer A. Geography, Networks, and Knowledge Flow [J]. Organization Science, 2007, 18 (6): 955 – 972.

[84] Bellamy M A, Ghosh S, Hora M. The Influence of Supply Network Structure on Firm Innovation [J]. Journal of Operations Management, 2014, 32 (6): 357 – 373.

[85] Bhattacharya U, Hsu P H, Tian X, et al. What Affects Innovation More: Policy or Policy Uncertainty? [J]. Journal of Financial and Quantitative Analysis, 2017, 52 (5): 1869 – 1901.

[86] Blumenthal T. Japan's technological strategy [J]. Journal of Development Economics, 1976, 3 (3): 245 – 255.

[87] Boschma R A, Ter Wal A L J. Knowledge Networks and Innovative Performance in an Industrial District: The Case of a Footwear District in the South of Italy [J]. Industry and Innovation, 2007, 14 (2): 177 – 199.

[88] Bosetti V, Cattaneo C, Verdolini E. Migration of Skilled Workers and Innovation: A European Perspective [J]. Journal of International Economics, 2015, 96 (2): 311 – 322.

[89] Breschi S, Lenzi C. Co-invention Networks and Inventive Productivity in US Cities [J]. Journal of Urban Economics, 2016 (92): 66 – 75.

[90] Carlino G A, Chatterjee S, Hunt R M. Urban density and the rate of

invention [J]. Journal of Urban Economics, 2007, 61 (3): 389 – 419.

[91] Charlot S, Duranton G. Communication Externalities in cities [J]. Journal of Urban Economics, 2004, 56 (3): 581 – 613.

[92] Cohen, W. M. , Levinthal, D. A. Innovation and Learning: The two faces of R&D [J]. The Economic Journal, 1989 (99): 569 – 596.

[93] David, P. A. , B. H. Hall, A. A. Toole. Is Public R&D a Complement or a Substitute for Private R&D? A Review of the Econometric Evidence [J]. Research Policy, 2000 (29): 497 – 529.

[94] Diebold, F. X. , Yilmaz, K. Better to Give than to Receive: Predictive Directional Measurement of Volatility Spillovers [J]. International Journal of Forecasting, 2012 (28): 57 – 66.

[95] Diebold, F. X. , Yilmaz, K. On the Network Topology of Variance Decompositions: Measuring the Connectedness of Financial Firms [J]. Journal of Econometrics, 2014, 182 (1): 119 – 134

[96] Dunning JH. Dragon Multinationals: New Players in 21st Century Globalization [J]. Asia Pacific Journal of Management, 2006, 23 (2): 139 – 141.

[97] Everett, M. Social Network Analysis. Essex: Textbook at Essex Summer School in SSDA, 2002.

[98] Fang C, Yu D. Urban Agglomeration: An Evolving Concept of an Emerging Phenomenon [J]. Landscape and Urban Planning, 2017 (162): 126 – 136.

[99] Feitzinger, E. , Lee, H. L. Mass Customization at Hewlett Packard: The Power of Postponement [J]. Harvard Business Review, 1997, 75 (1): 116 – 122.

[100] Feng T, Sun L, Zhang Y. The Effects of Customer and Supplier Involvement on Competitive Advantage: An Empirical Study in China [J]. Industrial Marketing Management, 2010, 39 (8): 1384 – 1394.

[101] Fischer T, Leidinger J. Testing Patent Value Indicators on Directly

Observed Patent Value—An Empirical Analysis of Ocean Tomo Patent Auctions [J]. Research Policy, 2014, 43 (3): 519 –529.

[102] Fleming, L., King III, C., Juda, A. I. Small Worlds and Regional Innovation [J]. Organization Science, 2007, 18 (6): 938 –954.

[103] Frame J. D., Carpenter M. P. International Research Collaboration. [J]. Social Studies of Science, 1979 (9): 481 –497.

[104] Freeman C, Soete L. The Economics of Industrial Innovation [M]. London and Dover, N. H: Frances Pinter, 1997.

[105] Freeman C. Networks of Innovators: A Synthesis of Research Issues [J]. Research policy, 1991, 20 (5): 499 –514.

[106] Ghoshal S, Korine H, Szulanski G. Interunit Communication in Multinational Corporations [J]. Management Science, 1994, 40 (1): 96 –110.

[107] Giovanni Peri. Determinants of Knowledge Flows and Their Effect on Innovation. [J]. The Review of Economics and Statistics, 2005, 87 (2): 308 – 322.

[108] Glaeser, E. L., M. Lu. Human-Capital Externalities in China [R]. NBER Working Papers, 2018.

[109] Glaeser, E. Engines of Innovation [J]. Scientific American, 2011, 305 (3): 50 –55.

[110] Goolsbee, A. Does Government R&D Policy Mainly Benefit Scientists and Engineers [J]. American Economic Review, 1998 (88): 298 –302.

[111] Griffin A. PDMA Research on New Product Development Practices: Updating Trends and Benchmarking Best Practices [J]. Journal of Product Innovation Management, 1997, 14 (6): 429 –458.

[112] Grimpe, C., Kaiser, U. Balancing Internal and External Knowledge Acquisition: The Gains and Pains from R&D Outsourcing [J]. Journal of Management Studies, 2010 (47).

[113] Hall B H, Oriani R. Does the Market Value R&D Investment by European firms? Evidence from a Panel of Manufacturing Firms in France, Germany,

and Italy [J]. International Journal of Industrial Organization, 2006, 24 (5): 971 – 993.

[114] Hansen M T. The Search-transfer Problem: The Role of Weak Ties in Sharing Knowledge Across Organization Subunits [J]. Administrative Science Quarterly, 1999, 44 (1): 82 – 111.

[115] Henard DH, Mcfadyen M A. R&D Knowledge Is Power: Leaders Who Structure Their Organizations to Maximize Knowledge Utilization Are More Likely to Deliver Products and Services with Sustained Competitive Advantage [J]. Research-Technology Management, 2006, 49.

[116] Hertog, P. D. Knowledge Intensive Business Service as Co-producers of Innovation [J]. International Journal of Innovation Management, 2000 (4): 491 – 528.

[117] Hislop, D. The Client Role in Consultancy Relations during the Appropriation of Technological Innovations [J]. Research Policy, 2002 (31): 657 – 671.

[118] Hoekman, J. , Frenken, K. , Van Oort, F. The Geography of Collaborative Knowledge Production in Europe [J]. Annals of Regional Science, 2009, 43 (3): 721 – 738.

[119] Huggins R, Thompson P. A Network-based View of Regional Growth [J]. Journal of Economic Geography, 2014, 14 (3): 511 – 545.

[120] Iacobucci, D. Mediation Analysis and Categorical Variables: The Final Frontier [J]. Journal of Consumer Psychology, 2012 (22): 582 – 594.

[121] Jackson, M. O. , Rogers, B. W. , Zenou, Y. The Economic Consequences of Social-network Structure [J]. Journal of Economic Literature, 2017, 55 (1): 49 – 95.

[122] Jaffe A B, Trajtenberg M, Henderson R. Geographic Localization of Knowledge Spillovers as Evidenced by Patent Citations [J]. The Quarterly Journal of Economics, 1993, 108 (3): 577 – 598.

[123] Jarno Hoekman, Koen Frenkena, Robert J. W. Tijssenc. , Research

Collaboration at a Distance: Changing Spatial Patterns of Scientific Collaboration within Europe [J]. Research Policy, 2010 (39): 662 –673

[124] Katila, R., Ahuja, G. Something Old, Something New: A Longitudinal Study of Search Behavior and New Product Introduction [J]. Academy of Management Journal, 2002 (45): 1183 –1194.

[125] Katz J. S., Martin B. R. What is Research Collaboration. [J]. Research Policy, 1997 (26): 1 –18.

[126] Koop, G., Pesaran, M. H., Potter, S. M. Potter. Impulse Response Analysis in Nonlinear Multivariate Models [J]. Journal of Econometrics, 1996 (74): 119 –147.

[127] Koput, K. W. A Chaotic Model of Innovative Search: Some Answers, Many Questions [J]. Organization Science, 1997 (8): 528 –542.

[128] Lall S. Learning to Industrialize: The Acquisition of Technological Capability by India [M]. Berlin: Springer, 1987.

[129] Laursen, K., N. J. Foss. New Human Resource Management Practices, Complementarities and the Impact on Innovation Performance [J]. Cambridge Journal of Economics, 2003 (27): 243 –263.

[130] Levin D Z, Cross R. The Strength of Weak Ties You Can Trust: The Mediating Role of Trust in Effective Knowledge Transfer [J]. Management Science, 2004, 50 (11): 1477 –1490.

[131] Leydesdorff, L. On the Normalization and Visualization of Author Co-Citation Data: Salton's Cosine versus the Jaccard Index [J]. Journal of the American Society for Information Science and Technology, 2008, 59 (1): 77 –85.

[132] Liang, L. M., Zhu, L. Major Factors Affecting China's Inter-regional Research Collaboration: Regional Scientific Productivity and Geographical Proximity [J]. Scientometrics, 2002, 55 (2): 287 –316.

[133] Lobo J, Strumsky D. Metropolitan Patenting, Inventor Agglomeration and Social Networks: A Tale of Two Effects [J]. Journal of Urban Economics, 2008, 63 (3): 871 –884.

［134］ Louise, Knight, Wendy, et al. Breaking the Mold: Research Process Innovations in Purchasing and Supply Management ［J］. Journal of Purchasing & Supply Management, 2016.

［135］ Miles I, Kastrinos N, Flanagan K, et al. Knowledge-intensive Business Services: Users, Carriers and Sources of Innovation ［R］. European Innovation Monitoring Systems. EIMS Publication No 15. Innovation Programme, DGXIII, Luxembourg.

［136］ Miozzo, M. , Grimshaw, D. Modularity and Innovation in Knowledge-intensive Business Services: IT Outsourcing in Germany and the UK ［J］. Research Policy, 2005 (34): 1419 – 1439.

［137］ Moorman C, Rust R T. The Role of Marketing ［J］. Journal of Marketing, 1999.

［138］ Muller, E. , Andrea, Z. Business Services as Actors of Knowledge Transformation: The Role of KIBS in Regional and National Innovation Systems ［J］. Research Policy, 2001 (30): 1501 – 1516.

［139］ Ottaviano G I P, Peri G. The Economic Value of Cultural Diversity: Evidence from US Cities ［J］. Journal of Economic geography, 2006, 6 (1): 9 – 44.

［140］ Pastor M, Sandonis J. Research Joint Ventures vs. Cross Licensing Agreements: An Agency Approach ［J］. International Journal of Industrial Organization, 2002 (20).

［141］ Peng X, Meitong D, Guiyu B. A Research on the Open Innovation under the Frame of Business Group ［J］. Science Research Management, 2019, 40 (4): 92.

［142］ Pesaran, H. H. , Shin, Y. Generalized Impulse Response Analysis in Linear Multivariate Models ［J］. Economics Letters, 1998 (58): 17 – 29.

［143］ Phillips, P. , Perron, P. Testing for a Unit Root in Time Series Regression ［J］. Biometrika, 1988, 75 (2): 335 – 346.

［145］ Pillai P M. Technology Transfer, Adaptation and Assimilation ［J］.

Economic and Political Weekly, 1979: M121 – M126.

[146] Polanyi M. The Tacit Dimension [M]. Chicago: University of Chicago Press, 2009.

[147] Ponds, R., Van Oort, F., Frenken, K. The Geographical and Institutional Proximity of Research Collaboration [J]. Papers in regional science, 2007, 86 (3): 423 – 443.

[148] Price, D. de S.. Little Science, Big Science [M]. New York and London: Columbia University Press, 1963.

[149] Rivera, M. T., Soderstrom, S. B., Uzzi, B. Dynamics of Dyads in Social Networks: Assortative, Relational, and Proximity Mechanisms [J]. Annual Review of Sociology, 2010 (36): 91 – 115.

[150] Rothwell, R. Successful Industrial Innovation: Critical Factors for the 1990s [J]. R&D Management, 1992 (22): 221 – 239.

[151] Salavisa, I., C. Sousa, M. Fontes. Topologies of Innovation Networks in Knowledge-intensive Sectors: Sectoral Differences in the Access to Knowledge and Complementary Assets through Formal and Informal Ties [J]. Technovation, 2012, 32 (6): 380 – 399.

[152] Schilling, M. A., Phelps, C. C. Interfirm Collaboration Networks: The Impact of Large-Scale Network Structure on Firm Innovation [J]. Management Science, 2007, 53 (7): 1113 – 1126.

[153] Scott J E.. Facilitating Inter Organizational Learning with Information Technology [J]. Journal of Management Information Systems, 2000, 17 (2): 81 – 113.

[154] Siegel, D. S., Phan, P. H. Analyzing the Effectiveness of University Technology Transfer: Implications for Entrepreneurship Education [J]. Innovation and Economic Growth, 2005 (16): 1 – 38.

[155] Singh J. Collaborative Networks as Determinants of Knowledge Diffusion Patterns [J]. Management Science, 2005, 51 (5): 756 – 770.

[156] Storper, M., A. J. Venables. Buzz: Face-to-face Contact and the

Urban Economy [J]. Journal of Economic Geography, 2004, 4 (4): 351 –
370.

[157] Teece D. J. Technology Transfer by Multinational Firms: The Re-
source Cost of Transferring Technological Know-How [J]. World Scientific Book
Chapters, 2003.

[158] Tether B. S. , Hipp, C. Knowledge Intensive, Technical and Other
Services: Patterns of Competitiveness and Innovation compared [J]. Technology
Analysis and Strategic Management, 2000 (14): 163 – 182.

[159] Tinbergen, J. Shaping the World Economy: Suggestions for An Inter-
national Economic Policy, The Twentieth Century Fund, 1962.

[160] Tordoir P. The Professional Knowledge Economy: The Management
and Integration of Professional Services in Business Organizations [M]. Berlin:
Springer Science & Business Media, 1995.

[161] Tsai W, Ghoshal S. Socialcapital and Value Creation: The Role of
Intrafirm Networks [J]. Academy of Management Journal, 1998, 41 (4): 464 –
476.

[162] Un C A, Cuervo-Cazurra A, Asakawa K. R&D Collaborations and
Product Innovation [J]. Journal of Product Innovation Management, 2010, 27
(5): 673 – 689.

[163] Uzzi, B. , Spiro, J. Collaboration and Creativity: The Small World
Problem [J]. American Journal of Sociology, 2005, 111 (2): 447 – 504.

[164] Watts D J. Networks, Dynamics, and the Small-world Phenomenon
[J]. American Journal of Sociology, 1999, 105 (2): 493 – 527.

[165] Weitzman M L. Recombinant Growth [J]. The Quarterly Journal of
Economics, 1998, 113 (2): 331 – 360.

[166] White, H. C. , Boorman, S. A. , Breiger, R. L. Social Structure
from Multiple Networks I: Blockmodels of Roles and Positions [J]. American
Journal of Sociology, 1976 (81): 730 – 779.

[167] Williamson, O. E. Markets and Hierarchies: Analysis and Antitrust

Implications ［M］. New York: The Free Press, 1975.

［168］ Williamson, O. E. The Economic Institutions of Capitalism ［M］. New York: The Free Press, 1985.

［169］ Yang, Z. , Zhou, Y. Quantitative Easing and Volatility Spillovers across Countries and Asset Classes ［J］. Management Science, 2017, 63 (2): 333 – 354.

［170］ Zhang, C. Agglomeration of Knowledge Intensive Business Services and Urban Productivity ［J］. Papers in Regional Science, 2016, 95 (4): 801 – 818.

后　　记

　　本书是我主持的国家自然科学基金面上项目（项目批准号：71974076）的研究成果之一。在本书即将出版之际，首先要感谢的是我的博士生和研究生们。他们在我的指导下，与我一起完成了相关研究。他们是冯雄金、郭靓、欧阳冬平、李玉会、叶佳丽、黄小曼、向慧君、何逸颖和李亚倪。博士生张丹丹在数据整理过程中提供了帮助，周丽超承担了本书的校勘工作，在此一并致谢。

　　同时，感谢暨南大学经济学院所提供的优越的学术研究环境，感谢对本项目研究给予大力支持的同事们，还要特别感谢经济科学出版社杜鹏老师出色的编辑工作。

张　萃

2023 年 3 月于广州